Inhalt

Vorwort

Liebe Schülerinnen und Schüler,

in diesem Lesebuch haben wir für euch lateinische Texte zusammengestellt, die ihr im ersten Lektürejahr, also nach Abschluss des Sprachunterrichts, erarbeiten und erschließen könnt.
Die ausgewählten Textstellen sind nach Autoren oder Themen gruppiert, ausführlich kommentiert und mit verschiedenen Aufgaben, Illustrationen, Begleittexten und Sachinformationen aufbereitet. Die in diesem Lesebuch vorgegebene Abfolge der Texte und Autoren ist nur ein Vorschlag – eure Lehrkraft kann die einzelnen Lektüreblöcke oder die Texte innerhalb der Blöcke auch in anderer Weise sinnvoll organisieren und eine an euren Interessen ausgerichtete **Textauswahl** vornehmen.

Worum geht es in den vorliegenden Texten?
Ihr befasst euch mit berühmten Persönlichkeiten, die große politische und militärische Macht hatten, die ihre eigene Zeit nachhaltig prägten und auch weit darüber hinaus wirkten: Der Biograph Cornelius Nepos erzählt uns vom karthagischen Feldherrn Hannibal, der über Spanien und die Alpen bis vor Rom zog und der römischen Geschichte fast eine ganz andere Wendung gegeben hätte. Der allbekannte C. Iulius Caesar berichtet uns selbst von seinen Taten im Gallischen Krieg, er setzt sie geschickt ins rechte Licht und gibt uns die Gelegenheit, die römische Expansionspolitik an diesem Beispiel zu hinterfragen.
Außerdem lernt ihr drei bedeutende römische Dichter kennen: Catull ist es wichtig, sich von der bisherigen römischen Dichtung abzugrenzen – in seinen Themen und in der literarischen Form; er dichtet über Liebe und Leidenschaft, wettert aber auch heftig gegen berühmte Zeitgenossen. Ovid gibt sich als Ratgeber in Liebesdingen, er spielt ironisch mit den dargestellten Situationen und literarischen Motiven. Martial nimmt in seinen Epigrammen – diese Gattung hat er perfektioniert – spöttisch menschliche Schwächen aufs Korn und übt so Kritik an seiner Zeit.
Schließlich könnt ihr an einigen Beispielen erfassen, wie Rom mit seiner Literatur und Kultur die Entwicklung Europas beeinflusst hat: an der lateinischen Bibel (der **Vulgata**), am römischen Recht oder an der Sprache Latein, die über Jahrhunderte hin die Bildung transportiert hat. In einem Projekt zu Kaiser Augustus wird nachvollziehbar, in welch unterschiedlicher Weise diese Persönlichkeit die Kunst und die Literatur der eigenen Epoche, aber auch das Herrscherbild in späteren Zeiten prägte.

Die Texte (**T**) sind innerhalb der einzelnen Lektüreblöcke in überschaubare Einheiten gegliedert; diese sind nummeriert und jeweils mit Aufgaben versehen, die auch eine eigenständige Erschließungskompetenz fördern. Weitere Sachinformationen erhaltet ihr durch die ebenfalls nummerierten Informationskästen (**I**). Zusatzmaterialien, Begleittexte etc. sind unter der Sigle **M** zusammengestellt; sie dienen auch der Erweiterung der Kulturkompetenz. Die adlinear beigefügte Kommentierung gibt Hilfen zu Wortschatz und Satzstruktur, bei Eigennamen und Ortsbezeichnungen verweist sie (mit **EV**) immer wieder auf das nach den Lektüreblöcken gegliederte Verzeichnis der **Namen** am Ende des Bandes; dort findet sich auch weiterführende Literatur.
Zur sprachlichen Erarbeitung der Texte wird in aller Regel vor den einzelnen Einheiten in einem Kasten auf Wort- und Sachfelder, grammatische Phänomene und Stilmittel hingewiesen, die für die Übersetzung und Erschließung dieser Passage wichtig sind und daher vorab wiederholt werden sollten; dieses Material kann auch für binnendifferenzierendes Arbeiten genutzt werden.
Die Kenntnis der Vokabeln, die in der Wortkunde *adeo-Norm* enthalten sind, wird vorausgesetzt. **Wörter**, die dort nicht aufgenommen wurden, die ihr aber für die Lektüre der Texte mehrfach benötigt, sind blockweise am Ende des Buches zusammengestellt; wenn ihr euch vor der Lektüre damit beschäftigt, könnt ihr eure Kenntnisse unmittelbar anwenden und die Texte schneller verstehen.
Auch ein **Grundwissen** zu den Autoren und Gattungen, zu wichtigen Stilmitteln, zur Dichtersprache und zur Metrik findet ihr am Ende dieses Lesebuchs.

Viel Erfolg bei der Arbeit mit den Themen und Texten wünschen euch die Verfasser.

Abkürzungen

Abl.	Ablativ
Abl. abs.	Ablativus absolutus
Abs.	Absatz
Adj.	Adjektiv
Adv.	Adverb
Akk.	Akkusativ
Akt.	Aktiv
Anm.	Anmerkung
Ars	Ars amatoria
Art.	Artikel
BGB	Bürgerliches Gesetzbuch
bzw.	beziehungsweise
c.	carmen
ca.	circa (ungefähr)
Caes.	Caesar
d.J.	der Jüngere
d.h.	das heißt
Dat.	Dativ
etw.	etwas
EV	Eigennamenverzeichnis
f	Femininum
f.	(und) folgende (Seite)
ff.	(und) fortfolgende (Seiten)
Fw.	Fremdwort
Gen.	Genitiv
GG	Grundgesetz
griech.	griechisch
Hann.	Hannibal
Hrsg.	Herausgeber
Hs.	Halbsatz
I	Informationstext
Ind.	Indikativ
indekl.	indeklinabel (nicht deklinierbar)
jdm.	jemandem
jdn.	jemanden
Jh.	Jahrhundert
Joh	Johannes (Evangelist)
Kap.	Kapitel
Komp.	Komparativ
Konj.	Konjunktiv
lat.	lateinisch
Lc	Lukas (Evangelist)
Liv.	Livius
M	Material
m	Maskulinum
m.	mit
m. Ausl.	mit Auslassungen
m. dopp. Akk.	mit doppeltem Akkusativ
Mc	Markus (Evangelist)
Mt	Matthäus (Evangelist)
n	Neutrum
n. Chr.	nach Christi Geburt
Pass.	Passiv
Perf.	Perfekt
Pers.	Person
Pl.	Plural
poet.	poetisch
PPP	Partizip Perfekt Passiv (Partizip der Vorzeitigkeit Passiv)
Präs.	Präsens
re. Sp.	rechte Spalte
relat. Satzanschluss	relativischer Satzanschluss
S.	Seite
Sg.	Singular
StGB	Strafgesetzbuch
StPO	Strafprozessordnung
Subj.	Subjekt
Subst.	Substantiv
T	Text
Ü	Übersetzung
V.	Vers
v. Chr.	vor Christi Geburt
Verf.	Verfasser
vgl.	vergleiche
Vok.	Vokativ
z.B.	zum Beispiel
zit.	zitiert

Nepos – Biograph eines Machtmenschen

Cornelius Nepos war ein von seinen Zeitgenossen hoch geschätzter Historiker und Biograph. Um 100 v. Chr. wurde er vermutlich in Padua geboren. Als Jugendlicher kam er aus der italischen Provinz in die politische und kulturelle Metropole Rom, wo er schnell Anschluss an die intellektuelle Elite fand; Cicero, Atticus und Catull gehörten zu seinen Freunden. Obwohl Nepos' Leben in eine politisch brisante und ereignisreiche Zeit fiel (Zeit der römischen Bürgerkriege), hielt er sich von allem Politischen fern und widmete sich fast ausschließlich seinen privaten Studien und der Schriftstellerei.

Ein zu seiner Zeit innovatives Werk waren die **Chronica**, eine Universalgeschichte in drei Bänden, mit der er eine vergleichende Darstellung der orientalischen, griechischen und römischen Geschichte vorlegte. Genauso wie seine Anekdotensammlung **Exempla** ist auch diese Universalgeschichte nicht erhalten geblieben. Das Einzige, was der Nachwelt überliefert ist, ist ein Ausschnitt aus seinen Biographien berühmter Männer, **De viris illustribus**. Auch in diesem biographischen Sammelwerk, das etwa 400 Einzelbiographien umfasste, nimmt er eine Kultur vergleichende Perspektive ein: Nach Berufen gruppiert, stellt Nepos immer einer Persönlichkeit der römischen Geschichte einen Nicht-Römer gegenüber; damit betont er die prinzipielle Gleichstellung der Kultursphären. Erhalten ist neben zwei einzelnen Biographien über Cato und Atticus nur das Buch über die nichtrömischen Generäle (**De excellentibus ducibus exterarum gentium**). Die Biographien des Cornelius Nepos sind – anders, als das wohl in heutiger Zeit von historischen Werken erwartet wird – nicht streng der historischen Wirklichkeit verpflichtet; vielmehr ging es dem antiken Biographen darum, vor dem jeweiligen zeitgeschichtlichen Hintergrund eine belletristische Inszenierung eines Lebensporträts vorzustellen. Den Charakter einer Person möglichst plastisch zu vergegenwärtigen, ist das leitende Prinzip einer antiken Biographie.

Die bekannteste und gewiss auch wirkmächtigste Biographie ist die des Karthagers Hannibal Barkas (246 – 183 v. Chr.), eines der berühmtesten Feldherren der Antike. Ihm gelang es, im zweiten Krieg der Römer gegen die Karthager, dem so genannten Zweiten Punischen Krieg (218 – 201 v. Chr.), die damalige Supermacht an den Rand einer Niederlage zu führen. Mit bis dahin ungekannter Entschlossenheit und mit militärischer Genialität forderte er das **imperium Romanum** heraus und fügte ihm empfindliche Niederlagen zu; er stand sogar mit seinen Truppen unmittelbar vor den Toren Roms. Der Schreckensruf „Hannibal ad portas!", der uns von Cicero überliefert ist, wurde zum Ausdruck einer immerwährenden Gefahr, die in Hannibal ihre Personifizierung gefunden hat und noch über Jahrhunderte hinweg im Gedächtnis der Römer tief verhaftet geblieben ist. Neben der Angst vor ihrem gefährlichsten Gegner blieb auch die Bewunderung des Karthagers im römischen Denken präsent. Ganz offenbar sahen die Römer gerade in ihrem Feind Hannibal die Werte eines **vir vere Romanus** verkörpert. So wurde Hannibal beides: Faszination und Trauma Roms.

I1 **Zur Sprache des Nepos**

Die Historiographie (Geschichtsschreibung) ist eine der ältesten Gattungen der römischen Literatur; deshalb sind in ihr altlateinische Versatzstücke erhalten geblieben. Folgende Eigenheiten solltest du dir vor der Lektüre bewusst machen:

	Beispiele
1. altlateinische Nebenformen	
-ēre (für -ērunt) (3. Pers. Pl. Ind. Perf. Akt.)	vēn-ēre (~ vēn-ērunt), fu-ēre (~ fu-ērunt)
-re (für -ris) (2. Pers. Sg. Passiv/Deponens)	laudābā-re (~ laudābā-ris)
nd-Formen mit -u- statt -e-	interficiundum (statt interficiendum)
2. Ausstoßung beim v-Perfekt	superā-rit (~ superāverit), aedificā-rat (~ aedificāverat), renūntiā-sset (~ renūntiāvisset), mūnī-it (~ mūnī-vit)
3. ältere Wortformen	velutī (für velut)
4. Das PPA kann auch Vorzeitigkeit ausdrücken.	

Hannibal – Faszination und Trauma Roms

I2 Hannibal und die Römer

Hannibal, der geniale Militärstratege und gefürchtete General aus dem nordafrikanischen Karthago, war im Zweiten Punischen Krieg (218 bis 201 v. Chr.) Roms gefährlichster Gegner. Die Entschlossenheit, mit der er das mächtigste Volk der damaligen Welt herausforderte, hielt die Erinnerung an ihn im **imperium Romanum** dauerhaft wach. Nicht ohne Respekt vor dieser herausragenden Persönlichkeit portraitiert Cornelius Nepos den Karthager:

- Wortfeld Überlegenheit ⏭ superāre, praestāre
- Wortfeld militärische Tugenden ⏭ prūdentia, fortitūdō, virtūs
- Grammatik prädikatives Gerundiv, konjunktivische Relativsätze

T1 Roms gefährlichster Gegner (Hann. 1)

[1] **Hamilcar, caris** (→ EV) **Carthāginiēnsis** aus Karthago **vērum est:** *hier: m.* ut-*Satz* [3] **īnfitiārī** leugnen [4] **praestāre** *hier: m. Akk.* [5] **antecēdere** übertreffen [6] **quotiēnscumque** sooft [7] **superior** *hier:* als Sieger **quod nisi** wenn also nicht [9] **obtrectātiō** Anfeindung

Hannibal, Hamilcaris filius, Carthaginiensis. Si verum est – quod nemo dubitat –, ut populus Romanus omnes gentes virtute superarit, non est infitiandum Hannibalem tanto praestitisse ceteros imperatores prudentia, quanto populus Romanus antecedat fortitudine cunctas nationes. Nam quotienscumque cum eo congressus est in Italia, semper discessit superior. Quod nisi domi civium suorum invidia debilitatus esset, Romanos – ut videtur – superare potuisset. Sed multorum obtrectatio devicit unius virtutem.

[10] **paternus:** *zu pater* [11] **id** ~ odium [12] **quī:** *bezogen auf hic* [14] **bellāre:** *zu* bellum

Hic autem velut hereditate relictum odium paternum erga Romanos sic conservavit, ut prius animam quam id deposuerit, qui quidem, cum patria pulsus esset et alienarum opum indigeret, numquam destiterit animo bellare cum Romanis.

❶ Stelle zusammen, wie Nepos die Person Hannibals im Eröffnungskapitel der Biographie seinen Lesern präsentiert. Diskutiert in Gruppen Alternativen, wie man „Roms gefährlichsten Gegner" *auch* einführen könnte.

❷ Arbeite heraus, wer von Nepos als *eigentlicher* Gegner Hannibals dargestellt wird. Belege dein Ergebnis, indem du aufzeigst, mit welchen rhetorischen Mitteln (→ Stilmittel, S. 167) dies sprachlich unterstützt wird.

Porträtbüste, als Hannibal gedeutet, gefunden in Capua. Neapel, Museo Nazionale Archeologico.

I3 **Beginn eines antiken Weltkrieges**
Schon einmal, in den Jahren 264 bis 241, kämpften Römer gegen Karthager; in diesem Ersten Punischen Krieg gelang es Rom, den Einfluss Karthagos auf Sizilien, einem Interessensgebiet Roms, zurückzudrängen. Für Rom eröffnete dieser Sieg die lange Phase seiner außeritalischen Expansionspolitik. Karthago wurde in einem als Demütigung empfundenen Friedensvertrag dazu verpflichtet, besetzte Gebiete auf Sizilien den Römern zu überlassen; immens hohe Kriegsentschädigungen kamen hinzu. Unter Einhaltung dieser Vertragsbedingungen betrieb Karthago nun in Spanien eine Politik der territorialen Ausdehnung. 221 wurde Hannibal zum Oberbefehlshaber der Karthager in Spanien ernannt. Rom versuchte immer wieder, den Aktionsradius des jungen Generals dort einzuschränken. Spanien wurde so zum Zankapfel zweier Mächte, ein Land, auf das beide Parteien Besitzansprüche erhoben: Karthago im Bewusstsein, rechtmäßig Beute erworben zu haben, Rom aus imperialistischem Großmachtstreben. Wieder einmal mischten sich Römer in die Geschicke weit entfernter und unter fremder Herrschaft stehender Gebiete ein. Mit dem Angriff auf die mit Rom verbündete spanische Stadt Sagunt im Jahr 219 machte Hannibal deutlich, dass er nicht länger gewillt war, sich aus Rom die Spielregeln seiner Spanienpolitik diktieren zu lassen. Nun waren die Römer zum Krieg gegen Hannibals Truppen in Spanien entschlossen. Es kam zum **Zweiten Punischen Krieg (218 bis 201 v. Chr.)**, einem antiken Weltkrieg um Land und Herrschaft.

❸ Fasse kurz die historische Entwicklung zusammen, die zum Ausbruch des Zweiten Punischen Krieges geführt hat (I3), und vergleiche sie mit der Darstellung des Hannibal-Biographen Nepos.

❹ Beurteile Nepos' historische Interpretation des Kriegsausbruches. Bewerte diese Darstellung vor dem Hintergrund der Prinzipien antiker Biographien (→ S. 6).

„Hannibal odium in Romanos d(ei)s vovet."
Paul Etschmann (1693): Fresko Kloster Wettenhausen (Schwaben).

- Sachfeld religiöser Ritus ⏭ rēs dīvīna, āra, iūrāre
- Grammatik Ablativus absolutus, Participium coniunctum, Ablativ der Beschaffenheit
- Stilmittel Alliteration

T2 Ein Eid mit Folgen

Die obtrectatio multorum, die Nepos im Eröffnungskapitel seiner Biographie bereits angedeutet hat, sollte für Hannibals Leben existenzielle Folgen haben. Von seiner Heimat verraten, blickt der abgesetzte General als ein mittlerweile über sechzig Jahre alter Mann auf seine Kindheit zurück. Gerade einmal neun Jahre war er alt, als ihn sein Vater Hamilkar zu einem folgenreichen Schwur aufforderte (Hann. 2,3-5):

„Pater meus“, Hannibal inquit, „Hamilcar puerulo me in Hispaniam imperator proficiscens Carthagine Iovi optimo maximo hostias immolavit. Quae divina res dum conficiebatur, quaesivit a me, vellemne secum in castra proficisci. Id cum libenter accepissem atque ab eo petere coepissem, ne dubitaret ducere, tum ille: ‚Faciam‘, inquit, ‚si mihi fidem, quam postulo, dederis.‘ Simul me ad aram adduxit, apud quam sacrificare instituerat, ceterisque remotis iurare iussit numquam me in amicitia cum Romanis fore. Id ego ius iurandum patri datum usque ad hanc aetatem ita conservavi, ut nemini dubium esse debeat, quin reliquo tempore eadem mente sim futurus.“

[1] **puerulus** kleiner Junge [2] **Iūpiter** (Gen. **Iovis**) **optimus maximus:** *gemeint ist Baal* (→ EV) [3] **dum:** *hier: m. Impf.*
[4] **quaerere ā** ~ quaerere ē
<mē sēcum> proficīscī
[7] **fidem dare** das Treuewort geben
[9] *<me> iūrāre*
fore ~ futūrum esse
[11] **nēminī dubium est, quīn** keiner zweifelt daran, dass [12] **sim futūrus:** *Konj. der Nachzeitigkeit* ich werde sein

❶ Diskutiert, ob Hannibals Schwur in Etschmanns Fresko (S. 8) oder in Nepos' Biographie überzeugender inszeniert ist.

John Leech: Hannibals Schwur (Karikatur um 1850).

M 1 Hass, Vergeltung und Zorn – aus dem Mund eines Neunjährigen

Der nachklassische römische Autor Silius Italicus führt in den *Punica*, einem Epos über den Zweiten Punischen Krieg, die Szenerie des Eides ausführlicher vor Augen (Sil. 1,106-119):

„Gens recidiva Phrygum Cadmeae stirpis alumnos
foederibus non aequa premit; si fata negarint
dedecus id patriae nostra depellere dextra,
haec tua sit laus, nate, velis; age, concipe bella
latura exitium Laurentibus; horreat ortus
iam pubes Tyrrhena tuos, partusque recusent,
te surgente, puer, Latiae producere matres".
His acuit stimulis subicitque haud mollia dictu:
„Romanos terra atque undis, ubi competet aetas,
ferro ignique sequar Rhoeteaque fata revolvam.
Non superi mihi, non Martem cohibentia pacta,
non celsae obstiterint Alpes Tarpeiaque saxa.
Hanc mentem iuro nostri per numina Martis,
per manes, regina, tuos."

(HAMILKAR:) „Das wiedererstandene Phrygervolk unterdrückt zu Unrecht die Kinder des kadmeischen Stammes mit seinen Bündnissen. Soll mir dieses Schicksal verweigern, diese Schande mit eigener Hand von der Heimat zu wenden, wünsch ich für dich diesen Ruhm dann, mein Sohn. Ja, plane die Kriege, die den Laurentern den Untergang bringen; und Schrecken bereite, dass du geboren bist, tyrrhenischer Mannschaft. Latinische Mütter sollen, kommst du, mein Sohn, beklagen dein Werden und Wachsen." Also spornt er und bringt zum wilden Schwure, der lautet: „Römer zur See und zu Lande bekriegen mit Schwert und mit Feuer, wenn es mein Alter gestattet, erneuern rhöteisches Schicksal! Nicht sollen Götter noch Kriege hemmende Pakte mich hindern, steile Alpen nicht und nicht tarpejische Felsen. Diesen Willen schwör ich bei unseres Kriegsgottes Walten, Herrin, bei deinem Geist!"

Ü aus: Silius Italicus: Punica. Das Epos vom Zweiten Punischen Krieg. Lateinischer Text mit Übersetzung von Hermann Rupprecht. Bd. 1. Mitterfels (Stolz Druck GmbH) 1991

❷ Fasse die Kernaussagen von Hannibals Schwur bei **Silius Italicus (M1)** stichpunktartig zusammen und vergleiche sie mit dem **ius iurandum** bei Nepos (**T2**):

a) Erkläre die Unterschiede in den beiden Darstellungen.

b) Untersuche die jeweilige Rolle Hamilkars für die Entwicklung der Szene.

c) Obwohl Hannibals Eid in der Forschung als unhistorisch gilt, wird er von allen antiken Geschichtsschreibern wiedergegeben. Nenne mögliche Gründe dafür.

❸ In dem Song „Männer" von 1985 beschäftigt sich Herbert Grönemeyer mit den „typischen" Charaktereigenschaften des männlichen Geschlechts. Lest (z. B. im Internet) den Songtext und diskutiert, ob Hannibal dem Bild eines „echten Mannes" entspricht. Entwerft in Gruppen aussagekräftige Songzeilen über den „echten Mann" Hannibal.

I4 Hannibal – nicht zu stoppen?
Im Krieg gegen Spanien verliert die karthagische Armee mit Hamilkar ihren Kommandanten. 221 v. Chr. wählt das Heer den 25-jährigen Hannibal zum Oberbefehlshaber. In Karthago begrüßt man diese Entscheidung. Auf dem Landweg zieht Hannibal jetzt nach Italien und erobert alle auf dem Weg liegenden Gebiete.

- Wortfeld Bewegung ⏭ trānsīre, venīre, īre, pervenīre
- Grammatik Participium coniunctum, u-Deklination, Ablativ bei Deponentien
- Stilmittel Asyndeton, Parallelismus, Chiasmus, Hyperbel

T3 Hannibal rückt näher (Hann. 3,2–4)

Proximo triennio Hannibal omnes gentes Hispaniae bello subegit, Saguntum, foederatam civitatem, vi expugnavit, tres exercitus maximos comparavit. Ex his unum in Africam misit, alterum cum Hasdrubale fratre in Hispania reliquit, tertium in Italiam secum duxit. Saltum Pyrenaeum transiit.

Quacumque iter fecit, cum omnibus incolis conflixit; neminem nisi victum dimisit. Ad Alpes postquam venit, quae Italiam ab Gallia seiungunt, quas nemo umquam cum exercitu ante eum praeter Herculem Graium transierat, Alpicos conantes prohibere transitu occidit, loca patefecit, itinera muniit, effecit, ut ea elephantus ornatus ire posset, qua antea unus homo inermis vix poterat repere. Ita copias traduxit in Italiamque pervenit.

Hoc itinere adeo gravi morbo oculorum afficitur, ut postea numquam dextro aeque bene atque antea usus sit. Qua valetudine cum etiamtum premeretur lecticaque ferretur, C. Flaminium consulem apud Trasumenum lacum cum exercitu insidiis circumventum occidit.

[1] **triennium** Zeitraum von drei Jahren, drei Jahre [2] **Saguntum** (→ EV) **foederātus** (mit Rom) verbündet [4] **Hasdrubal, alis** (→ EV) [5–6] **saltus Pyrenaeus** die Pyrenäen

[7] **iter facere** marschieren [9] **sēiungere** trennen [10] **Grāius** = Graecus [11] **Alpicī** die Alpenbewohner
<eum> prohibēre
trānsitus, ūs Durchmarsch [11–12] **loca patefacere** *(Perf.* **patefēcī***)* ein Gelände zugänglich machen [12] **mūnī(v)it** (→ I1)
elephantus ōrnātus Kriegselefant
[13] **rēpere** kriechen

[17] **etiamtum** damals noch **lectīca** Trage, Sänfte [18] **C. Flāminius** (→ EV) **Trasumēnus lacus** Trasimenischer See (→ EV)

I5 Hannibal vor Rom
Nach den erlittenen Niederlagen herrscht in Rom Entsetzen. Durch sein strategisches Geschick führt Hannibal vor, wie ein zahlenmäßig weit überlegener Gegner überwunden werden kann. Bis zuletzt gelingt es den römischen Generälen nicht, Hannibals Taktik zu durchschauen. 211 v. Chr. lagert der Karthager schließlich in der unmittelbaren Umgebung von Rom. Doch er greift nicht an.

- Sachfeld militärische Auseinandersetzung ⏭ proelium, pūgna, pūgnāre, resistere
- Grammatik Ablativus absolutus, Akkusativ der zeitlichen Ausdehnung, Pronominaladjektiv ⏭ uterque

T4 Hannibal ad portas! (Hann. 4,3f.)

[1] **obviam venīre** sich entgegenstellen
[2] **C. Terentius, L. Aemilius** (→ EV)
[4] **urbs:** *gemeint ist Rom* [5] **aliquot** einige
castra habēre kampieren **Capua** (→ EV)

Hinc in Apuliam pervenit. Ibi obviam ei venerunt duo consules, C. Terentius et L. Aemilius. Utriusque exercitus uno proelio fugavit. Hac pugna pugnata Romam profectus est nullo resistente. In propinquis urbi montibus moratus est. Cum aliquot dies ibi castra habuisset, Capuam revertit.

❶ Fasse die Ereignisse nach der Ankunft Hannibals in den Alpen zusammen (**T3**). Wie gelingt es Nepos, auch sprachlich Tempo in die Darstellung zu bringen?
❷ Der Sieg am Trasimenischen See im Frühjahr 217 gehört zu Hannibals größten militärischen Leistungen. Versuche zu erklären, weshalb Nepos dieses historisch herausragende Ereignis so knapp umgesetzt hat (**T3**, Z. 17 – 19). Bewerte vor diesem Hintergrund auch die Darstellung in **T4**.

I6 „Victoria uti nescis!"

Die Belagerung der Stadt durch Hannibal wurde für die Supermacht Rom zum Trauma. Die Römer verfügten in Italien über keine nennenswerten Truppen mehr. Schutzlos waren sie dem Feind ausgeliefert. Hannibal hingegen stand auf dem Höhepunkt seiner Macht. Er berief einen Kriegsrat ein, um das weitere Vorgehen zu besprechen. Einige seiner Offiziere sollen ihn dabei aufgefordert haben, endlich in Rom einzumarschieren. Doch Hannibal hatte andere Pläne. Zum geeignetsten militärischen und psychologischen Zeitpunkt unterließ er den Angriff. Ein hoher Offizier in Hannibals Heer soll daraufhin zu ihm gesagt haben: „**Non omnia nimirum eidem di dedere. Vincere scis, Hannibal; victoria uti nescis.**" (Die Götter freilich haben einem Mann nicht alles gegeben. Du verstehst es zu siegen, Hannibal; den Sieg zu nutzen, verstehst du nicht.)

❸ Der römische Historiker Livius (59 v. Chr. – 17 n. Chr.) beschreibt in seinem Werk **Ab urbe condita** sehr plastisch die Reaktionen der römischen Bevölkerung auf Hannibals Siege vor den Toren der Stadt (Liv. 22,7,6 – 10). Lies in einer deutschen Übersetzung diese Passage, um einen Eindruck von der Situation zu bekommen, und trage deine Ergebnisse in einer Kurzpräsentation vor der Klasse vor.
❹ Diskutiert mögliche Beweggründe für Hannibals Entscheidung, die Stadt Rom nicht einzunehmen. Bezieht dabei auch die Hintergründe zum Ausbruch des Zweiten Punischen Krieges mit ein (vgl. **I3**).
❺ Entwerft ein fiktives vertrauliches Gespräch zwischen zwei Offizieren in Hannibals Heer, in dem sich die beiden Militärs über ihren General unterhalten. Integriert dabei möglichst viele Informationen aus dem bisher Gelesenen.

Sebastian Slodtz: Hannibal Triumphant (1722).

I 7 **Traum von der Großmacht Karthago**
Bis heute ist die Frage, warum Hannibal die Stadt Rom verschont hat, in der Geschichtsforschung umstritten. Wahrscheinlich zielte seine Strategie nie darauf, Rom zu vernichten, sondern lediglich den imperialen Einfluss des römischen Reiches zu schwächen und die Ansprüche Karthagos als Großmacht im Mittelmeerraum zu etablieren. Um dieses Ziel zu erreichen, griff er nicht selten zu kreativen Methoden.

- Wortfeld militärisches Leben ⏭ exercitus, imperātor, proelium, aciēs, pūgna, campus
- Grammatik Participium coniunctum, Ablativus absolutus, Semideponens (audēre)
- Stilmittel Alliteration, Anapher

T 5 Unkonventionelle Kriegsmethoden (Hann. 5,1f.,4)

Cum Capuam reverteretur, Q. Fabius Maximus, dictator Romanus, in agro Falerno ei se obiecit. Hic clausus locorum angustiis noctu sine ullo detrimento exercitus se expedivit Fabioque, callidissimo imperatori, dedit verba. Namque obducta nocte sarmenta in cornibus bovum deligata incendit eiusque generis multitudinem magnam dispalatam immisit. Quo subito obiecto visu tantum terrorem iniecit exercitui Romanorum, ut egredi extra vallum nemo sit ausus.

Longum est omnia enumerare proelia. Quare hoc unum satis erit dictum: Quamdiu in Italia fuit, nemo ei in acie restitit, nemo adversus eum post Cannensem pugnam in campo castra posuit.

[1] **dictātor** Diktator [2] **ager Falernus** Falernerland (→ EV) [2–3] **angustiae locōrum** Engpass [4] **Q. Fabius** (→ EV) **alicui verba dare** jdn. täuschen [5] **obductā nocte** im Schutz der Dunkelheit **sarmenta, ōrum** Reisigbündel [5–6] **dēligāre** festbinden [6–7] **dispālātam immittere** *(Perf.* immīsī*) hier:* in alle Richtungen scheuchen [7–8] **terrōrem inicere** *(Perf.* iniēcī*)* Schrecken einjagen

[12] **Cannēnsis, e** bei Cannae (→ EV)
[13] **castra pōnere** in den Kampf ziehen

I 8 **Scipio – ein ebenbürtiger Gegner**
Rom war geschockt! Niemals zuvor hatte jemand der antiken Supermacht solch empfindliche Niederlagen bereitet wie Hannibal. Erst im Jahr 210, sechs Jahre nach Cannae, änderte sich die Situation. **Publius Cornelius Scipio**, ein fünfundzwanzigjähriger Aristokrat, wird zum neuen starken Mann des römischen Militärs. Ihm war klar, dass jeder Kampf auf offenem Feld gegen Hannibal in die Niederlage führen würde. Eine neue Taktik musste her! Scipio verlagerte den Krieg von Italien nach Spanien und schließlich nach Nordafrika. Die Karthager riefen Hannibal zur Verteidigung ihrer Heimat aus Italien zurück. Im Herbst 202 treffen die beiden Generäle in einem Tal unweit von Karthago aufeinander. Die bevorstehende Auseinandersetzung, die als die **Schlacht bei Zama** in die Geschichtsbücher eingegangen ist, sollte die größte und letzte militärische Aktion des mittlerweile 17 Jahre andauernden Krieges sein. Auf der einen Seite der schon zu Lebzeiten zum Mythos gewordene Hannibal, auf der anderen Seite der jugendlich dynamische Scipio, der erste ebenbürtige Gegner des Karthagers. Und: Hannibals Armee wird vernichtend geschlagen!

• Grammatik Participium coniunctum, Ablativ der Zeit, Akkusativ der Richtung

T6 Entscheidung in Nordafrika (Hann. 6,3)

Apud Zamam cum P. Scipione conflixit; pulsus – incredibile dictu – biduo et duabus noctibus Hadrumetum pervenit, quod abest ab Zama circiter milia passum trecenta.

1–2 **incrēdibile dictū** so unglaublich es auch klingt 2 **Hadrūmētum** nach Hadrumetum (→ EV) 3 **milia passūm trecenta** 300 Meilen

❶ Beschreibe mit eigenen Worten, in welcher Situation sich Hannibal im Falernerland befand und wie er sich daraus befreite (**T5**).

M2

Der deutsche Dramatiker Christian D. Grabbe (1801–1836) versetzt sich in seinem Schauspiel „Hannibal" in die Lage des römischen Diktators Quintus Fabius Maximus, als dieser sich mit Hannibals Trick konfrontiert sieht:

REITERFELDHERR. Das Tal wird hell, und ungeheure Massen bewegen sich in ihm auf uns zu.

FABIUS MAXIMUS. Hätte er durch seine List Hilfe bekommen? In der Tat, es ist an dem! – Eine Reiterei mit Fackeln! Und das Geschrei! – Hätt ich nur einen punischen Gefangenen zur Hand, der es mir übersetzte!

REITERFELDHERR. Es lautet, als schrieen ein paar Ochsen.

FABIUS MAXIMUS. Ochsen? Die könnten das nicht – o, Du kennst noch keine wütende Menschenstimme – die nur schreit so grässlich, durch die Macht des erregten Geistes! – Sieh hin, genau: sie tragen Mützen mit zwei Zipfeln, Schilde wie Bretter vor den Köpfen – so ist das Wappen Uticas, es sind neu angekommene Uticenser.

REITERFELDHERR. Gleich sind sie hier – Es gilt Stand halten.

FABIUS MAXIMUS. Bei Nacht? Gegen einen noch unbekannten Feind? Und hier besonders gegen die verwegene, geübte Reiterei, die uns zu umzingeln droht, ja, schon damit anfängt? Denn schau, mit welch beispielloser Kühnheit sie die Felsen hinauf, in die Wälder sprengt und die Bäume ansteckt – Nein, wir müssen den Tag erwarten, um diesen Herren erst in die Augen zu sehen, und ihre schwachen Seiten zu ergründen. – Legionen, still zurück über jene Höhen nach Casilinum! (*Alle ab. Pause.*)

HANNIBAL (*mit seinem Heer*). Haha! – Geht das Glück so fort, hoff ich doch noch erzählen zu können, dass mir Rindvieh den Weg durch ein Diktator-Heer öffnete! – Weiter!

❷ a) Charakterisiere die dramatische Figur des Fabius Maximus, wie sie bei Grabbe (**M2**) profiliert ist, und vergleiche sie mit Nepos' Beschreibung (**T5**).
b) Inwiefern wirkt bei Nepos (**T5**) Hannibals kreativer Trick noch überzeugender als in Grabbes Auszug?

❸ Der Sieg Scipios über Hannibal in der Schlacht von Zama ging als einer der wichtigsten in die römische Geschichte ein. Beurteile die Art, wie Nepos (**T6**) dieses Ereignis literarisch aufarbeitet, und erkläre, wie es dem Biographen gelingt, den Besiegten trotz der verheerenden Niederlage in einem guten Licht erscheinen zu lassen.

Henri Motte (1846-1922): Die Schlacht bei Zama, 1900.

I9 Diplomatie gegen Hannibal

Nach der Niederlage bei Zama (202) floh Hannibal nach Hadrumetum, wo er bereits an der Aufstellung eines neuen Heeres arbeitete. Die Karthager allerdings traten in Verhandlungen mit den Römern ein. Sie wollten den Krieg endlich beenden. So schickten sie Diplomaten nach Rom, um Bedingungen für einen dauerhaften Friedensschluss zu sondieren. Der römische Senat war bereit, Karthago entgegenzukommen, unter einer Bedingung: Hannibal müsse jede weitere Kriegsvorbereitung beenden und zurück nach Karthago gerufen werden! Jahrzehnte lang war Hannibal von seiner Heimatstadt entfernt gewesen. Wie würden ihn seine Landsleute aufnehmen?

- Sachfeld politische Ämter ⏭ rēx, praetor, cōnsul, magistrātus, lēgātus, creāre
- Grammatik Ablativ des Ortes, konjunktivischer Relativsatz, Ablativus absolutus
- Stilmittel Vergleich, Chiasmus, Parallelismus, Ayndeton

T7 Der Held und seine Heimat (Hann. 7,4–7)

Carthaginienses Hannibalem domum revocarunt. Huc ut rediit, rex factus est, postquam praetor fuerat, anno secundo et vicesimo: Ut enim Romae consules, sic Carthagine quotannis annui bini reges creabantur. In eo magistratu pari diligentia se Hannibal praebuit, ac fuerat in bello. Namque effecit ex novis vectigalibus, non solum ut esset pecunia, quae Romanis ex foedere penderetur, sed etiam superesset, quae in aerario reponeretur.

Deinde anno post Romā legati Carthaginem venerunt. Hos Hannibal ratus sui exposcendi gratia missos esse, priusquam iis senatus daretur, navem ascendit clam atque in Syriam ad Antiochum fugit. Hac re palam facta Poeni naves duas, quae eum comprehenderent – si possent consequi –, miserunt, bona eius publicarunt, domum a fundamentis disiecerunt, ipsum exulem iudicarunt.

[2] **rēx** *hier:* Sufet (oberster karthagischer Staatsbeamter) **praetor** Oberbefehlshaber
[4] **annuī bīnī** für ein Jahr je zwei
[6] **vectīgal, ālis** Steuer [7] **ex foedere** vertragsgemäß
[8] *<ut> superesset <pecūnia>, quae* **aerārium** Staatskasse

[9] **annō post** ein Jahr später [10] **expōscere** die Auslieferung verlangen
[11] **senātūs dare** Zutritt zum Rat gewähren [12] **Antiochus** (→ EV) **palam** öffentlich, bekannt [13] **comprehenderent:** *finaler Nebensinn* [14] **bona pūblicāre** Vermögen beschlagnahmen [15] **disicere** (*Perf.* disiēcī) niederreißen **exulem iūdicāre** verbannen

❶ Beschreibe die Reaktion der Karthager auf die Flucht Hannibals (**T7**). Untersuche die sprachlich-stilistische Gestaltung dieser Passage (→ Stilmittel, S. 167) und deute sie im Zusammenhang mit dem dort dargestellten Inhalt.

❷ Beurteile Hannibals Verhältnis zu seiner Heimat und bewerte davon ausgehend den folgenden Monolog aus Grabbes Drama „Hannibal":

„Italia! Herrliche, um die ich siebzehn Jahr warb, die ich geschmückt mit Konsulblut, so muss ich dich verlassen? [...] Du, ganz anders als die finstre Karthago und ihr heißes, trübrotes Firmament, Du, prangend mit Helden, die nur vom Ruhm und Eisen, nichts vom Gold wissen, mit dem Glanz selbst, nicht durch Mietlinge errungener, zum Kapitol hinaufschimmernder Triumphe, nie erhabener als da ich Dich zu meinen Füßen wähnte, und Du Dich aufrichtetest zu dem Gewölbe Deines ewig blauen Himmels! – Ha, diese Gräser entreiß ich Dir und berge sie an meinem Herzen!"

I 10 Der unermüdliche Krieger

Die vielen spektakulären Erfolge Hannibals machten ihn in seiner Heimat über Jahre hinweg zu einem gefeierten Star. Dass er nun ohne jede Unterstützung aus Karthago fliehen muss, der Stadt, für die er seit seiner Kindheit gekämpft hatte, hätte ihn zu einem gebrochenen, resignierten Mann machen müssen. Doch im Gegenteil: Obwohl er von Zufluchtsort zu Zufluchtsort hetzte, entfaltete er unermüdlich Aktivitäten, wie zum Beispiel im Jahre 186. Als er den bithynischen König Prusias, der mit den römischen Verbündeten in Kleinasien im Dauerstreit lag, gegen Rom aufhetzen wollte, wurde er in die Auseinandersetzungen zwischen Bithynien und Pergamon verwickelt. Wieder einmal war sein Talent als Militärexperte gefragt.

- Sachfeld Kampf und Militär ⏭ opprimere, interficere, classis, pūgnāre, arma, imperāre, premere, perterrēre, superāre
- Grammatik attributives Gerundiv, prädikatives Gerundiv, Infinitiv Präsens Passiv, PFA als Prädikatsnomen
- Stilmittel Chiasmus, Parallelismus

T 8 Aufgeben ist keine Alternative (Hann. 10,2–11,7)

[1] **Pergamēnus** von Pergamon [1–2] **dissidēre ab** im Streit liegen mit [2] **quō** *m. Komp.* umso [3] **ratiōnem inīre** zu einem Trick greifen [4] **dēcernere** um die Entscheidung kämpfen [6] **venēnātus** giftig [7] **vās fictile, vāsis fictilis** *n* Tongefäß **conicere in** *m. Akk.* schleudern gegen [9] **rīsum concitāre** Gelächter hervorrufen [12] **vidēre** *hier:* wissen [13] **puppēs āvertere** abdrehen **castra nautica** Flottenstützpunkt

Pergamenus rex Eumenes, Romanis amicissimus, a Prusia dissidebat; quo magis Hannibal cupiebat eum opprimi. Ad hunc interficiundum talem iniit rationem: Classe paucis diebus erant decreturi. Superabatur navium multitudine. Dolo erat pugnandum, cum par non esset armis. Imperavit quam plurimas venenatas serpentes vivas colligi easque in vasa fictilia conici. Pergamenae naves cum adversarios premerent acrius, subito in eas vasa ficitilia conici coepta sunt. Quae iacta initio risum pugnantibus concitarunt neque, quare id fieret, poterat intellegi. Postquam autem naves suas completas conspexerunt serpentibus, nova re perterriti, cum, quid potissimum vitarent, non viderent, puppes averterunt seque ad sua castra nautica rettulerunt. Sic Hannibal consilio arma Pergamenorum superavit.

❶ Analysiere alle Hauptsatzprädikate von **T8** in Bezug auf die Tempora und weise nach, dass sich durch die Verwendung der Tempora auch eine inhaltliche Gliederung des Textes ergibt.

❷ Stelle alle Ausdrücke und Phrasen von **T8** zusammen, die Eumenes als überlegenen Gegner markieren.

- Sachfeld Wohnen und Aufenthalt ⏭ locus, aedificāre, aedificium, domus, exitus
- Wortfeld politische Funktionen ⏭ lēgātus, patrēs cōnscrīptī, rēx
- Grammatik Dativ des Urhebers beim prädikativen Gerundiv, Ablativ des Ortes, indirekter Fragesatz
- Stilmittel Parallelismus, Alliteration, Euphemismus

T9 Hannibals Ende (Hann. 12,1-13,1)

[1] **Prūsiās, ae** (→ EV) [2] **T. Quintius Flaminius** (→ EV) **cōnsulāris, is** Ex-Konsul [3] **mentiōnem facere dē** zu sprechen kommen auf [6] **inimīcissimus** Todfeind [7] **secum:** *bez. auf* Prusias **negāre** *hier:* eine Bitte abschlagen [8] **illud** *hier:* nur dies eine [9] **iūs hospitiī** Gastrecht [9-10] *<petīvit, ut> ipsī ... <eum> comprehenderent* [10] *<ostendit eōs> ipsōs ... esse inventūrōs* [11] **sē tenēre** sich aufhalten **castellum** Kastell (burgähnliches Schanzlager) [13] **exitus, ūs:** zu exīre **scīlicet** natürlich, freilich [13-14] **ūsū venīre** tatsächlich eintreten

Quae dum in Asia geruntur, accidit, ut legati Prusiae Romae apud T. Quintium Flaminium consularem cenarent atque – ibi de Hannibale mentione facta – ex iis unus diceret eum in Prusiae regno esse. Id postero die Flaminius senatui detulit. Patres conscripti legatos in Bithyniam miserunt, qui a Prusia rege peterent, ne inimicissimum suum secum haberet, sed ut sibi dederet. Iis Prusias negare ausus non est. Illud recusavit, ne quid postularent, quod adversus ius hospitii esset; ipsi, si possent, comprehenderent; ipsos locum, ubi esset, facile esse inventuros. Hannibal enim uno loco se tenebat, in castello, quod ei a rege datum erat muneri; idque sic aedificarat, ut in omnibus partibus aedificii exitus haberet, scilicet verens, ne usu veniret, quod accidit. Huc cum legati Romanorum venissent ac multitudine domum eius circumdedissent, servus

18 **foris, is** *f* Tür, Zugang **properē** eilig, schnell
20 *occupātōs <esse>*
21 *<Hannibal> sēnsit*
fortuītō zufällig
factum <esse>
22 **vītam retinēre** sich ans Leben klammern

25 **perfungī** *(Perf.* perfūnctus sum*) m. Abl.* überstehen 26 **acquiēscere** *(Perf.* acquiēvī*)* zur Ruhe kommen, sterben

ab ianua prospiciens Hannibali dixit plures praeter consuetudinem armatos apparere. Qui imperavit ei, ut omnes fores aedificii circumiret ac propere sibi nuntiaret, num eodem modo undique obsideretur. Cum servus celeriter, quid esset, nuntiasset omnisque exitus occupatos ostendisset, sensit id non fortuito factum, sed se peti neque sibi diutius vitam esse retinendam. Quam ne alieno arbitrio dimitteret, memor pristinarum virtutum venenum, quod semper secum habere consuerat, sumpsit.
Sic vir fortissimus, multis variisque perfunctus laboribus, anno acquievit septuagesimo.

❶ Antike Historiker weisen die Verantwortung für Hannibals Selbstmord je nach Haltung entweder dem römischen Ex-Konsul Flaminius oder dem bithynischen König Prusias zu. Wen macht Nepos für den Tod des Karthagers verantwortlich?
❷ **a)** Erkläre, welche zwei Motive Hannibal dazu veranlassen, seinem Leben ein Ende zu setzen?
b) Vergleiche deine Ergebnisse mit der Darstellung des römischen Historikers Livius, der Hannibals (angeblich) letzte Worte so überliefert: „Wir wollen das römische Volk von einer langen Sorge befreien, da es glaubt, es dauere zu lange, auf den Tod eines alten Mannes zu warten." (Liv. 39,51,9)
c) Verfasst in Einzelarbeit fiktive Abschiedsbriefe Hannibals an seine letzten Getreuen. Lest eure Ergebnisse in der Klasse vor und stellt die entscheidenden Motive zusammen.
❸ Wie könnte ein Nachruf auf Hannibal in der modernen Boulevard-Presse aussehen? Arbeitet biographische Schwerpunkte heraus, die sich für eine mediale Inszenierung besonders eignen könnten.

M3 Was ist „Hannibal"?

Alles, was wir über Hannibal wissen, ist tendenziös. Karthagische Quellen sind bisher nicht bekannt, so bezieht sich unsere Kenntnis allein auf die Bewertung durch seine Feinde. Für Rom wurde Hannibal zum Inbegriff der Bedrohung, zum Schreckgespenst. Noch zwei Generationen später, im Dritten und letzten Punischen Krieg (149 – 146 v. Chr.), wurde Hannibal für die Legitimation des Krieges und der endgültigen Zerstörung Karthagos instrumentalisiert. Die Gefahr, die einst von dem Menschen Hannibal ausging, blieb offenbar stets aktuell. Damit ist er weit mehr als eine historische Persönlichkeit. Hannibal wurde zu einer Figur, in der sich ganz allgemein Vorstellungen von heroischer Leistung, taktischem Geschick, strategischer Überlegenheit, aber auch von permanenter Gefährdung verdichtet haben. Ein Mensch, der wie Hannibal generationenübergreifend das Potenzial hat, historische Erinnerungen, Faszination und Ängste wach zu halten, wird in der Kulturwissenschaft auch als „Erinnerungsfigur" bezeichnet. Mit der Entwicklung des Menschen Hannibal zur Erinnerungsfigur war der Mythos Hannibal geboren, der bis in die heutige Zeit hinein nichts von seiner Faszination eingebüßt hat und deshalb auch in der modernen Medienwelt seinen Platz gefunden hat.

Hannibal vor seinem Selbstmord. Illustration aus Gilbert Abbott a Beckett: The Comic History of Rome. 1850. Privatsammlung.

Cäsar – Machtpolitiker, Feldherr, Literat

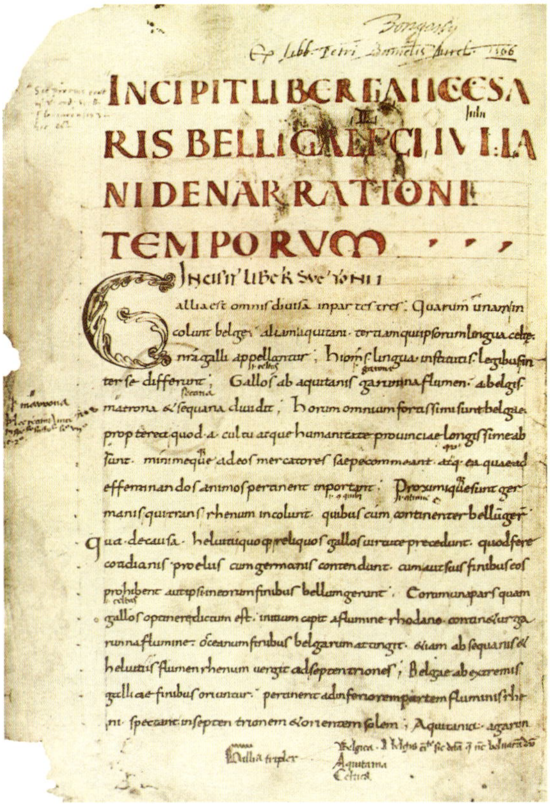

*Der Anfang des **Bellum Gallicum** in einer Pergament-Handschrift aus dem 9./10. Jh. Amsterdam, Universitätsbibliothek.*

Gaius Iulius Caesar wurde am 13. Juli 100 v. Chr. geboren. Er stammte aus der alten Adelsfamilie der Julier, die ihre Wurzeln auf Julus, den Sohn des Äneas und dessen Mutter Venus zurückführte. Bereits in den achtziger Jahren wurde Cäsar in die blutigen politischen Auseinandersetzungen zwischen den sog. Popularen und den Optimaten (→ **I1**) hineingezogen. Durch verwandtschaftliche Beziehungen zur Partei der schließlich unterlegenen Popularen geriet er in Gefahr und musste vor den Anhängern des siegreichen Sulla fliehen (82 v. Chr.). Er wurde jedoch begnadigt und leistete bis zum Jahre 80 v. Chr. seinen Militärdienst weit weg von Rom in Kilikien, im Süden der heutigen Türkei. Nach dem Tod Sullas im Jahr 78 v. Chr. kehrte Cäsar nach Rom zurück und arbeitete zielstrebig an seiner politischen Karriere: Erstmals machte er im Jahr 77 als wortgewaltiger Ankläger von sich reden, wurde 73 als **pontifex** in das römische Priesterkollegium gewählt und durchlief von 69–59 den **cursus honorum**, die Ämterlaufbahn. 68 wurde er Quästor, 65 veranstaltete er als kurulischer Ädil aufwendige Spiele, 63 erhielt er das Amt des Oberpriesters, des **Pontifex Maximus**. Im Jahr 62 bekleidete er das Amt des Prätors, danach errang er als Proprätor in Spanien zahlreiche Erfolge und bekam den Ehrentitel „Imperator".

60 v. Chr. bewarb er sich mit Erfolg um das höchste Amt der römischen Republik, das Konsulat. Cäsar war mittlerweile so einflussreich, dass er sich mit Pompejus, dem damals mächtigsten römischen Feldherrn, und Crassus, dem reichsten Römer, zu einer Dreiergemeinschaft, dem sog. **Triumvirat**, gegen die Optimaten verbündete. Dieses Machtkartell diente der Durchsetzung der politischen Interessen der drei Männer. Sie versuchten Wahlen, die Besetzung von Ämtern und politische Entscheidungsprozesse in ihrem Sinne zu beeinflussen. Das Triumvirat war durch persönliche Beziehungen der drei Politiker besonders eng: Crassus beglich die ungeheuren Schulden, die Cäsar zur Finanzierung seiner politischen Karriere angehäuft hatte, und Cäsar verheiratete seine Tochter Julia mit Pompejus.

Im Jahr 59 setzte Cäsar die politischen Interessen des Triumvirats gegen den erbitterten Widerstand der Optimaten durch, wobei er auch vor Verfassungsbrüchen nicht zurückschreckte: Es wurden eine **Landreform** beschlossen, die den ehemaligen, häufig mittellosen Soldaten des Pompejus zu Grund und Boden verhelfen sollte, sowie Gesetze, die die erpresserischen Machenschaften der Provinzstatthalter aus den Reihen der Optimaten unterbinden sollten. Da Cäsar nach dem Ende des Konsulats befürchten musste, von seinen Gegnern für seine Politik vor Gericht gezogen und verurteilt zu werden, sicherte er sich für die Zeit nach 59 eine besondere Machtbasis. Er wurde bis zum Jahr 50 Statthalter der bedeutenden Provinzen Gallia Cisalpina, Illyricum und Gallia Transalpina.

Von dieser Machtbasis aus führte Cäsar seinen **Gallischen Krieg** in den Jahren 58–51, den er in seinen *Commentarii rerum gestarum belli Gallici* in sieben Büchern beschrieben hat.

Unter **commentarii** verstanden die Römer zweierlei:

- Berichte von Amtsträgern, die gekennzeichnet waren durch nüchternen Sachbezug und das Fehlen literarisch-künstlerischer Ausarbeitung.
- Eine Form autobiographischer Aufzeichnung, allerdings nicht im Sinne einer vollwertigen literarischen Biographie, sondern einer unausgearbeiteten Materialsammlung, aus der erst eine künstlerisch gestaltete Biographie entstehen sollte.

Cäsar wollte also mit der Wahl des Titels für sein Buch bei den Lesern gezielt positive Erwartungen wecken, nämlich Faktenorientierung und Objektivität, sprachliche Klarheit und die besondere Beziehung des Autors zum erzählten Geschehen. Nur der **commentarius** gestattete es ihm, mit seiner Tatenschilderung glaubwürdig vor sein Publikum zu treten. Die **Commentarii** waren ein Mittel, mit dessen Hilfe Cäsar politischen Einfluss in der Öffentlichkeit nehmen wollte, um im Existenzkampf gegen seine Gegner nicht zu unterliegen. Cäsars Machtbasis in Rom war nämlich aufs Äußerste bedroht: 54 starb seine Tochter Julia, wodurch die familiäre Verbindung zu Pompejus aufgelöst wurde; 53 fiel Crassus auf einem Feldzug; den Optimaten gelang es, Pompejus auf ihre Seite zu ziehen und Cäsar vollends zu isolieren. In dieser gefährlichen Gesamtsituation veröffentlichte Cäsar seine *Commentarii rerum gestarum belli Gallici* (→ Grundwissen, S. 165 f.). Höchstwahrscheinlich fasste Cäsar das Werk im Winter 52/51 v. Chr. in einem Zug ab.

Cäsar. Marmorbüste. Rom, Vatikanische Museen.

Inhaltsübersicht: Cäsars *Bellum Gallicum*

Buch **1** (58 v. Chr): **Gallien und seine Bewohner; der Krieg gegen die Helvetier*** und der Sieg über die germanischen Sueben unter ihrem Anführer Ariovist.
Buch **2** (57 v. Chr.): Unterwerfung der Belger; speziell: Sieg über die Nervier (16-27).
Buch **3** (57/56 v. Chr.): Winterkrieg gegen verschiedene Alpenvölker; Land- und Seekrieg gegen die Veneter; Unterwerfung der Aquitaner in Südgallien.
Buch **4** (55 v. Chr.): Erste Rheinüberquerung und Kämpfe mit den Germanen; erste Expedition nach Britannien und versuchte Landung in Britannien.
Buch **5** (54 und Winter 54/53 v. Chr.): Zweite Expedition nach Britannien; Aufstände in Nordwest-Gallien; Abwehr der Aufständischen.
Buch **6** (53 v. Chr.): Zweiter Rheinübergang; **Beschreibung der Gallier und Germanen.**
Buch **7** (52 v. Chr.): Allgemeiner Aufstand Galliens unter Vercingetorix; Sieg der Gallier bei Gergovia, Rückzug der Gallier nach Alesia und Einnahme Alesias durch Cäsar.

* Die fettgedruckten Partien sind in dieser Ausgabe enthalten.

❶ Informiere dich über das weitere Schicksal Cäsars.
❷ Informiere dich über die verschiedenen Ämter (z. B. Prätor, Konsul) und Parteien (Optimaten, Popularen → I1), die im Text erwähnt werden, und erstelle jeweils einen Kurzbericht darüber.

I1 Optimaten – Popularen

Der Begriff Optimaten ist abgeleitet von **optimus** und bedeutet „die Besten". Der Begriff gehört zum politischen Vokabular der späten Republik, den die führenden Senatoren benutzten, um sich von ihren politischen Gegnern im Senat, den Popularen, abzugrenzen. Die Optimaten versuchten zu verhindern, dass einzelne Senatoren zu viel Macht erhielten und die Machtbalance innerhalb der Senatorenschaft störten. Mit den Popularen (**popularis** „zum Volk gehörig") sind Politiker gemeint, die nach eigenem Bekunden mit Hilfe und zugunsten des Volks tätig waren. Ziel ihrer Politik war zunächst der Erwerb und die Sicherung von Freiheitsrechten des Volkes und seine materielle Absicherung; später engagierten sich die Popularen auch für einzelne Politiker wie Pompejus und Cäsar, die die Popularen zur Durchsetzung ihrer eigenen politischen Interessen zu nutzen verstanden. Häufig vertraten Optimaten wie Popularen egoistische Ziele, nicht jedoch das Gemeinwohl.

Cäsar und die Helvetier

• Wortfeld Menschliches Zusammenleben ⏭ bellum, cultus, hūmānitās, lēx, lingua, proelium, prōvincia, virtūs

T1 Gallien und seine Bewohner

1 ⏭ 1 Gallia est omnis divisa in partes tres, quarum unam incolunt Belgae, aliam Aquitani, tertiam, qui ipsorum lingua Celtae, nostra Galli appellantur. 2 Hi omnes lingua, institutis, legibus inter se differunt. 3 Gallos ab Aquitanis Garunna flumen, a Belgis Matrona et Sequana dividit. Horum omnium fortissimi sunt Belgae, propterea quod a cultu atque humanitate provinciae longissime absunt minimeque ad eos mercatores saepe commeant atque ea, quae ad effeminandos animos pertinent, important proximique sunt Germanis, qui trans Rhenum incolunt, quibuscum continenter bellum gerunt. 4 Qua de causa Helvetii quoque reliquos Gallos virtute praecedunt, quod fere cotidianis proeliis cum Germanis contendunt, cum aut suis finibus eos prohibent aut ipsi in eorum finibus bellum gerunt.

[1] **Belgae, ārum** *m* die Belger (→ EV) **Aquitānī, ōrum** die Aquitaner (→ EV) *quārum ūnam <partem> incolunt Belgae, aliam <partem incolunt > Aquitānī, tertiam <partem incolunt iī>, quī ipsōrum linguā Celtae, nostrā <linguā> Gallī appellantur*

[2] **īnstitūtum** Einrichtung [3] **Garunna** die Garonne **Mātrona** die Marne **Sēquana** die Seine **hūmānitās, ātis:** *Subst. zu* hūmānus **prōvincia:** *die röm. Provinz* Gallia Narbonensis **minimēque ... saepe** sehr selten **commeāre ad** hinkommen zu **effēmināre** verweichlichen **importāre** einführen **continenter** andauernd

[4] **praecēdere** übertreffen **cotīdiānus** täglich

<a> suis finibus

Anm.: In **T1** wie auch in den folgenden Textpartien werden dir zahlreiche Eigennamen von Personen, Völkerschaften und geografischen Gegebenheiten begegnen. Informationen zu diesen Namen findest du im Verzeichnis der Namen am Ende des Bandes (S. 170 f.) und auf der Karte S. 67.

❶ **Hōrum omnium ... bellum gerunt** (1,3): Damit du dir einen Überblick über die Satzstruktur und den Inhalt verschaffen kannst, suche die Konnektoren und die Verbalinformationen heraus und stelle den Satz in der Einrückmethode dar.

❷ Cäsar entwirft für seine Leser im ersten Kapitel, dem sog. Proömium (Einleitung), einen Überblick über die geografischen Verhältnisse in Gallien. Welche Wirkung will er damit bei seinen römischen Lesern erreichen? Worin könnten Cäsars politische Beweggründe für seine Darstellung bestehen? Berücksichtige bei deinen Überlegungen **M1**.

❸ Cäsar hebt die Belger und die Helvetier mit besonderem Nachdruck hervor. Mit welchem Wortfeld werden die beiden Völker beschrieben? Welchen Eindruck soll dies beim Leser hinterlassen?

❹ Cäsar erwähnt bei der Beschreibung der Belger in § 3 die Begriffe **cultus** und **humanitas**.

a) Erkläre diese Wendung, indem du von der Grundbedeutung von **cultus** und **humanitas** ausgehst.

b) Auf welche konkreten zivilisatorischen Leistungen der Römer könnte Cäsar mit **cultus** und **humanitas** hinweisen?

c) Verschiedene Cäsar-Übersetzer haben die beiden Begriffe unterschiedlich wiedergegeben. Für welche Übersetzung würdest du dich entscheiden? Begründe deine Ansicht.

cultus: Kultur – Verfeinerung – Wohlleben
humanitas: Zivilisation – Kultur – Bildung

d) Wie dürften die Belger einem „zivilisierten" römischen Leser erschienen sein?

❺ Erläutere, wie der Leser von Cäsar auf den sich anschließenden Helvetierkrieg eingestimmt wird. Welche Rolle spielen dabei die Germanen?

I2 **„Gallien" vor Cäsar**

Vor Cäsar verstanden die Römer unter „Gallien" die Provinzen **Gallia Narbonensis** (Südfrankreich mit der Hauptstadt Narbonne) und **Gallia Cisalpina** (Oberitalien). Von Rom aus gesehen wurde Oberitalien auch als die diesseitige (**provincia citerior**) und Südfrankreich als die jenseitige Provinz (**provincia ulterior**) bezeichnet. Da die **provincia ulterior** in Südfrankreich die erste römische Provinz nördlich der Alpen war (seit 121 v. Chr.), blieb sie immer die „Musterprovinz" und wurde daher oft auch nur als **provincia** bezeichnet. Stets fühlten sich die Römer „*der* Provinz" besonders verbunden und wollten sie beschützen.

M1 Gallien – eine Einheit?

„Caesar gliedert den Großraum Gallien ... in drei Teile und nennt als dessen Bewohner Aquitaner, Belger und Gallier/Kelten. Diese Einteilung orientiert sich an der ethnischen Zugehörigkeit dieser Völker und ist – auch nach heutigem Wissensstand – im Ganzen korrekt. Dass aber in den genannten drei Teilen eine große Zahl politisch souveräner Völkerschaften lebt, bleibt unerwähnt, und so entsteht beim Leser der Eindruck, als handelte es sich bei diesen Teilen um irgendwie geartete Einheiten, die man auch unter militärischen oder politischen Gesichtspunkten als Belger, Aquitaner oder Gallier ansprechen könnte ... In Wahrheit aber hat die Verwandtschaft der einzelnen Völker untereinander selbst unter dem Eindruck der Eroberungspolitik Caesars nur ein diffuses Gefühl der Zusammengehörigkeit aller Stämme in Gallien erzeugt, nie aber zu einer politischen Einheit geführt ... Insofern beruht die globale Bezeichnung der Völker als **Belgae, Aquitani, Galli** auf einer bloßen Fiktion, die Caesar aber aus politischen Gründen bewusst nährt."

Bernd F. Schümann: Caesar und die Gallier. Stuttgart (Klett) 1998, S. 6

• Grammatik Funktionen des Ablativs, Präpositionen mit Ablativ ⏭ ā/ab, cum, dē, ē/ex, prō

T2 Orgetorix und die Auswanderung der Helvetier

2 ⏭ 1 Apud Helvetios longe nobilissimus fuit et ditissimus Orgetorix. Is – M. Messalla et M. Pupio Pisone consulibus – regni cupiditate inductus coniurationem nobilitatis fecit et civitati persuasit, ut de finibus suis cum omnibus copiis exirent; 2 perfacile esse, cum virtute omnibus praestarent, totius Galliae imperio potiri. 3 Id hoc facilius eis persuasit, quod undique loci natura Helvetii continentur: una ex parte flumine Rheno latissimo atque altissimo, qui agrum Helvetium a Germanis dividit; altera ex parte monte Iurā altissimo, qui est inter Sequanos et Helvetios; tertia lacu Lemanno et flumine Rhodano, qui provinciam nostram ab Helvetiis dividit. 4 His rebus fiebat, ut et minus late vagarentur et minus facile finitimis bellum inferre possent: Qua ex parte homines bellandi cupidi magno dolore afficiebantur. 5 Pro multitudine autem hominum et pro gloria belli atque fortitudinis angustos se fines habere arbitrabantur, qui in longitudinem milia passuum CCXL, in latitudinem CLXXX patebant.

[1] **dītissimus:** *Superl. zu* dīvēs **Orgetorīx, īgis** (→ EV) **M. Messalla ... cōnsulibus:** Marcus Messalla *und* Marcus Pupius Piso *(die Konsuln des Jahres 61 v. Chr.)*
[2] *<Orgetorix dixit> perfacile esse* **perfacilis, e:** per- *verstärkt das Adj.* **potīrī** *m. Abl.* sich bemächtigen [3] **hōc** *m. Komp.* umso **unā ex parte ... alterā ex parte ... tertiā <ex parte>** auf der einen Seite ... auf der anderen Seite ... **Rhēnus** (→ EV und Karte S. 67) **mōns Iura** das Juragebirge **lacus Lemannus** der Genfer See [4] **vagārī** umherziehen **bellāre** Krieg führen [5] **fortitūdō, inis/ longitūdō, inis/lātitūdō, inis:** *Substantive zu* fortis, longus, lātus **CCXL** ducenta quadrāgintā **CLXXX** centum octōgintā

I3 Die Helvetier

Die Helvetier stammen wohl ursprünglich aus Südwestdeutschland. Einige Stämme von ihnen nahmen am Feldzug der Kimbern und Teutonen gegen Rom teil (120 – 102 v. Chr.). Im Jahr 107 schlugen die zu den Helvetiern gehörigen Tiguriner das Heer des Lucius Cassius. Sie entgingen der Vernichtung, da sie sich vom Hauptheer getrennt hatten und sich wohl noch in den Alpen befanden. Vermutlich in Folge dieser Ereignisse räumen sie Südwestdeutschland und wandern in das Gebiet zwischen Bodensee, Genfer See, Alpen und Jura, geraten aber bald darauf unter militärischen Druck der Germanen, wahrscheinlich ein Grund für die Auswanderung, den Cäsar seinen Lesern jedoch nur indirekt im ersten Kapitel angedeutet hat.

❶ Prüfe, mit welchen Worten Cäsar Orgetorix und die Helvetier beschreibt. Welchen Eindruck soll der Leser von Orgetorix und den Helvetiern erhalten?

❷ Welche Gründe für die Auswanderung der Helvetier werden genannt, welche nicht (→ **I3**)?

• Sachfeld Staat und Politik ⏭ amīcitia, auctōritās, cīvitās, cōpiae, exercitus, imperium, lēgātiō, pāx, plēbs, populus, potēns, rēgnum, senātus

[1] **iūmentum** Zugtier **coemere** aufkaufen **sēmentis, is** *f* Aussaat **suppetere** ausreichend zur Verfügung stehen **proximus** der nächste [2] **biennium** Zeitraum von zwei Jahren **prōfectiō, ōnis:** *Subst. zu* proficīscī [4] **sibi:** *Dat. des Vorteils* **Casticus** ... (→ EV) [5] **principātus, ūs** Führungsposition **plēbī acceptus** beim Volk beliebt **in mātrimōnium dare** zur Frau geben [6] **perfacile factū** sehr leicht zu tun **cōnātum:** *Subst. zu* cōnārī

[7] *non esse dubium <dixit>*
dubium Zweifel **Galliae plūrimum posse** in Gallien den größten Einfluss haben **conciliāre alicui aliquid** jdm. etw. verschaffen
conciliātūrum <esse>

[8] **inter sē fidem et iūs iūrandum dare** sich gegenseitig durch Eide verpflichten **potīrī** *m. Gen.* sich bemächtigen

3 ⏭ 1 His rebus adducti et auctoritate Orgetorigis permoti constituerunt ea, quae ad proficiscendum pertinerent, comparare, iumentorum et carrorum quam maximum numerum coemere, sementes quam maximas facere, ut in itinere copia frumenti suppeteret, cum proximis civitatibus pacem et amicitiam confirmare. 2 Ad eas res conficiendas biennium sibi satis esse duxerunt. In tertium annum profectionem lege confirmant. 3 Ad eas res conficiendas Orgetorix deligitur. 4 Is sibi legationem ad civitates suscepit. In eo itinere persuadet Castico Catamantaloedis filio Sequano, cuius pater regnum in Sequanis multos annos obtinuerat et a senatu populi Romani amicus appellatus erat, ut regnum in civitate sua occuparet, quod pater ante habuerat. 5 Itemque Dumnorigi Haeduo, fratri Diviciaci, qui eo tempore principatum in civitate obtinebat ac maxime plebi acceptus erat, ut idem conaretur, persuadet, eique filiam suam in matrimonium dat. 6 Perfacile factu esse illis probat conata perficere, propterea quod ipse suae civitatis imperium obtenturus esset; 7 non esse dubium, quin totius Galliae plurimum Helvetii possent; se suis copiis suoque exercitu illis regna conciliaturum confirmat. 8 Hac oratione adducti inter se fidem et ius iurandum dant, et regno occupato per tres potentissimos ac firmissimos populos totius Galliae sese potiri posse sperant.

❶ Hīs rēbus adductī ... cōnfirmāre (3,1): Verschaffe dir anhand der Verbalinformationen und der Konnektoren einen Überblick über Satzverlauf und Inhalt.

❷ Welche Vorbereitungen treffen die Helvetier?

❸ Welche Ziele verfolgt Orgetorix mit seiner Reise?

❹ Welchen Eindruck erhält der Leser von den politischen Zielen des Orgetorix und seiner Verbündeten? Wie gestaltet Cäsar dies sprachlich?

• Sachfeld Gericht ⏭ causa, damnāre, indicium, iūdicium, poena

[1] **ex vinculīs** gefesselt **causam dīcere** sich vor Gericht verantworten **damnātum** für den Fall der Verurteilung **cremāre** verbrennen [2] **diēs** *hier:* *f* Termin **causae dictiō** *(, ōnis)* Gerichtsverhandlung **obaerātus** Schuldner **eōdem** *Adv.* ebendahin [3] **incitāre** reizen **exsequī** durchsetzen [4] **sibi mortem cōnscīscere** *(Perf.* cōnscīvī*)* Selbstmord begehen

4 ⏭ 1 Ea res est Helvetiis per indicium enuntiata. Moribus suis Orgetorigem ex vinculis causam dicere coegerunt. Damnatum poenam sequi oportebat, ut igni cremaretur. 2 Die constituta causae dictionis Orgetorix ad iudicium omnem suam familiam ad hominum milia decem undique coegit, et omnes clientes obaeratosque suos, quorum magnum numerum habebat, eodem conduxit. Per eos, ne causam diceret, se eripuit. 3 Cum civitas ob eam rem incitata armis ius suum exsequi conaretur multitudinemque hominum ex agris magistratus cogerent, Orgetorix mortuus est; 4 neque abest suspicio, ut Helvetii arbitrantur, quin ipse sibi mortem consciverit.

❶ Formuliere im Namen der Helvetier eine Anklage gegen Orgetorix.

❷ Der Historiker Gerold Walser bemerkt zu den Umständen von Orgetorix' Tod: „Wie Cäsar schreibt, war ihm keine Tradition über die näheren Gründe des Todes bekannt. Es ist aber kaum die Praxis eines ehrgeizigen keltischen Aristokraten, Selbstmord zu begehen im Augenblick, als er als Führer eines Feldzuges auftreten will. Cäsars Angaben sehen wie eine Selbstverteidigung aus gegen die Anschuldigung, dass er den politischen Mord in die Wege geleitet habe." (Gerold Walser: Bellum Helveticum. Studien zum Beginn der caesarischen Eroberung von Gallien, Stuttgart [Franz Steiner Verlag] 1998, S. 44)

a) Wie bewertet Walser Cäsars Darstellung von Orgetorix' Tod?

b) Erläutere die Einstellung Walsers gegenüber der Darstellungsweise Cäsars.

Wagen der Gallier. Farblithographie, anonym, Frankreich. Um 1890/1900.

• Wortfeld Menschlicher Lebensraum ⏭ aedificium, ager, domus, fīnēs, oppidum, vīcus

[1] **nihilōminus** trotzdem **ut** nämlich dass [2] **numerō** der Zahl nach **duodecim** zwölf **quadringentī, ae, a** vierhundert
[3] *praeter <id> quod*
combūrere verbrennen **reditiō, ōnis:** *Subst. zu* redīre
domum reditiōnis: Gen. obiectivus, abh. von spēs
molīta cibāria *Akk. Pl. n* Mehl

[4] **exūrere** *(PPP* exustum*)* ~ combūrere
aliquem socium sibi adscīscere jdn. zu seinem Verbündeten machen

5 ⏭ 1 Post eius mortem nihilominus Helvetii id, quod constituerant, facere conantur, ut e finibus suis exeant.
2 Ubi iam se ad eam rem paratos esse arbitrati sunt, oppida sua omnia, numero ad duodecim, vicos ad quadringentos, 3 reliqua privata aedificia incendunt; frumentum omne, praeter quod secum portaturi erant, comburunt, ut domum reditionis spe sublata paratiores ad omnia pericula subeunda essent; trium mensum molita cibaria sibi quemque domo efferre iubent.
4 Persuadent Rauracis et Tulingis et Latobrigis finitimis,
uti
eodem usi consilio
oppidis suis vicisque exustis
una cum iis proficiscantur;
Boiosque,
qui trans Rhenum incoluerant et in agrum Noricum
transierant Noreiamque oppugnabant,
receptos ad se
socios sibi adsciscunt.

❶ Überlege, in welchen Schritten du den recht langen Satz in § 4 erschließen kannst und wie du die Partizipien im Deutschen auflöst.
❷ Die Helvetier verfolgen ihren Auswanderungsplan auch nach dem Tod des Orgetorix weiter. Was kann man daraus für ihre tatsächlichen Motive schließen?
❸ Welche Gründe haben die Helvetier nach Cäsars Ansicht für die Zerstörung ihrer Heimat?
❹ In Kap. 5 schildert Cäsar die Vorbereitungen der Helvetier zum Aufbruch. Durch welche sprachlichen Mittel macht Cäsar die permanent wachsende Bedrohung durch die Helvetier deutlich (Wortwahl, Satzbau, Stilmittel)? Diskutiert, welche Ängste er damit bei seinen römischen Lesern auslösen konnte.

• Sachfeld Bewegung ⏭ convenīre, dūcere, exīre, īre, iter, prōfectiō, prohibēre, trānsīre

[1] *itinera, quibus itineribus: Das Bezugswort (itinera) wird im Relativsatz noch einmal aufgegriffen* **impendēre** hineinragen **perpaucī:** *vgl.* per-facilis in T2 [2] **expedītus** bequem **nūper:** *121 v. Chr. waren die Allobroger von röm. Streitkräften unterworfen und in die Provinz* Gallia Narbonensis *eingegliedert worden. Einen Aufstand im Jahr 61 hatte der Provinzstatthalter niedergeschlagen.* **pācāre** unterwerfen **vadum** Furt [3] **Genava** Genf **bonō animō <esse> in aliquem** jdm. freundlich gesinnt sein [4] **diem dīcere** einen Termin festsetzen **a. d. V Kal. Apr.** (~ ante diem quīntum Kalendās Aprīlēs) am fünften Tag vor den Kalenden des April *(d. h. am 28. März)* **L. Pīsō, ōnis/A. Gabīnius:** *die Konsuln des Jahres 58 v. Chr.*

6 ⏭ 1 Erant omnino itinera duo, quibus itineribus domo exire possent: unum per Sequanos, angustum et difficile, inter montem Iuram et flumen Rhodanum, vix qua singuli carri ducerentur, mons autem altissimus impendebat, ut facile perpauci prohibere possent; 2 alterum per provinciam nostram, multo facilius atque expeditius, propterea quod inter fines Helvetiorum et Allobrogum, qui nuper pacati erant, Rhodanus fluit isque nonnullis locis vado transitur. 3 Extremum oppidum Allobrogum est proximumque Helvetiorum finibus Genava. Ex eo oppido pons ad Helvetios pertinet. Allobrogibus sese vel persuasuros, quod nondum bono animo in populum Romanum viderentur, existimabant vel vi coacturos, ut per suos fines eos ire paterentur. 4 Omnibus rebus ad profectionem comparatis diem dicunt, qua die ad ripam Rhodani omnes conveniant. Is dies erat a. d. V. Kal. Apr. L. Pisone, A. Gabinio consulibus.

❶ Stelle in einer Tabelle die beiden möglichen Auswanderungswege gegenüber und vergleiche sie.

Erant omnino itinera duo	
unum	alterum
...	...

Zu welchem Ergebnis muss der Leser aufgrund Cäsars Darstellung gelangen?

❷ Wie wollten die Helvetier von den Allobrogern die Erlaubnis zum Durchzug durch ihr Gebiet erreichen?

❸ Welchen Eindruck soll der römische Leser von den Helvetiern und ihren Auswanderungsplänen in Kap. 5/6 gewinnen? Stelle die wichtigsten Textpassagen in einer Übersicht zusammen. Welche Forderungen würdest du als römischer Bürger an die verantwortlichen Politiker stellen?

• Wortfeld Bewegung ⏭ advenīre, contendere, convenīre, iter facere, prōficīscī, revertī, pervenīre

T3 Das Eingreifen Cäsars

7 ⏭ 1 Caesari cum nuntiatum esset eos per provinciam nostram iter facere conari, maturat ab urbe proficisci et quam maximis potest itineribus in Galliam ulteriorem contendit et ad Genavam pervenit. 2 Provinciae toti quam maximum potest militum numerum imperat (erat omnino in Gallia ulteriore legio una); pontem, qui erat ad Genavam, iubet rescindi. 3 Ubi de eius adventu Helvetii certiores facti sunt, legatos ad eum mittunt nobilissimos civitatis, qui dicerent sibi esse in animo sine ullo maleficio iter per provinciam facere, propterea quod aliud iter haberent nullum; rogare, ut eius voluntate id sibi facere liceat. 4 Caesar, quod memoria tenebat L. Cassium consulem occisum exercitumque eius ab Helvetiis pulsum et sub iugum missum, concedendum non putabat; 5 neque homines inimico animo data facultate per provinciam itineris faciendi temperaturos ab iniuria et maleficio existimabat. 6 Tamen, ut spatium intercedere posset, dum milites, quos imperaverat, convenirent, legatis respondit: Diem se ad deliberandum sumpturum; si quid vellent, ad Id. April. reverterentur.

1 *Cum Caesarī nūntiātum esset eōs cōnārī … facere*
mātūrāre sich beeilen **quam potest** *m. Superl.* möglichst **magnum iter** Eilmarsch
2 **rescindere** einreißen
3 *<quī dīcerent sē> rogāre*
4 **L. Cassius:** Lūcius Cassius Longīnus *(einer der Konsulen des Jahres 107 v. Chr.)*
occīsum <esse>
sub iugum mittere unters Joch schicken (→ I5)
… missum <esse>
concēdendum <esse>
5 **temperāre ab** sich einer Sache enthalten
temperātūrōs <esse>
6 **intercēdere** inzwischen eintreten **dum** *m. Konj.* solange bis **Diem … reverterentur:** *Oratio obliqua* (→ I4)
dēlīberāre überlegen **ad Id. April.** (~ **ad Īdūs Aprīlēs**) an den Iden des April *(d. h. am 13. April)*

I4 Cäsars Stil: Oratio obliqua

Es ist typisch für den Stil Cäsars, dass die handelnden Personen nicht in direkter, sondern in indirekter Rede (Oratio obliqua) sprechen. Die folgenden Beispielsätze enthalten die wichtigsten Regeln:

Caesar Helvetiis respondit:	Cäsar antwortete den Helvetiern:
Se[2] rem deliberaturum esse.[1]	Er werde die Sache überlegen.
Si quid vellent,[3]	Wenn sie etwas wollten,
ad se[2] redirent.[4]	sollten sie zu ihm zurückkehren.

1. Aussagesätze stehen im AcI.
2. Reflexivpronomina beziehen sich auf den Sprecher.
3. Alle Nebensätze stehen im Konjunktiv.
4. Wünsche und Aufforderungen stehen im Konjunktiv.

❶ Im Kap. 7 (**T3**) tritt Cäsar erstmals auf.

a) Untersuche Cäsars Auftritt in den ersten beiden Absätzen sprachlich. Beachte vor allem Wortstellung, Wort- und Tempuswahl.

b) Welchen Eindruck erzielt er mit dieser Darstellung beim Leser?

c) Warum hat er die Geschehnisse vor seiner ersten Amtshandlung so ausführlich behandelt?

❷ In diesem Kapitel lernst du kennen, wie der Autor Cäsar von sich selbst spricht. Überlege, warum Cäsar sich so sprechen lässt.

❸ Der relativ kurze Satz „**neque homines inimico animo ... existimabat**“ (§ 5) weist zahlreiche grammatische Phänomene auf.

a) Worin besteht die Schwierigkeit bei ihrer Übersetzung?

b) Übersetze zur Hilfestellung folgende Version dieses Satzes und erläutere, wie er sich vom Original unterscheidet: „**Neque homines, qui inimico animo sunt, postquam facultas per provinciam itineris faciendi data est, temperaturos esse ab iniuria et maleficio existimabat.**“

❹ Welchen Eindruck dürfte ein römischer Leser von den Argumenten der helvetischen Gesandtschaft gehabt haben? Welchen Beitrag leistet in diesem Zusammenhang Cäsars historischer Rückblick auf den Konsul L. Cassius? L. Cassius war Statthalter der Provinz **Gallia Narbonensis** (→ **I2**) und wurde im Jahr 107 v. Chr. von den Tigurinern auf dem Gebiet der Allobroger geschlagen, unters Joch geschickt und getötet.

Heinrich Leutemann: Demüthigung gefangener Feinde durch das Joch. Holzstich, altkoloriert. 1866.

I5 **Joch**

Joch (**iugum**): Ein besiegtes Herr musste ein Joch durchschreiten, das aus zwei in die Erde gesteckten und oben mit einer Querstange verbundenen Speeren bestand. Die Unterlegenen sollten auf diese Weise gedemütigt werden und ihre Niederlage anerkennen.

Rainer Nickel / Franz-Peter Waiblinger: Kleines Lexikon zur römischen Welt. Bamberg ^{3}2002.

• Sachfeld Kriegsführung ⏭ lēgātus, lēgiō, mīlēs, mūnītiō, mūrus, nāvis, opus, praesidium, repellere, tēlum

[1] **īnfluere** hineinfließen **decem (et) novem** neunzehn **altitūdō, inis:** *Subst. zu* altus **sēdecim** sechzehn **fossa** Graben **castellum** kleine Befestigung **commūnīre** errichten **quō facilius** *m. Konj.* damit umso leichter

8 ⏭ 1 Interea ea legione, quam secum habebat, militibusque, qui ex provincia convenerant, a lacu Lemanno, qui in Rhodanum influit, ad montem Iuram, qui finis Sequanorum ab Helvetiis dividit, milia passuum decem novem murum in altitudinem pedem sedecim fossamque perducit. 2 Eo opere perfecto praesidia disponit, castella communit, quo facilius, si se invito transire conarentur, prohibere possit. 3 Ubi ea dies, quam constituerat cum legatis, venit et legati ad eum reverterunt, negat se more et exemplo populi Romani posse iter ulli per provinciam dare et, si vim facere conentur, prohibiturum ostendit.

[4] **spē dēicere** *(PPP* dēiectum*)* der Hoffnung berauben **ratis, is** Floß **vadum** Furt **nōn numquam** bisweilen **interdiū** am Tage **noctū** bei Nacht **perrumpere** durchbrechen **cōnārī, sī** *(Part. Perf.* cōnātus*)* versuchen, ob **cōnātus, ūs** *m: Subst. zu* cōnārī

4 Helvetii ea spe deiecti
navibus iunctis ratibusque compluribus factis
alii vadis Rhodani,
    qua minima altitudo fluminis erat,
non numquam interdiu, saepius noctu,
    si perrumpere possent,
conati,
operis munitione et militum concursu et telis repulsi,
hoc conatu destiterunt.

❶ In §4 treten Partizipialkonstruktionen gehäuft auf.
a) Erkläre, wodurch sich dieser lateinische Sprachgebrauch deutlich vom Deutschen unterscheidet. Welche Probleme ergeben sich für die Übersetzung?
b) Wie kannst du methodisch sinnvoll vorgehen, um einen derartigen Satz zu erschließen? Benenne deine Arbeitsschritte.
c) Erkläre, warum Cäsar gerade an dieser Stelle diesen Partizipialstil verwendet.

❷ Stelle die Verben zusammen, die Cäsars Maßnahmen betreffen.
a) Welche Tätigkeitsbereiche beschreiben sie?
b) Begründe die Tempuswahl.
c) Welchen Eindruck macht Cäsar auf dich durch seine Darstellung?

❸ Erläutere, was mit **more et exemplo populi Romani** (§3) gemeint ist. Warum benutzt Cäsar diese Wendung?

• Sachfeld Gefühle ⏭ amīcus, beneficium, cupiditās, grātia, iniūria, invītus, maleficium, persuādēre, velle

T 4 Der Zug der Helvetier

9 ⏭ 1 Relinquebatur una per Sequanos via, qua Sequanis invitis propter angustias ire non poterant. 2 His cum sua sponte persuadere non possent, legatos ad Dumnorigem Haeduum mittunt, ut eo deprecatore a Sequanis impetrarent. 3 Dumnorix gratia et largitione apud Sequanos plurimum poterat et Helvetiis erat amicus, quod ex ea civitate Orgetorigis filiam in matrimonium duxerat, et cupiditate regni adductus novis rebus studebat et quam plurimas civitates suo beneficio habere obstrictas volebat. 4 Itaque rem suscipit et a Sequanis impetrat, ut per fines suos Helvetios ire patiantur, obsidesque uti inter sese dent perficit. Sequani, ne itinere Helvetios prohibeant, Helvetii, ut sine maleficio et iniuria transeant.

1 **relinquī** *Pass.* übrig bleiben **angustiae, ārum** Enge 2 **suā sponte** ohne fremde Hilfe **dēprecātor, ōris** Fürsprecher 3 **largītiō, ōnis** Freigebigkeit **in mātrimōnium dūcere** zur Frau nehmen **novīs rēbus studēre** einen Umsturz planen **obstrictum habēre** *m. Akk.* sich jdn. verpflichtet haben 4 **impetrāre** das Gewünschte erreichen *Itaque ... impetrat, ut ... patiantur, et perficit, ut obsidēs inter sē dent Sēquanī <obsidēs dant>, nē ..., Helvētiī <obsidēs dant>, ut*

❶ Betrachte die Ausweichroute der Helvetier auf der Karte S. 67 und beurteile die möglichen Gefahren für die römische Provinz.

❷ Der Häduerfürst Dumnorix spielt in diesem Kapitel eine zentrale Rolle.

a) Was weiß der Leser bereits über ihn? Welche neuen Informationen kommen hinzu? Überlege, woher dir diese Begriffe bekannt sind.

b) Welches Charakterbild entsteht durch Cäsars Darstellung beim Leser?

❸ Für eine erfolgreiche Übersetzung Cäsars ist es hilfreich zu wissen, an welchen Stellen im lateinischen Satz wir die Hauptsatz-Prädikate erwarten können.

a) Analysiere, an welchen Stellen dieses Textes diese Prädikate zu finden sind.

b) Welche Regelmäßigkeiten kannst du erkennen?

c) Vergleiche die Stellung des Prädikats im Lateinischen und im Deutschen.

d) Welche Schlussfolgerungen kannst du aus dieser Untersuchung für deine Übersetzungstechnik ziehen?

- Wortfeld Fortbewegung ⏭ contendere, dūcere, ēdūcere, īre, iter facere, pervenīre
- Grammatik Ablativus absolutus: **Bildung, Zeitverhältnisse und Sinnrichtungen**

10 ⏭ 1 Caesari renuntiatur Helvetiis esse in animo per agrum Sequanorum et Haeduorum iter in Santonum fines facere, qui non longe a Tolosatium finibus absunt, quae civitas est in provincia. 2 Id si fieret, intellegebat magno cum periculo provinciae futurum, ut homines bellicosos, populi Romani inimicos, locis patentibus maximeque frumentariis finitimos haberet. 3 Ob eas causas ei munitioni, quam fecerat, T. Labienum legatum praeficit; ipse in Italiam magnis itineribus contendit duasque ibi legiones conscribit et tres, quae circum Aquileiam hiemabant, ex **hibernis** educit et, qua proximum iter in ulteriorem Galliam per Alpes erat, cum his quinque legionibus ire contendit. 4 Ibi Ceutrones et Graioceli et Caturiges locis superioribus occupatis itinere exercitum prohibere conantur. 5 Compluribus his proeliis pulsis ab Ocelo, quod est oppidum citerioris provinciae extremum, in fines Vocontiorum ulterioris provinciae die septimo pervenit; inde in Allobrogum fines, ab Allobrogibus in Segusiavos exercitum ducit. Hi sunt extra provinciam trans Rhodanum primi.

1 **rēnūntiāre** ~ nūntiāre **alicui in animō est** jd. hat die Absicht **iter facere** marschieren **Santonēs, um** die Santonen **Tolōsātēs, ium** die Tolosaten
2 **magnō cum perīculō esse** große Gefahr bedeuten
futūrum <esse>
bellicōsus kriegerisch **loca patentia** ungeschütztes Gebiet **frūmentārius** fruchtbar
ut <provincia> hominēs bellicōsōs … locīs patentibus … (Dat.) finitimōs (prädikativ) habēret
3 **magnum iter** Eilmarsch **cōnscrībere** (Soldaten) ausheben **Aquilēia:** *Handelsstadt an der Nordküste der Adria* **hiemāre** überwintern **hīberna, ōrum** Winterquartier **Gallia ulterior** das jenseitige Gallien
4 **Ceutrōnēs … Graiocelī … Caturīgēs:** *keltische Alpenstämme* **loca superiōra** Anhöhen
5 *complūribus hīs proeliīs pulsīs ~ complūribus proeliīs hīs pulsīs*
Ocelum: *Stadt der Graioceli* **prōvincia citerior** die diesseitige Provinz (Gallia citerior) **extrēmus** der äußerste
Vocontiī die Vocontier **prōvincia ulterior** die jenseitige Provinz (Gallia ulterior)
<, quae est cīvitās> ulteriōris prōvinciae
in Segūsiāvōs ~ in fīnēs Segūsiāvōrum

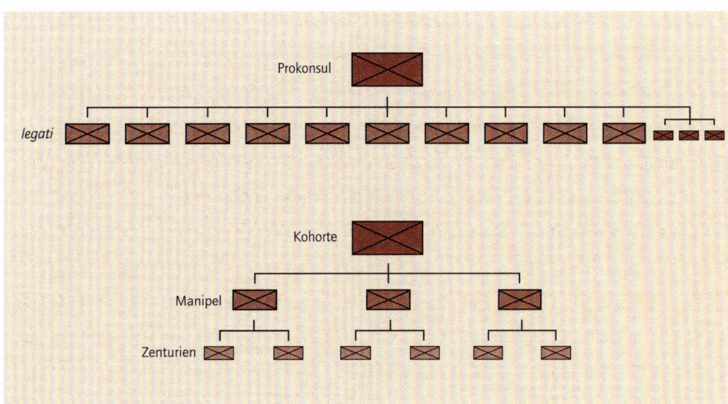

Aufbau einer römischen Legion.

❶ Jeder der folgenden Sätze ist dir in ähnlicher Form bereits in den letzten Kapiteln begegnet und enthält einen Ablativus absolutus, allerdings ohne das richtige Partizip, das du noch einsetzen musst. Beachte dabei folgende Arbeitsgänge.

- Bestimme zunächst das Nomen des Ablativus absolutus.
- Entscheide dich, ob das Partizip aktivisch und gleichzeitig oder passivisch und vorzeitig wiedergegeben werden soll.
- Bilde dann die passende Partizipialform.

a) **Helvetii finitimis persuadent, ut oppidis suis (delere) proficiscantur.**

b) **Omnibus rebus (comparare) Helvetii diem dicunt, qua die ad ripam Rhodani conveniant.**

c) **Helvetiis per provinciam iter facere (conari) Caesar in Galliam ulteriorem contendit.**

Welche Gründe könnte Cäsar gehabt haben, immer wieder auf diese Form der sprachlichen Gestaltung mit Ablativi absoluti zurückzugreifen?

❷ Cäsar hatte als Statthalter einer römischen Provinz keine rechtliche Handhabe, den Helvetiern einen Zug durch das Land der Sequaner zu verbieten, da es nicht zum römischen Herrschaftsbereich gehörte. Außerdem durfte er nach römischem Recht als Statthalter ohne Zustimmung des Senats weder ein Heer ausheben noch die Provinz zur Kriegführung verlassen. Daher muss ihm sehr daran gelegen sein, den Lesern sein eigentlich rechtswidriges militärisches Eingreifen gegen die Helvetier stichhaltig zu rechtfertigen.

a) Welche Gründe führt er an?

b) Grundlage von Cäsars Argumentation sind die geografischen Angaben zur Entfernung des Gebiets der Santonen von der Provinz. Prüfe diese mit Hilfe der Karte S. 67. Wie sind auf der Basis deiner Prüfung Cäsars Angaben und ihre Zielsetzung zu bewerten?

❸ Durch welche sprachlichen Gestaltungsmittel versucht Cäsar die Geschwindigkeit seines Vorgehens als Reaktion auf die Pläne der Helvetier zu unterstreichen? Beachte dabei insbesondere die Satzverbindungen und die Wahl der Tempora.

❹ In seinem Cäsar-Roman „Die Iden des März" (1948) lässt der amerikanische Schriftsteller Thornton Wilder Cicero zu Wort kommen und Cäsars Darstellungsweise in den **Commentarii** beschreiben (**M2**).

a) Wie charakterisiert Wilder Cäsars Umgang mit den historischen Fakten?

b) Wie bewertest du diese Einschätzung nach der bisherigen Lektüre? Argumentiere, indem du Beispiele aus dem Text heranziehst.

M2 Thornton Wilder: „Nach zehn Zeilen kreischt die Wahrheit"

„Ich ging einmal fünf Seiten der ‚Commentare' aufs genaueste mit meinem Bruder Quintus durch, der sich während der beschriebenen Ereignisse in Cäsars nächster Umgebung aufhielt. Es findet sich keine einzige Unwahrheit, nein, – aber nach zehn Zeilen **kreischt** die Wahrheit auf, sie läuft verstört und zerzaust durch die Gänge ihres Tempels und kennt sich selbst nicht mehr. ‚Ich kann Lügen ertragen', schreit sie, ‚aber diese erstickende Wahrheitsähnlichkeit kann ich nicht überleben.'"

Thornton Wilder: Die Iden des März, übers. von Herberth Herlitschka, Frankfurt/M. (S. Fischer Verlag) 1986, S. 205

• Sachfeld Kriegerische Auseinandersetzungen ⏭ cōpiae, dēfendere, exercitus, fuga, hostis, servitūs, prohibēre, sē recipere, vīs

[1] **populārī** verwüsten [2] **rogātum** *Supinum* um zu erbitten [3] **merērī** *(Perf.* **meritus sum***)* **dē** sich verdient machen um **vastāre** verwüsten **expūgnāre** erobern [4] **Ambarrī** die Ambarrer **necessārius** *hier:* eng befreundet **cōnsanguineus** blutsverwandt **dēpopulāre** völlig verwüsten [5] **possessiō, ōnis** Grundstück **solum agrī** Ackerboden **nihil esse reliquī** nichts übrig sein [6] **fortūnae, ārum** Besitz

11 ⏭ 1 Helvetii iam per angustias et fines Sequanorum suas copias traduxerant et in Haeduorum fines pervenerant eorumque agros populabantur. 2 Haedui, cum se suaque ab iis defendere non possent, legatos ad Caesarem mittunt rogatum auxilium: 3 Ita se omni tempore de populo Romano meritos esse, ut paene in conspectu exercitus nostri agri vastari, liberi eorum in servitutem abduci, oppida expugnari non debuerint. 4 Eodem tempore Ambarri, necessarii et consanguinei Haeduorum, Caesarem certiorem faciunt sese depopulatis agris non facile ab oppidis vim hostium prohibere. 5 Item Allobroges, qui trans Rhodanum vicos possessionesque habebant, fuga se ad Caesarem recipiunt et demonstrant sibi praeter agri solum nihil esse reliqui. 6 Quibus rebus adductus Caesar non exspectandum sibi statuit, dum omnibus fortunis sociorum consumptis in Santonos Helvetii pervenirent.

I 6 **„Bundesgenossen" (socii)**

Die Römer boten besiegten Völkern eine Art Schutzvertrag an: Die Besiegten erklärten sich offiziell zu Verbündeten (**socii**) der Römer. Dafür mussten sie im Kriegsfall Soldaten für das römische Heer stellen, wurden aber von Steuerzahlungen befreit und hatten Anspruch auf Hilfe, wenn sie selbst angegriffen wurden. Die Häduer erklärten sich als erster gallischer Stamm zu **socii** der Römer; sie waren die wichtigsten Verbündeten der Römer in Gallien und wurden von ihnen sogar als „Brüder und Blutsverwandte" (Caes. Gall. 1,33,2) bezeichnet.

❶ Cäsar schildert in diesem Kapitel die Ereignisse, die sich beim Marsch der Helvetier durch das Gebiet der Sequaner und Haeduer ereigneten.

a) Stelle die Argumente zusammen, mit denen die Häduer, Ambarrer und Allobroger Cäsar zu einem Eingreifen veranlassen wollen.

b) Aus welchen Gründen stellt Cäsar diese Argumente in der indirekten Rede dar?

❷ Erläutere, welchen Eindruck der Leser von der Gesamtlage erhält. Prüfe hierfür die Abfolge der Argumente und die sprachlichen Gestaltungsmittel (Satzbau, Tempuswahl, Wortfelder, Schlüsselwörter, Wortwiederholungen).

❸ Prüfe auf der Karte S. 67, in welcher Reihenfolge die Helvetier die verschiedenen Stämme erreicht haben. Welche Reihenfolge stellt Cäsar auf? Welchen Grund könnte es für Cäsars Anordnung geben?

❹ Welche Haltung soll der Leser nach der Lektüre dieses Kapitels zu den eigentlich widerrechtlichen Aktionen Cäsars gewonnen haben?

❺ Wie Cäsar, so rechtfertigten im Laufe der Geschichte Großmächte ihr militärisches Eingreifen immer wieder mit „Hilferufen" Verbündeter. Nenne vergleichbare historische Ereignisse aus unserer Zeit.

[1] **Arar** der Arar (heute: die Saône) **īnfluere** münden **lēnitās, ātis** Langsamkeit **uter, utra, utrum** welcher von beiden **ratis, is** Floß **linter, tris** Kahn [2] **explōrātor, ōris** Kundschafter **citrā** diesseits [3] **inopīnāns, ntis** ahnungslos **concīdere** *(Perf.* concīdī*)* niederhauen **sēsē fugae mandāre** sein Heil in der Flucht suchen **mandā<vē>runt** | **abdere** *(Perf.* abdidī*)* verbergen [4] **Tigurīnus** tigurinisch [6] **sīve ... sīve** entweder ... oder **īnsīgnis, e** unerhört **prīnceps** als Erster **poenās persolvere** *(Perf.* persolvī*)* bestraft werden **ulcīscī** *(Perf.* ultus sum*)* rächen **socer, erī** Schwiegervater **avus** Großvater **Tigurīnī** die Tiguriner *quō Cassium <interfēcerant>*

12 1 Flumen est Arar, quod per fines Haeduorum et Sequanorum in Rhodanum influit, incredibili lenitate, ita ut oculis, in utram partem fluat, iudicari non possit. Id Helvetii ratibus ac lintribus iunctis transibant. 2 Ubi per exploratores Caesar certior factus est tres iam partes copiarum Helvetios id flumen traduxisse, quartam vero partem citra flumen Ararim reliquam esse, de tertia vigilia cum legionibus tribus e castris profectus ad eam partem pervenit, quae nondum flumen transierat. 3 Eos impeditos et inopinantes aggressus magnam partem eorum concidit; reliqui sese fugae mandarunt atque in proximas silvas abdiderunt. 4 Is pagus appellabatur Tigurinus; nam omnis civitas Helvetia in quattuor partes vel pagos divisa est. 5 Hic pagus unus, cum domo exisset, patrum nostrorum memoria L. Cassium consulem interfecerat et eius exercitum sub iugum miserat. 6 Ita sive casu sive consilio deorum immortalium, quae pars civitatis Helvetiae insignem calamitatem populo Romano intulerat, ea princeps poenas persolvit. Qua in re Caesar non solum publicas, sed etiam privatas iniurias ultus est, quod eius soceri L. Pisonis avum, L. Pisonem legatum, Tigurini eodem proelio quo Cassium interfecerant.

Die Saône bei Lyon.

Cäsar unterwirft die Helvetier. Ausschnitt eines Freskos von Giovanni Demin. 1835. Veneto, Italien, Villa Gera.

❶ Bei diesem Kampf sind mehrere Tausend Menschen umgekommen. Versuche Cäsars Darstellung dieses blutigen Kampfes zu charakterisieren. Welchen Stellenwert hat dieser Kampf für Cäsar?

❷ In **M3** und **M4** findest du zwei Übersetzungen der § 1–3. Vergleiche sie, indem du auf sprachliche Richtigkeit, Tempuswahl, Wortfolge und Wortwahl bzw. den Stil achtest. Welche Übersetzung hältst du für gelungener? Begründe deine Ansicht.

❸ Erarbeite Kriterien für eine „ideale" Übersetzung.

❹ Erstelle eine „ideale" Übersetzung. Vergleiche deine „ideale" Übersetzung mit dem lateinischen Text: Welche Gemeinsamkeiten und Unterschiede gibt es zwischen dem lateinischen und deutschen Satzbau?

M3 Übersetzung I

Es gibt einen Fluss Arar, der durch das Land der Häduer und Sequaner in die Rhône fließt mit so unglaublich schwacher Strömung, dass man mit bloßem Auge nicht entscheiden kann, in welche Richtung er fließt. Die Helvetier überquerten ihn eben auf Flößen und zusammengebundenen Kähnen. Als Cäsar durch Spähtrupps erfuhr, die Helvetier hätten schon drei Viertel ihrer Masse über den Fluss gesetzt, und nur ein Viertel stehe noch diesseits des Arar, verließ er noch in der dritten Nachtwache mit drei Legionen das Lager und stieß auf den Rest, der den Fluss noch nicht überquert hatte. Diese, die behindert und ahnungslos waren, überfiel er und machte einen großen Teil von ihnen nieder. Der Rest floh und verkroch sich in den nächsten Wäldern.

Ü: Caesar: Der Gallische Krieg. Hrsg. u. übers. von Otto Schönberger, © 2004 Patmos Verlag GmbH & Co. KG / Artemis & Winkler Verlag, Düsseldorf / Zürich, S. 19

M4 Übersetzung II

Es existierte ein Fluss Arar, der durch die Grenzen der Häduer und Sequaner in die Rhône mit so unglaublicher Langsamkeit hineinfließt, dass man mit den Augen nicht unterscheiden kann, in welche Richtungen er fließt. Diesen überquerten die Helvetier mit Flößen und verbundenen Kähnen. Als Cäsar durch einen Kundschafter gemeldet worden war, dass schon drei Teile der Truppen die Helvetier über den Fluss geführt hatten und nur der vierte Teil noch diesseits des Flusses Arar übrig sei, ist er noch um die dritte Nachtwache mit drei Legionen aus dem Lager aufgebrochen und ist dann zu dem Teil gekommen, der noch nicht den Fluss überschritten hatte. Diese Schwerbepackten und Ahnungslosen hat er überfallen und einen großen Teil umgebracht. Die Übrigen vertrauten sich der Flucht an und verbargen sich im nächsten Wald.

• Sachfeld Fortbewegung ⏭ adventus, cōnsequī, ferre, īre, mittere, persequī, trādūcere, trānsīre

T 5 Verhandlungen mit den Helvetiern

[1] **pontem faciendum cūrāre** eine Brücke bauen lassen [2] **repentīnus** unerwartet **XX** vīgintī **aegerrimē** nur mit größter Mühe **ut** nämlich dass *Helvētii repentīnō ... mittunt:* Übersetze zunächst: *Helvētiī repentīnō Caesaris adventū commōtī sunt et lēgātōs ad eum mittunt. Intellexērunt enim Caesarem id ūnō diē fēcisse, quod ipsī diēbus XX aegerrimē cōnfēcerant, ut flūmen trānsīrent*
bellum Cassiānum: → Kap. 7, §4 (T3)
[3] *Si pacem ...:* Oratio obliqua (→ I4)
ītūrōs <esse> ... futūrōs <esse>
cōnstituere *(Perf.* cōnstituī*) hier:* ansiedeln
<eōs> esse voluisset
[4] **sīn** wenn aber
<eōs> bellō persequī
persevērāre fortfahren **reminīscī** *m. Gen.* zurückdenken an **incommodum:** → Aufgabe 4
[5] **quod** dass **imprōvīsō** überraschend **adorīrī** *(Perf.* adortus sum*)* angreifen **magnopere tribuere** *m. Dat.* einer Sache hohen Wert beimessen **dēspicere** verachten [7] **committere, ut** es so weit kommen lassen, dass **interneciō, ōnis** völlige Vernichtung **memoriam prōdere** *hier:* in die Geschichte eingehen

13 ⏭ 1 Hoc proelio facto reliquas copias Helvetiorum ut consequi posset, pontem in Arari faciendum curat atque ita exercitum traducit. 2 Helvetii repentino eius adventu commoti, cum id, quod ipsi diebus XX aegerrime confecerant, ut flumen transirent, illum uno die fecisse intellegerent, legatos ad eum mittunt; cuius legationis Divico princeps fuit, qui bello Cassiano dux Helvetiorum fuerat. 3 Is ita cum Caesare egit: Si pacem populus Romanus cum Helvetiis faceret, in eam partem ituros atque ibi futuros Helvetios, ubi eos Caesar constituisset atque esse voluisset; 4 sin bello persequi perseveraret, reminisceretur et veteris incommodi populi Romani et pristinae virtutis Helvetiorum. 5 Quod improviso unum pagum adortus esset, cum ii, qui flumen transissent, suis auxilium ferre non possent, ne ob eam rem aut suae magnopere virtuti tribueret aut ipsos despiceret. 6 Se ita a patribus maioribusque suis didicisse, ut magis virtute contenderent quam dolo aut insidiis niterentur. 7 Quare ne committeret, ut is locus, ubi constitissent, ex calamitate populi Romani et internecione exercitus nomen caperet aut memoriam proderet.

❶ Wie erreicht es Cäsar, dass der Leser der helvetischen Gesandtschaft mit ihrem Anführer Divico von vornherein mit Skepsis oder sogar Ablehnung begegnet?

❷ Fasse den Inhalt der Rede, die Cäsar dem Divico in den Mund legt, mit eigenen Worten zusammen.

❸ Aus welchen Teilen besteht Divicos Rede? Finde Überschriften für diese Teile.

Bau der Rheinbrücke 55 v. Chr. auf Befehl Cäsars. Rekonstruktion. Aquarell von Peter Connolly.

❹ Aus welchem Grund dürfte Divico zur Bezeichnung der römischen Niederlage von 107 v. Chr. das Wort **incommodum** gewählt haben? Prüfe dazu die Grundbedeutung im Lexikon.
❺ Wie bewertet Divico das bisherige Kriegsgeschehen, welche Prognose stellt er?
❻ Beschreibe den psychologischen Prozess, der sich bei Divico im Verlauf seiner Rede vollzieht.
❼ Welche Reaktion dürfte Divico mit seiner Rede bei Cäsar bzw. bei den römischen Lesern erreicht haben?
❽ Begründe, warum du unter Berücksichtigung der tatsächlichen Lage der Helvetier Divicos Argumentationsstruktur für folgerichtig, für unwahrscheinlich oder sogar für unlogisch hältst. Verwandle die Oratio obliqua im Deutschen in die direkte Rede, um dir durch diese „Gegenprobe" ein Urteil zu bilden.

14 ⏭ 1 His Caesar ita respondit: Eo sibi minus dubitationis dari, quod eas res, quas legati Helvetii commemorassent, memoria teneret, atque eo gravius ferre, quo minus merito populi Romani accidisset;
2 qui si alicuius iniuriae sibi conscius fuisset, non fuisse difficile cavere; sed eo deceptum, quod neque commissum a se intellegeret, quare timeret, neque sine causa timendum putaret.
3 Quodsi veteris contumeliae oblivisci vellet, num etiam recentium iniuriarum, quod eo invito iter per provinciam per vim temptassent, quod Haeduos, quod Ambarros, quod Allobroges vexassent, memoriam deponere posse?

14 ⏭ 1 Cäsar gab Folgendes zur Antwort: Für ihn liege umso weniger Anlass vor zu schwanken, als er sich das, woran die Helvetier ihn erinnerten, sehr wohl vor Augen halte und es umso schmerzlicher empfinde, als es ohne Verschulden des römischen Volkes geschehen sei.
2 Wenn es sich eines Unrechts bewusst gewesen wäre, hätte es sich unschwer vorsehen können. Es habe sich nur dadurch täuschen lassen, dass es die Gewissheit hatte, nichts getan zu haben, was eine Furcht begründet hätte, aber auch nicht glaubte, dass man sich ohne Grund fürchten müsse.
3 Auch wenn er die alte Schmach vergessen wolle, könne er die neuen Frevel aus der Erinnerung löschen, dass sie gegen seinen Willen gewaltsam durch die römische Provinz zu marschieren versucht hätten und dann über die Häduer, Ambarrer, Allobroger hergefallen seien?

4 Quod sua victoria tam insolenter gloriarentur quodque tam diu se impune iniurias tulisse admirarentur, eodem pertinere.

4 Wenn sie so unverschämt mit ihrem Sieg prahlten und sich wunderten, dass sie so lange straflos für ihre Gewalttätigkeiten ausgegangen seien, so komme das auf dasselbe hinaus.

5 Consuesse enim deos immortales, quo gravius homines ex commutatione rerum doleant, quos pro scelere eorum ulcisci velint, his secundiores interdum res et diuturniorem impunitatem concedere.

5 Die Unsterblichen pflegten nämlich, damit die Menschen den Wechsel der Dinge umso schmerzlicher empfänden, denen bisweilen größeres Glück und länger anhaltende Straflosigkeit zu gewähren, an denen sie für Verbrechen Vergeltung üben wollten.

6 Cum ea ita sint, tamen, si obsides ab iis sibi dentur, uti ea, quae polliceantur, facturos intellegat, et si Haeduis de iniuriis, quas ipsis sociisque eorum intulerint, item si Allobrogibus satisfaciant, sese cum iis pacem esse facturum.

6 Trotz alledem sei er gewillt, unter folgenden Bedingungen mit ihnen Frieden zu schließen: es sollten ihm von ihnen Geiseln gestellt werden, damit er sehe, dass sie ihre Versprechungen einhalten würden. Dann sollten sie den Häduern für ihre Gewalttaten, die sie ihnen und deren Bundesgenossen zugefügt hätten, und ebenso den Allobrogern Genugtuung leisten.

7 Divico respondit: Ita Helvetios a maioribus suis institutos esse, uti obsides accipere, non dare consuerint; eius rei populum Romanum esse testem. Hoc responso dato discessit.

7 Divico antwortete, die Helvetier seien von ihren Vätern so erzogen worden, dass sie Geiseln zu empfangen, nicht zu stellen pflegten; dies könne das römische Volk bezeugen. Mit dieser Antwort entfernte er sich.

Ü: Georg Dorminger (Hrsg.): C. Julius Caesar – Der Gallische Krieg, München (Artemis Verlag) ^{8}1986, S. 21/23

❶ Führe mit Hilfe der deutschen Übersetzung nach den folgenden Leitfragen eine Analyse der Rede Cäsars durch. Nenne dabei immer die lateinischen Begriffe.

a) Aus welchen Teilen besteht die Rede? Vergleiche die Abfolge dieser Teile mit der Struktur der Rede Divicos.

b) Welches Bild von der römischen Niederlage gegen die Helvetier im Jahre 107 zeichnet Cäsar? Worin sieht er die Gründe für diese Niederlage?

c) Aus welchem Grund wird diese schon lange zurückliegende Niederlage gegen die Helvetier immer wieder in den Mittelpunkt der Darstellung gerückt?

d) Weshalb bringt Cäsar bei seiner Argumentation die Götter ins Spiel?

e) Durch welche Stilmittel versucht Cäsar seine Argumente zu unterstreichen?

❷ Divico geht in seiner kurzen Antwort nur auf die Unterwerfungsforderung Cäsars ein. Welchen Eindruck sollen diese Worte des Helvetiers beim Leser erzeugen?

❸ In der antiken Geschichtsschreibung sind Reden ein unverzichtbares Element. Auch Cäsar macht hier keine Ausnahme, unterscheidet sich jedoch in einem wesentlichen Punkt von anderen Geschichtsschreibern: Mit Ausnahme weniger Passagen bietet er alle Reden indirekt, d. h. in der Form der Oratio obliqua. Überlege unter Berücksichtigung der bisherigen Interpretationsergebnisse, mit welcher Absicht Cäsar diese Form der Rede gewählt haben könnte.

❹ Die Frage der Kriegsschuld erweist sich in Cäsars gesamter Darstellung des Helvetierkrieges als wichtiges Problem, das von Cäsar in einer für ihn günstigen Weise gelöst werden musste, wenn er seinen römischen Lesern nicht als Aggressor und Urheber eines ungerechten Krieges erscheinen wollte. Dies war besonders wichtig, da die Frage nach einem **bellum iustum**, einem gerechten Krieg, in der römischen Öffentlichkeit von großer Wichtigkeit war, zumal Cäsars Aktivitäten in Gallien in Rom nicht nur positiv beurteilt wurden. Cäsars politische Gegner warfen ihm nämlich die Verletzung völkerrechtlicher Grundsätze vor und forderten seine Auslieferung an die von Cäsar später ebenfalls bekriegten Germanen, damit der Fluch seiner frevelhaften Taten Rom nicht treffe.

a) Überprüfe im Rückblick auf die bisherige Schilderung des Helvetierkrieges, ob alle Maßnahmen Cäsars im Einklang zu den Bedingungen eines **bellum iustum** (**M5**) standen.

b) Wie dürfte der römische Leser nach der Lektüre dieses Kapitels die Frage nach der Kriegsschuld beantwortet haben?

5 Auch in der Moderne wird immer wieder mit großer Leidenschaft darüber diskutiert, ob Krieg gerecht ist bzw. gerechtfertigt sein kann. Informiere dich, welche Positionen zu dieser Frage in der heutigen Zeit vertreten werden, etwa in Bezug auf die Geschehnisse vom 11. September 2001, als in New York das World Trade Center durch Anschläge zerstört wurde.

M5 Cicero: Zum Begriff des bellum iustum

Zur Zeit Cäsars wurde intensiv darüber diskutiert, ob und wann ein Krieg juristisch und ethisch gerechtfertigt war und somit von den Göttern unterstützt werden konnte. Insbesondere Cicero (106-43 v. Chr.) entwickelte in seinen Werken De re publica und De officiis eine Lehre zu diesem Problem. Er formuliert moralische und juristische Bedingungen, die erfüllt sein müssen, um aus einem Krieg einen gerechten, d. h. gerechtfertigten Krieg werden zu lassen:

1. Gerechte Gründe

1.1 Aggressiver und feindseliger Charakter des potentiellen Kriegsgegners

1.2 Konkrete Übergriffe auf römisches Gebiet oder auf das Gebiet der Bundesgenossen

1.3 Barbarentum des potentiellen Kriegsgegners

1.4 Mangelnde Versöhnungsbereitschaft aufgrund der vorausgegangenen Verhandlungen

2. Gerechtfertigte Absichten

2.1 Verteidigung der Grenzen des eigenen Staatsgebietes

2.2 Schutz der Bundesgenossen

2.3 Verteidigung und Wiederherstellung der gestörten Friedensordnung

2.4 Herrschaft über einen politischen und militärischen Rivalen

3. Korrekte Eröffnung

3.1 Eröffnung durch eine feierlich vollzogene Kriegserklärung

3.2 Eröffnung durch eine Schadensersatzforderung

3.3 Eröffnung unter Beachtung der staatsrechtlichen Bestimmungen (vor allem Einholen der Genehmigung des Senats bei Truppenaufstellungen und Provinzüberschreitungen)

15 ⏭ 1 Postero die castra ex eo loco movent. Idem facit Caesar equitatumque omnem, ad numerum quattuor milium, quem ex omni provincia et Haeduis atque eorum sociis coactum habebat, praemittit, qui videant, quas in partes hostes iter faciant.

2 Qui cupidius novissimum agmen insecuti alieno loco cum equitatu Helvetiorum proelium committunt; et pauci de nostris cadunt.

3 Quo proelio sublati Helvetii, quod quingentis equitibus tantam multitudinem equitum propulerant, audacius subsistere nonnumquam et novissimo agmine proelio nostros lacessere coeperunt.

4 Caesar suos a proelio continebat ac satis habebat in praesentia hostem rapinis pabulationibusque prohibere.

5 Ita dies circiter quindecim iter fecerunt, uti inter novissimum hostium agmen et nostrum primum non amplius quinis aut senis milibus passuum interesset.

15 ⏭ 1 Am nächsten Tag rücken sie von dort ab. Cäsar tut das gleiche und schickt alle seine Reiter voraus, um die Marschrichtung der Feinde zu erkunden; es waren etwa viertausend, die er aus der ganzen Provinz, von den Häduern sowie deren Bündnern zusammengeholt hatte.

2 Diese verfolgen die Nachhut allzu heftig und geraten auf ungünstigem Gelände mit der helvetischen Reiterei in ein Gefecht, wobei einige wenige unserer Leute fallen.

3 Durch dieses Treffen wurden die Helvetier übermütig, weil sie mit nur fünfhundert Reitern eine solche Übermacht von Reitern vertrieben hatten, und begannen mit ziemlicher Kühnheit wiederholt haltzumachen und mit ihrer Nachhut unsere Männer zum Kampf zu reizen.

4 Cäsar hielt jedoch seine Leute vom Kampf zurück, für den Augenblick damit zufrieden, den Feind am Plündern und an der Futterbeschaffung zu hindern.

5 So zogen sie etwa fünfzehn Tage dahin, wobei zwischen der feindlichen Nachhut und unserer Spitze nur etwa fünf oder sechs Meilen Abstand gewahrt wurde.

Ü: C. Iulius Caesar: Der Gallische Krieg, hrsg. u. übers. von Otto Schönberger, Düsseldorf/Zürich (Artemis & Winkler) [2]1999, S. 23/25

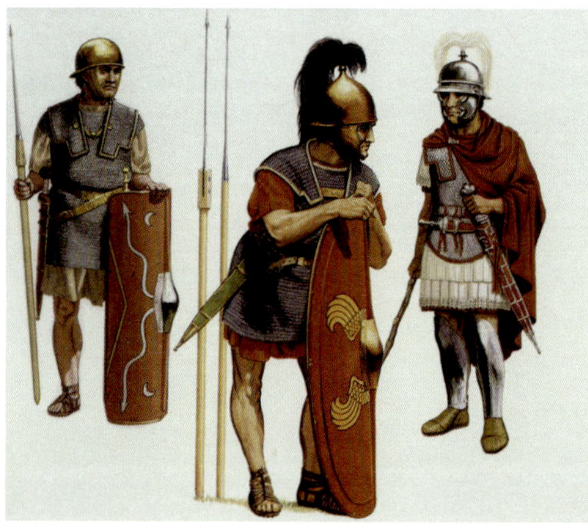

Rüstung und Waffen der Armee Cäsars im Gallischen Krieg. Rekonstruktion. Aquarell von Peter Connolly.

❶ Dieses Kapitel enthält zahlreiche Begriffe aus der Militärsprache, die in Cäsars Darstellung eine wichtige Rolle spielt. Sammle dazu mit Hilfe der deutschen Übersetzung sowohl einzelne Wörter als auch Redewendungen. Füge bei den Substantiven Genitiv und Genus hinzu (z. B. castra, castrōrum *n* Lager); bei den Verben bilde den Infinitiv Präsens (z. B. cadere fallen).

❷ Cäsar schildert in diesem Kapitel ein für seine Reiterei ungünstig ausgegangenes Gefecht mit den Helvetiern, das bei seinen Lesern wenig Begeisterung ausgelöst haben dürfte.

a) Vergegenwärtige dir noch einmal die Zahlenverhältnisse, die Zusammensetzung der römischen Reiterei und die Umstände der Niederlage. Welchen Eindruck kann der Leser von dieser missglückten Aktion bekommen?

b) Wie stellt sich Cäsar dem Leser angesichts dieser Schlappe dar?

T6 Versorgungsprobleme der Römer

16 ⏭ 1 Interim cotidie Caesar Haeduos frumentum, quod essent publice polliciti, flagitare. 2 Nam propter frigora – quod Gallia sub septentrionibus, ut ante dictum est, posita est – non modo frumenta in agris matura non erant, sed ne pabuli quidem satis magna copia suppetebat; 3 eo autem frumento, quod flumine Arari navibus subvexerat, propterea uti minus poterat, quod iter ab Arari Helvetii averterant, a quibus discedere nolebat. 4 Diem ex die ducere Haedui: conferri, comportari, adesse dicere. 5 Ubi se diutius duci intellexit et diem instare, quo die frumentum militibus metiri oporteret, convocatis eorum principibus, (quorum magnam copiam in castris habebat, in his Diviciaco et Lisco, qui summo magistratui praeerat, quem *vergobretum* appellant Haedui, qui creatur annuus et vitae necisque in suos habet potestatem,) 6 graviter eos accusat, quod, cum neque emi neque ex agris sumi possit, tam necessario tempore, tam propinquis hostibus ab iis non sublevetur, praesertim cum magna ex parte eorum precibus adductus bellum susceperit; multo etiam gravius, quod sit destitutus, queritur.

1 **cotīdiē** täglich *pollicitī <sunt>* **flāgitāre** *m. Akk.* fordern *von*
2 **frīgora, um** *n* Kälte **septentriōnēs, um** der Große Bär ~ Norden **pābulum** Nahrung **suppetere** vorhanden sein
3 **Arar, aris** der Arar **subvehere** (*Perf.* subvēxī) hinaufbringen **eō ... frūmentō**: *zu* uti *gehörig*
4 **diem ex diē dūcere** einen Tag um den anderen hinhalten **comportāre** zusammentragen
5 **diūtius** länger **metīrī** zuteilen **vergobretus**: *oberster Beamter bei den Häduern* **creāre** wählen **annuus** für ein Jahr
6 **necessārium tempus** bedrängte Lage **sublevāre** unterstützen **magnā ex parte** großenteils, vorwiegend
5–6 *Ubi sē diūtius ... suscēperit: Übersetze zuerst ohne die eingeklammerte Passage.*
dēstituere *(PPP* dēstitūtum*)* im Stich lassen

❶ Cäsar schildert in Kap. 16 eine schwierige Lage, nämlich den Mangel an Verpflegung für seine Truppen. Durch welche Gestaltungsmittel versucht er, diese Lage seinen Lesern nachdrücklich vor Augen zu stellen?

❷ Im letzten Abschnitt (§ 6) gibt Cäsar in knapper Form seine eigene Rede wieder. Durch welche rhetorischen Mittel (→ Stilmittel, S. 167) will er seinen Argumenten den nötigen Nachdruck verleihen?

❸ Es ist erstaunlich, dass sich Cäsar so ausführlich dem Nachschubproblem widmet. Dass z. B. das Getreide im Frühjahr noch nicht reif ist, hätte den Taktiker Cäsar nicht überraschen dürfen. Diskutiert, welche Absichten hinter Cäsars Ausführungen stehen könnten.

I 7 Die Ernährung der römischen Legionäre

Das Hauptnahrungsmittel der römischen Legionäre war Weizen, wohl wegen des großen Nährgehalts. Die Soldaten erhielten Getreidekörner, die dann von ihnen mit Handmühlen zu Mehl verarbeitet wurden. Daraus kochten die Legionäre einen Brei oder backten Brot. Insgesamt musste der Legionär mit einer täglichen Brotration von ca. 1 250 g auskommen. Im Gegensatz dazu wurde Fleisch erheblich seltener genossen, Gemüse und Hülsenfrüchte gab es nur, wenn kein Getreide zur Verfügung stand.

• Sachfeld Macht und Einfluss ⏭ auctōritās, imperium, magistrātus, plūs posse, prīncipātus, superāre, valēre

[1] **prīvātim** als Privatleute [2] **sēditiōsus** aufrührerisch **dēterrēre, nē** jdn. davon abschrecken, etw. zu tun [3] **praestat** es ist besser **prīncipātus, ūs** Führungsposition [5] **quaeque** ~ et ea, quae **ā sē** ~ ā Liscō **coercēre** in Schach halten [6] **quīn etiam** ja sogar **ēnūntiā<ve>rit** **quamdiū** solange (wie)

17 ⏭ 1 Tum demum Liscus oratione Caesaris adductus, quod antea tacuerat, proponit: Esse nonnullos, quorum auctoritas apud plebem plurimum valeat, qui privatim plus possint quam ipsi magistratus. 2 Hos seditiosa atque improba oratione multitudinem deterrere, ne frumentum conferant, quod debeant; 3 praestare, si iam principatum Galliae obtinere non possent, Gallorum quam Romanorum imperia perferre; 4 neque dubitare debeant, quin, si Helvetios superaverint, Romani una cum reliqua Gallia Haeduis libertatem sint erepturi. 5 Ab isdem nostra consilia quaeque in castris gerantur, hostibus enuntiari; hos a se coerceri non posse. 6 Quin etiam, quod necessariam rem coactus Caesari enuntiarit, intellegere sese, quanto id cum periculo fecerit, et ob eam causam, quamdiu potuerit, tacuisse.

❶ Ganz offensichtlich entwickelt sich die Lage bei den Häduern nicht im Sinne Cäsars. Wie gelingt es ihm, seinen Lesern die besondere Gefahr der Situation deutlich zu machen?

a) Analysiere hierfür die Schilderung der innenpolitischen Vorgänge bei den Häduern.

b) Beachte die sprachliche Gestaltung, also z. B. die Verwendung bestimmer Wortfelder oder die Verwendung der indirekten Rede.

c) Überlege, welchen Eindruck Cäsars Darstellung des Liscus beim römischen Leser hinterlässt.

❷ Liscus stellt ausführlich dar, warum die Römerfeinde in seinem Stamm die römische Herrschaft kritisieren. Warum hat der Autor Cäsar diese kritische Rede in sein Werk aufgenommen?

- Sachfeld Macht und Einfluss ⏭ audācia, facultās, grātia, honor, nōbilis, rēs novae, potēns, potentia, praeesse, rēgnum
- Grammatik Oratio obliqua

T 7 Der Häduer Dumnorix

[1] **dēsīgnāre** *m. Akk.* anspielen auf **iactāre** (wiederholt) zur Sprache bringen [2] **ex sōlō** ~ ex eō sōlō **conventus, ūs** Zusammenkunft **audāx, ācis** mutig **sēcrētō** insgeheim [3] **ipse** eben dieser **līberālitās, ātis** Freigebigkeit **rēs novae:** → Kap. 9, §3 (T4) **portōrium** Wegezoll **vectīgal, ālis** *n* Steuer **redimere** *(PPP* redemptum*)* pachten **licērī** (bei einer Versteigerung) bieten **contrā** *Adv.* dagegen [4] **rēs familiāris** (, e) Vermögen **largīrī** spenden **comparā<vi>sse** [5] **alere** Unterhalt gewähren [6] **largiter posse** Einfluss haben **conlocāre** *m. Dat.* verheiraten mit **conlocā<vi>sse** [7] **ex mātre** mütterlicherseits **nūptum conlocāre** ~ conlocāre [8] **favēre** *m. Dat.* jdn. begünstigen **cupere** *m. Dat.* jdm. gewogen sein **adfīnitās, ātis** *f* Verwandtschaft **suō nōmine** aus persönlichen Gründen **dēminuere** *(PPP* dēminūtum*)* verringern **restituere** *(PPP* restitūtum*)* zurückversetzen [9] **quid** ~ aliquid **in spem venīre** *m. Gen.* sich Hoffnung machen auf **dēspērāre dē** die Hoffnung auf etw. aufgeben [10] **reperīre** *hier:* erfahren

18 ⏭ 1 Caesar hac oratione Lisci Dumnorigem, Diviciaci fratrem, designari sentiebat, sed quod pluribus praesentibus eas res iactari nolebat, celeriter concilium dimittit, Liscum retinet. 2 Quaerit ex solo ea, quae in conventu dixerat. Dicit liberius atque audacius. Eadem secreto ab aliis quaerit; reperit esse vera: 3 ipsum esse Dumnorigem, summa audacia, magna apud plebem propter liberalitatem gratia, cupidum rerum novarum. Complures annos portoria reliquaque omnia Haeduorum vectigalia parvo pretio redempta habere, propterea quod illo licente contra liceri audeat nemo. 4 His rebus et suam rem familiarem auxisse et facultates ad largiendum magnas comparasse; 5 magnum numerum equitatus suo sumptu semper alere et circum se habere; 6 neque solum domi, sed etiam apud finitimas civitates largiter posse, atque huius potentiae causa matrem in Biturigibus homini illic nobilissimo ac potentissimo conlocasse; 7 ipsum ex Helvetiis uxorem habere, sororem ex matre et propinquas suas nuptum in alias civitates conlocasse. 8 Favere et cupere Helvetiis propter eam adfinitatem, odisse etiam suo nomine Caesarem et Romanos, quod eorum adventu potentia eius deminuta et Diviciacus frater in antiquum locum gratiae atque honoris sit restitutus. 9 Si quid accidat Romanis, summam in spem per Helvetios regni obtinendi venire; imperio populi Romani non modo de regno, sed etiam de ea, quam habeat, gratia desperare. 10 Reperiebat etiam in

adversus unglücklich **auxiliō mittere** zu Hilfe schicken

quaerendo Caesar, quod proelium equestre adversum paucis ante diebus esset factum, initium eius fugae factum ab Dumnorige atque eius equitibus – nam equitatui, quem auxilio Caesari Haedui miserant, Dumnorix praeerat; eorum fuga reliquum esse equitatum perterritum.

❶ Dumnorix wurde bereits in Kap. 3 (T2) erwähnt. Wie wurde er dort dem römischen Leser präsentiert?

❷ Erläutere, was in den §§ 1 und 2 passiert. Wie wird das Geschehen in Sprache umgesetzt? Beachte hierfür vor allem die Länge der Sätze und die Stellung der Prädikate.

❸ In den §§ 3–9 wird Dumnorix dem Leser ausführlich vorgestellt.

a) Stelle die Charaktereigenschaften des Dumnorix zusammen. Welche Wortfelder werden verwendet?

b) In welche Abschnitte lässt sich die Charakteristik gliedern? Hat diese Abfolge eine inhaltliche Funktion?

c) Welchen Eindruck sollen die Leser von Dumnorix als Politiker bekommen?

d) Analysiere, wie sich Dumnorix auf seiner Silbermünze (s. u.) selbst darstellt, und vergleiche diese Selbstdarstellung mit der durch Cäsar.

e) Erkläre, weshalb Cäsar nicht selber Dumnorix beschreibt, sondern Liscus sprechen lässt.

Silbermünze des Dumnorix; in der keltischen Version lautet sein Name Dubnoreix („Weltenkönig"). In der rechten Hand hält er eine keltische Kriegstrompete (carnyx) und den Kopf eines Wildschweines, das bei den Kelten Kraft, Mut und Stärke symbolisierte, in der linken Hand vermutlich das Haupt eines Feindes.

- Grammatik **Subjunktionen** ⏭ cum, priusquam, ut
- Grammatik **Konjunktionen** ⏭ atque, aut ... aut, nam, nōn modo ... sed etiam, simul, vel ... vel

[1] **cūrā<vi>sset** | **iniussū suō** ohne seinen Befehl **īnsciēns, entis** ohne Wissen **satis causae** Grund genug **animadvertere in** *m. Akk.* (gerichtlich) einschreiten gegen [2] **repūgnāre** entgegenstehen **voluntās, ātis** *f hier:* Zuneigung **temperantia** Maßhalten **offendere** kränken [3] **interprēs, pretis** Dolmetscher **removēre** *(PPP* remōtum*)* entfernen **fidem habēre** *m. Dat.* Vertrauen haben zu [4] **commonefacere** *m. Akk.* erinnern an **sēparātim** unter vier Augen [5] **offēnsiō, ōnis** Beleidigung **sine eius offēnsiōne animī** ~ sine offēnsiōne animī eius (~ Dīviciācī) **causam cognōscere** einen Fall untersuchen **statuere** ein Urteil fällen

19 ⏭ 1 Quibus rebus cognitis, cum ad has suspiciones certissimae res accederent, quod per fines Sequanorum Helvetios traduxisset, quod obsides inter eos dandos curasset, quod ea omnia non modo iniussu suo et civitatis, sed etiam inscientibus ipsis fecisset, quod a magistratu Haeduorum accusaretur, satis esse causae arbitrabatur, quare in eum aut ipse animadverteret aut civitatem animadvertere iuberet. 2 His omnibus rebus unum repugnabat, quod Diviciaci fratris summum in populum Romanum studium, summam in se voluntatem, egregiam fidem, iustitiam, temperantiam cognoverat; nam, ne eius supplicio Diviciaci animum offenderet, verebatur. 3 Itaque, priusquam quicquam conaretur, Diviciacum ad se vocari iubet et cotidianis interpretibus remotis per C. Valerium Troucillum, principem Galliae provinciae, familiarem suum, cui summam omnium rerum fidem habebat, cum eo colloquitur; 4 simul commonefacit, quae ipso praesente in concilio Gallorum de Dumnorige sint dicta, et ostendit, quae separatim quisque de eo apud se dixerit.

5 Petit atque hortatur, ut sine eius offensione animi vel ipse de eo causa cognita statuat vel civitatem statuere iubeat.

❶ In §1 listet Cäsar die seiner Ansicht nach zweifelsfrei belegten Vergehen des Dumnorix auf.

a) Überlege, warum Cäsar in diesem Zusammenhang so viele quod-Sätze aufeinander folgen lässt.

b) Warum sind die genannten Vergehen aus Cäsars Sicht zu verurteilen?

c) Welche Absicht Cäsars erkennst du in der Reihenfolge der quod-Sätze?

❷ Obwohl Cäsar genügend Beweise gegen Dumnorix in der Hand zu haben glaubt, unternimmt er zunächst nichts gegen ihn und begründet dies mit der Rücksichtnahme auf dessen Bruder Diviciacus.

a) Wie wird diese Zurückhaltung gegenüber dem römischen Leser erklärt? Beachte dabei die Charakterisierung des Diviciacus und die sprachliche Gestaltung von §2.

b) Welchen Eindruck soll der Leser nach der Lektüre dieses Kapitels von Cäsar gewonnen haben?

- Sachfeld Gefühle ⏭ amor, amīcitia, flēre, lacrima, obsecrāre, ōrāre, precēs, querī, reprehendere
- Grammatik Oratio obliqua

[1] **complectī** *(Perf.* complexus sum*)* umarmen **quid gravius** ~ aliquid gravius [2] **ex eō** darüber **plūs dolōris capere** mehr Schmerz empfinden **grātia** *hier:* Einfluss **plūrimum posse:** → Kap. 3, §7 (T2) **crēscere** *(Perf.* crēvī*)* einflussreich werden **nervī, ōrum** Stärke **minuere** verringern [3] **frāternus:** *Adj. zu* frāter **exīstimātiō, ōnis** Meinung
[4] **quodsī** wenn also
exīstimātūrum <esse id> nōn suā voluntāte factum <esse>
futūrum <esse>
[5] **plūribus verbīs** mit zu vielen Worten **prendere** ergreifen **cōnsōlārī** *(Part. Perf.* cōnsōlātus*)* trösten
rogat, <ut> finem … faciat
tantī esse so viel wert sein **voluntās** *hier:* Ergebenheit **aliquid alicui condōnāre** etw. jds. wegen verzeihen

20 ⏭ 1 Diviciacus multis cum lacrimis Caesarem complexus obsecrare coepit, ne quid gravius in fratrem statueret: 2 Scire se illa esse vera, nec quemquam ex eo plus quam se doloris capere, propterea quod, cum ipse gratia plurimum domi atque in reliqua Gallia, ille minimum propter adulescentiam posset, per se crevisset, quibus opibus ac nervis non solum ad minuendam gratiam, sed paene ad perniciem suam uteretur. 3 Sese tamen et amore fraterno et existimatione vulgi commoveri. 4 Quodsi quid ei a Caesare gravius accidisset, cum ipse eum locum amicitiae apud eum teneret, neminem existimaturum non sua voluntate factum. Qua ex re futurum, uti totius Galliae animi a se averterentur. 5 Haec cum pluribus verbis flens a Caesare peteret, Caesar eius dexteram prendit; consolatus rogat, finem orandi faciat; tanti eius apud se gratiam esse ostendit, uti et rei publicae iniuriam et suum dolorem eius voluntati ac precibus condonet. 6 Dumnorigem ad se vocat, fratrem adhibet; quae in eo reprehendat, ostendit; quae ipse intellegat, quae civitas queratur, proponit; monet, ut in reliquum tempus omnes suspiciones vitet; praeterita se Diviciaco fratri condonare dicit. Dumnorigi custodes ponit, ut, quae agat, quibuscum loquatur, scire possit.

❶ Scīre sē … ūteretur (20,2): Verschaffe dir zunächst einen Überblick über Satzstruktur und Inhalt des Satzes, indem du Verbalinformationen und Konnektoren zusammenstellst.
❷ Vergleiche § 1 – 4 mit § 5 – 6:
a) Wie werden Diviciacus und Cäsar charakterisiert?
b) Welchen Eindruck sollen die Leser von den beiden bekommen? Achte bei deiner Untersuchung (z. B. in Form einer Tabelle) vor allem auf Auswahl und Anordnung der Argumente, auf Wortwahl, Satzbau, Tempusfolge, stilistischen Schmuck und rhetorische Effekte.

T 8 Eine militärische Fehlleistung

Cäsar wird gemeldet, dass sich die Helvetier am Fuße eines Berges niedergelassen haben. Sofort setzt er Truppen in Bewegung, um den Gipfel des Berges zu besetzen. Er selbst marschiert direkt gegen die Helvetier, schickt jedoch einen berittenen Spähtrupp unter dem Befehl des erfahrenen Offiziers Publius Considius voraus. Danach ereignet sich Folgendes:

22 1 Prima luce, cum summus mons a Labieno teneretur, ipse ab hostium castris non longius mille et quingentis passibus abesset neque, ut postea ex captivis comperit, aut ipsius adventus aut Labieni cognitus esset, Considius equo admisso ad eum accurrit,

2 dicit montem, quem a Labieno occupari voluerit, ab hostibus teneri: Id se a Gallicis armis atque insignibus cognovisse.

3 Caesar suas copias in proximum collem subducit, aciem instruit. Labienus, ut erat ei praeceptum a Caesare, ne proelium committeret, nisi ipsius copiae prope hostium castra visae essent, ut undique uno tempore in hostes impetus fieret, monte occupato nostros exspectabat proelioque abstinebat.

4 Multo denique die per exploratores Caesar cognovit et montem ab suis teneri et Helvetios castra movisse et Considium timore perterritum, quod non vidisset, pro viso sibi renuntiavisse.

5 Eo die quo consueverat intervallo hostes sequitur et milia passuum tria ab eorum castris castra ponit.

22 1 Während der Berggipfel von Labienus gehalten wurde, ich selbst vom Feldlager der Feinde kaum noch 1 500 Schritte entfernt war und weder meine noch des Labienus Ankunft, wie ich später von Gefangenen erfuhr, bemerkt worden war, sprengte Considius bei Morgengrauen mit verhängten Zügeln zu mir heran

2 und meldete, der Berg, den Labienus befehlsgemäß besetzten sollte, sei noch in der Hand der Feinde; das habe er an den gallischen Waffen und Feldzeichen erkannt.

3 Da führte ich unbemerkt meine Truppen auf die nächste Anhöhe und machte mich kampffertig. Labienus hatte ja von mir den Befehl, sich in keinen Kampf einzulassen, bis meine Truppen in der Nähe des feindlichen Lagers ausgemacht seien, damit der Angriff von allen Seiten und zu gleicher Zeit erfolgen konnte. Er besetzte also den Berg, wartete dort auf mich und ließ sich auf keinen Kampf ein.

4 Endlich, es war schön längst Tag geworden, erfuhr ich von Kundschaftern, dass sich der Berg in römischer Hand befinde, die Helvetier abgezogen seien und Considius mir aus Furcht als beobachtet gemeldet habe, was er gar nicht gesehen habe.

5 So folgte ich am gleichen Tage den Feinden im gewohnten Abstand und schlug in einer Entfernung von drei Meilen vom Lager der Feinde mein Lager auf.

Ü nach: Georg Dorminger (Hrsg.): C. Julius Caesar – Der Gallische Krieg, München (Artemis Verlag) ^{8}1986, S. 21/23

❶ Die deutsche Übersetzung erscheint dir sicherlich ungewöhnlich: Cäsar spricht im Gegensatz zum Original nicht in der dritten Person, sondern tritt als Ich-Erzähler auf. Wie wirkt diese Übersetzung auf dich? Begründe, ob eine solche Übersetzung den Darstellungsabsichten Cäsars gerecht wird.

❷ Erstelle ein Charakterbild des Considius. Warum widmet Cäsar der Darstellung des Considius so große Aufmerksamkeit?

Gallischer Krieger mit Helm, Schild, Langschwert und Kettenhemd (Häuptling aus der Zeit des Gallischen Krieges); dahinter ein Kelte aus Britannien (mit Waid tätowiert). Aquarell von Peter Connolly.

Am nächsten Tag kommt es zur Entscheidungsschlacht:

25 1 Cäsar ließ zuerst sein Pferd, dann die aller anderen außer Sichtweite führen – dadurch, dass er die Gefahr für alle gleich machte, wollte er den Fluchtgedanken ausschalten –, feuerte die Truppe in einer Ansprache an und begann den Kampf. 2 Seine Soldaten schleuderten von oben ihre Speere und durchbrachen leicht die feindliche Angriffsfront. Als diese gesprengt war, gingen sie mit gezückten Schwertern vor. 3 Die Gallier behinderte beim Kampfe Folgendes sehr: Mehrere Schilde waren zugleich von einem einzigen Speere durchbohrt und aneinandergeheftet worden. Da sich die Eisenspitze umgebogen hatte, konnten die Feinde den Speer weder herausziehen noch infolge der behinderten Linken richtig kämpfen. 4 Daher zogen es viele, nachdem ihr Arm lange hin und hergezerrt worden war, vor, ihn wegzuwerfen und mit ungedecktem Leib zu kämpfen. 5 Endlich von Wunden erschöpft, begannen sie zurückzuweichen und sich auf eine ungefähr eine Meile entfernte Höhe zurückzuziehen. 6 Als diese besetzt war und wir nachdrängten, griffen uns die mit ungefähr 15000 Mann die feindliche Nachhut bildenden und das Ende des Zuges deckenden Bojer und Tulinger gleich vom Marsche aus auf der ungedeckten Flanke an und schlossen uns ein. Sowie dies die bereits auf die Höhe zurückgewichenen Helvetier beobachteten, drangen sie erneut vor und griffen wieder in den Kampf ein. 7 So mussten wir nach zwei Seiten kämpfen: die erste und zweite Kampflinie, um den schon besiegten und zurückgedrängten Feinden Widerstand zu leisten, die dritte, um die Anrückenden abzuschlagen.

Ü aus: Georg Dorminger (Hrsg.): C. Julius Caesar – Der Gallische Krieg, München (Artemis Verlag) [8]1986, S. 21/23

1 Der griechische Historiker Plutarch (50–120 n. Chr.) hat Biographien bedeutender Persönlichkeiten verfasst, darunter auch eine Biographie Cäsars. Im 18. Kapitel schildert er die Schlacht bei Bibracte (**M6**).

a) Wie stellt Plutarch die Schlacht bei Bibracte dar?

b) Finde Gemeinsamkeiten und Unterschiede zur Darstellung Cäsars heraus.

c) Wie wird Cäsar, insbesondere in der Szene mit seinem Pferd, den Lesern in den Texten präsentiert?

2 Der Altertumswissenschaftler Paul Barié nimmt in **M7** eine Einschätzung der Darstellung kriegerischer Aktionen im *Bellum Gallicum* vor. Begründe, ob du diese Einschätzung für gerechtfertigt hältst.

M6 Plutarch: Die Ereignisse bei Bibracte

Den ersten der Gallischen Kriege führte er gegen die Helvetier und Tiguriner, welche ihre zwölf Städte und vierhundert Dörfer verbrannt hatten und durch das römische Gallien vordrangen wie vor Zeiten die Kimbern und Teutonen. Die Tiguriner besiegte Cäsar nicht selber, sie wurden von Labienus, den er gegen sie ausgeschickt hatte, an der Saône aufgerieben. Die Helvetier griffen ihn unversehens an, als er mit seinem Heer einer verbündeten Stadt zumarschierte, doch konnte er sich rechtzeitig in eine feste Stellung retten. Nachdem er dort seine Truppen gesammelt und zur Schlacht bereitgestellt hatte, führte man ihm sein Pferd vor. Er aber rief aus: „Das brauche ich nach dem Sieg, wenn's ans Verfolgen geht! Vorwärts jetzt gegen den Feind!" Dann stürmte er zu Fuß in den Kampf.

Plutarch: Vitae parallelae, Caesar, 18

M7 Paul Barié: Zu Cäsars Darstellung

Die Zurückdrängung des Emotionalen, ja des Humanen, im *Bellum Gallicum*, ist bei näherem Hinsehen erschreckend: aller menschliche Jammer, alles Kriegselend ist eliminiert; es gibt im Grund nur Truppen und Gelände, und mit Hilfe von beidem ... finden Operationen statt, analog zur Situation des Schachspielers, der auf dem Brett die Figuren rückt, eine erbarmungslose Reduktion, ... (eine) vom Menschen absehende Versachlichung.

Paul Barié: aut Caesar aut nihil? 10 Thesen zur Dominanz des Bellum Gallicum auf der Mittelstufe, in: MDAV 4/1982, S. 8

T9 Das Ende des Helvetierkrieges

Die Helvetier wurden von den Römern vernichtend geschlagen und flüchteten sich in das Gebiet der Lingonen. Nachdem sich die Römer drei Tage um die Gefallenen und Verwundeten gekümmert haben, setzt Cäsar den Helvetiern nach, die sich dann an ihn wenden.

[1] **dēditiō, ōnis** Kapitulation [2] **convenīre** *hier:* antreffen **sē prōicere** *(Perf. prōiēcī)* sich stürzen **suppliciter** flehentlich **petī<vi>ssent**
atque <cum Caesar> eōs ... iussisset
[3] **perfūgere** *(Perf.* perfūgī*)* (als Überläufer) fliehen

27 1 Helvetii omnium rerum inopia adducti legatos de deditione ad eum miserunt. 2 Qui cum eum in itinere convenissent seque ad pedes proiecissent suppliciterque locuti flentes pacem petissent atque eos in eo loco, quo tum essent, suum adventum exspectare iussisset, paruerunt.

3 Eo postquam Caesar pervenit, obsides, arma, servos, qui ad eos perfugissent, poposcit.

[4] **conquīrere** zusammensuchen **nox intermittitur** die Nacht bricht herein **sīve ... sīve** sei es, dass ... sei es, dass ... **suppliciō afficere** hinrichten **dēditīcius** Unterworfener **occultāre** verheimlichen **īgnōrāre** *hier:* nicht bemerken

4 Dum ea conquiruntur et conferuntur nocte intermissa,
circiter hominum milia sex eius pagi,
qui Verbigenus appellatur,
sive timore *perterriti,*
ne armis traditis supplicio afficerentur,
sive spe salutis *inducti,*
quod in tanta multitudine dediticiorum suam fugam
aut occultari aut omnino ignorari posse existimarent,
prima nocte e castris Helvetiorum *egressi*
ad Rhenum finesque Germanorum contenderunt.

1 Dieses kurze Kapitel kann man in drei ungleich große Abschnitte aufteilen.
a) Erstelle eine inhaltliche Gliederung des Kapitels. Woran lässt sich der Wechsel zu einem neuen Abschnitt sprachlich leicht erkennen?
b) Beschreibe die Abschnitte hinsichtlich ihrer sprachlichen Gestaltung (z. B. Satzlänge, Verwendung bestimmter Konstruktionen und Wortfelder, rhetorische Stilmittel).
c) Überlege, ob es für die sprachliche Gestaltung inhaltliche Gründe (z. B. Wirkung auf den Leser) gibt, und stelle diese zusammen.

- Sachfeld **Lebensraum** ⏭ ager, domī, fīnēs, fīnitimus, incolere, locus, oppidum, prōvincia, vīcus
- Wortfeld **Bewegung** ⏭ discēdere, īre, prōficīscī, redūcere, revertī, trānsīre

[1] **rescīscere** *(Perf.* resciī*)* erfahren **alicui purgātum esse** gerechtfertigt sein vor jdm.
Quod ubī C. resciit, hīs, quōrum per fīnēs ierant, imperāvit, utī <eōs> conquīrerent
in hostium numerō habēre als Feinde behandeln [2] **perfuga** *m* Überläufer **aliquem in dēditiōnem accipere** jds. Unterwerfung annehmen [3] **frūgēs, um** Ernte **tolerāre** ertragen **facere** *hier:* bereitstellen [4] **vacāre** unbewohnt sein **bonitās, ātis** Qualität [5] **cognitus** *m. Abl.* bekannt für **collocāre** sich ansiedeln *quibus … quōsque: relat. Satzanschluss*
condiciō *hier:* Stellung

28 ⏭ 1 Quod ubi Caesar resciit, quorum per fines ierant, his, uti conquirerent et reducerent, si sibi purgati esse vellent, imperavit; reductos in hostium numero habuit; 2 reliquos omnes obsidibus, armis, perfugis traditis in deditionem accepit. 3 Helvetios, Tulingos, Latobrigos in fines suos, unde erant profecti, reverti iussit, et quod omnibus frugibus amissis domi nihil erat, quo famem tolerarent, Allobrogibus imperavit, ut iis frumenti copiam facerent; ipsos oppida vicosque, quos incenderant, restituere iussit. 4 Id ea maxime ratione fecit, quod noluit eum locum, unde Helvetii discesserant, vacare, ne propter bonitatem agrorum Germani, qui trans Rhenum incolunt, e suis finibus in Helvetiorum fines transirent et finitimi Galliae provinciae Allobrogibusque essent. 5 Boios petentibus Haeduis, quod egregia virtute erant cogniti, ut in finibus suis collocarent, concessit; quibus illi agros dederunt quosque postea in parem iuris libertatisque condicionem, atque ipsi erant, receperunt.

❶ Wie zeigt Cäsar seinen Lesern ganz deutlich, dass er die Geschehnisse unter Kontrolle hat? Begründe deine Ansicht, indem du vor allem den Satzbau und die auf Cäsar bezogenen Prädikate untersuchst.
❷ Wie dürften Cäsars Friedensregelungen beim römischen Leser aufgenommen worden sein?
❸ Aus welchem Grund bringt Cäsar in § 4 die Germanen ins Spiel? Beachte, dass dir die Germanen bereits an anderer Stelle, z. B. im Proömium (**T1**), begegnet sind.

[1] **cōnfectus** *hier:* abgefasst
relātae <sunt>, quibus
nōminātim namentlich **ratiōnem cōnficere** eine Zusammenstellung machen
separātim getrennt [2] **summa** Summe
caput *hier:* Person **CCLXIII** dūcenta sexāgintā tria **XXXVI** trīgintā sex
XIV quattuordecim **XXIII** vīgintī tria
XXXII trīgintā duo [3] **CCCLXVIII** trēcenta sexāgintā octō **cēnsum habēre** eine Volkszählung durchführen

29 ⏭ 1 In castris Helvetiorum tabulae repertae sunt litteris Graecis confectae et ad Caesarem relatae, quibus in tabulis nominatim ratio confecta erat, qui numerus domo exisset eorum, qui arma ferre possent, et item separatim pueri, senes mulieresque. 2 Quarum omnium rerum summa erat capitum Helvetiorum milia CCLXIII, Tulingorum milia XXXVI, Latobrigorum XIV, Rauracorum XXIII, Boiorum XXXII. 3 Summa omnium fuerunt ad milia CCCLXVIII. Eorum, qui domum redierunt, censu habito, ut Caesar imperaverat, repertus est numerus milium centum et decem.

Cäsars Zahlenangaben sind immer wieder als unrealistisch bezweifelt worden: Geht man davon aus, dass sich tatsächlich 368 000 Menschen auf den Weg gemacht haben, ist die logistische Durchführung unvorstellbar. Forscher haben errechnet, dass der gesamte Zug ca. 8 500 Wagen umfasst haben müsste, was eine unvorstellbare Gesamtkolonne von über 125 Kilometern ergibt. Man vermutet, dass der Treck nicht mehr als 80 000 Menschen gezählt haben könnte. Es bleibt unklar, wie viele von ihnen im Kampf gegen Cäsars doppelt so starkes Heer (35 – 40 000 Legionäre) gefallen sind.

❶ Welchen Eindruck hinterlässt dieses Kapitel bei dir? Begründe deine Ansicht, indem du die sprachliche Form und den Inhalt vergleichst.
❷ Aus welchem Grund dürfte Cäsar dieses Kapitel an den Schluss seiner Ausführungen gestellt haben?
❸ Zusammenfassung: Du hast einen Eindruck davon erhalten, wie Cäsar die Geschichte des Helvetierkrieges gestaltet hat. Diskutiere nun folgende Fragen:
a) Hat sich für Cäsar der Feldzug gelohnt?
b) Welchen Eindruck wollte Cäsar bei seinen Lesern hinterlassen?
c) Mit welchen darstellerischen Mitteln versucht Cäsar diesen Eindruck zu erzielen?
d) Findest du Cäsars Darstellung angemessen? Welcher der unten aufgeführten Einschätzungen (**M8**) stimmst du zu? Begründe mit Textbelegen.

M8 Cäsar – unterschiedlich beurteilt

„So fand Cäsars erster gallischer Feldzug sein Ende. Hart und konsequent hatte er gefochten, fair und sorglich die tapferen Unterlegenen behandelt, dazu die Grenzen wiederhergestellt, wie es die Aufgabe eines guten Provinzstatthalters war."
Gregor Maurach: Caesar. Der Geschichtsschreiber: Kommentar für Schule und Studium, Münster (Aschendorff Verlag) 2003, S. 32

„Man wird von einem jungen Menschen ... die Schlüsselqualifikationen der kommunikativen und sozialen Kompetenz erwarten: die Fähigkeit mit Menschen umzugehen, Konflikte zu lösen, soziale Probleme zu erkennen und zu verstehen ...: Bei Cäsar kann er nur zwei Formen der Kommunikation und der sozialen Interaktion kennenlernen: befehlen und totschlagen."
Joachim Dalfen: Probleme mit Caesar, oder: Was fangen wir mit unseren Bildungsgütern heute an?, in: Gymn. 102, 1995, S. 270 (Universitätsverlag C. Winter, Heidelberg)

Cäsar als Völkerkundler

• Sachfeld menschliches Zusammenleben ⏭ auctōritās, audēre, cīvitās, cōnsilium, domus, iūdicium, nōbilis, plēbs, prīnceps

T 10 Die gallische Gesellschaft

6,11 ⏭ 2 In Gallia non solum in omnibus civitatibus atque in omnibus pagis partibusque, sed paene etiam in singulis domibus factiones sunt; 3 earumque factionum sunt principes, qui summam auctoritatem eorum iudicio habere existimantur, quorum ad arbitrium iudiciumque summa omnium rerum consiliorumque redeat. 4 Idque eius rei causa antiquitus institutum videtur, ne quis ex plebe contra potentiorem auxilii egeret. Suos enim quisque opprimi et circumveniri non patitur neque, aliter si faciat, ullam inter suos habet auctoritatem. 5 Haec eadem ratio est in summa totius Galliae; namque omnes civitates divisae sunt in duas partes. [...]

[2] **cīvitās** *hier:* Stamm **pars** *hier:* Landesteil **factiō, ōnis** Partei
[3] *quī ... existimantur: verschränkter Relativsatz*
arbitrium Einschätzung **summa** *hier:* oberste Entscheidung **redīre ad** zurückgehen auf [4] **antīquitus** *Adv.* seit alter Zeit **egēre** *m. Gen.* nicht haben **circumvenīre** in Schwierigkeiten bringen
[5] **summa** *hier:* Gesamtheit

Durch sein Eingreifen, sagt Cäsar, seien die Machtverhältnisse verändert worden sind. Er fährt fort:

13 ⏭ 1 In omni Gallia eorum hominum, qui aliquo sunt numero atque honore, genera sunt duo. Nam plebes paene servorum habetur loco, quae nihil audet per se, nulli adhibetur consilio. 2 Plerique, cum aut aere alieno aut magnitudine tributorum aut iniuria potentiorum premuntur, sese in servitutem dicant. Nobilibus in hos eadem omnia sunt iura, quae dominis in servos. 3 Sed de his duobus generibus alterum est druidum, alterum equitum.

[1] **numerus** *hier:* Einfluss **honor** *hier:* Ansehen **plēbēs ~ plēbs** **servōrum locō habēre** wie Sklaven behandeln **adhibēre** *m. Dat.* zu etw. zulassen
[2] **tribūta, ōrum** Steuern **sē(sē) in servitūtem dicāre** sich in Abhängigkeit begeben **quae** *hier:* wie [3] **druidēs, um** Druiden (keltische Priester)

❶ Analysiere die beiden Hälften von **T10** auf Wort- und Sachfelder; zeige dass unterschiedliche Aspekte der gallischen Gesellschaft thematisiert werden.
❷ Nenne die Gruppen, in die die gallische Gesellschaft nach Cäsars Angaben zerfällt. Verdeutliche die Verhältnisse durch eine Skizze.
❸ Vergleiche Cäsars Beschreibung Galliens in **T10** mit der aus **T1** und nenne die Gemeinsamkeiten und / oder Unterschiede.
❹ Arbeite die Unterschiede zwischen Cäsars Einteilung und der Strabons (**M9**) heraus. Überlege, welche Absicht Cäsar verfolgt haben könnte.

M9

Der griechische Geograph Strabon (ca. 64 v. Chr. – ca. 26 n. Chr.) schreibt in seinen Geographica (IV 4,4):

„Bei allen Galliern finden sich ausnahmslos drei Klassen besonders geehrter Männer: die Barden, die Wahrsager und die Druiden."

I8 Kelten

Der Name „Kelten" oder auch „Galater", von Cäsar mit *Galli* übersetzt, taucht erstmals bei griechischen Autoren des 5. Jh. v. Chr. auf. Er bezeichnet ein Volk, das riesige Gebiete in Europa bewohnte (s. Karte). Allerdings haben die Kelten sich nie als ein Volk gefühlt; zu groß waren die Unterschiede der einzelnen Stämme und Völker. Ihr Kerngebiet erstreckte sich in einem Landstrich nördlich der Alpen. Besonders gern siedelten sie sich auf Hochebenen oder in Hügellandschaften an, die von Flüssen durchzogen waren, da diese Gegenden gut zu ihrer Lebensweise mit Ackerbau und Viehzucht passten. Nach 500 v. Chr. erreichte die keltische Kultur ihren Höhepunkt. Es entstanden eine Reihe von befestigten Städten (*oppida*), in deren Umfeld sich eine weitverzweigte Wirtschaft und ein hochspezialisiertes Handwerk herausbildeten. Besonders die Kenntnisse in der Metallbearbeitung waren erstaunlich.
Die Kelten galten als Verkörperung des Bedrohlichen: Von den Griechen wurden ihnen negative Eigenschaften zugeschrieben, z. B. Überheblichkeit, Hang zum Alkohol, eine grausame Religion, blutrünstige Rituale und Menschenopfer. Als Krieger waren sie gefürchtet. Mit kalkgestärkten, weißen Haaren, Schnurrbärten und Kriegsgeschrei zogen sie in die Schlacht. Am meisten schockierten die keltischen Elitekrieger („Gaesaten") ihre Gegner, weil sie nackt, nur mit Schild und Angriffswaffen ausgerüstet, kämpften und so ihre Todesverachtung demonstrierten.

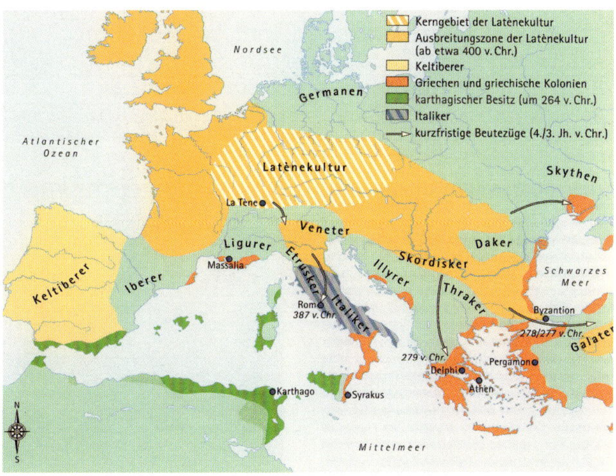

Die Verbreitung der Kelten.

• Sachfeld **öffentliches Leben** ⏭ auctōritās, cōnstituere, dēcernere, dīgnitās, iūdicium, honor/honōs, pūblicus

T 11 Die Druiden

13 ⏭ 4 Illi rebus divinis intersunt, sacrificia publica ac privata procurant, religiones interpretantur. Ad hos magnus adulescentium numerus disciplinae causa concurrit, magnoque hi sunt apud eos honore. 5 Nam fere de omnibus controversiis publicis privatisque constituunt et, si quod est facinus admissum, si caedes facta, si de hereditate, de finibus controversia est, iidem decernunt, praemia poenasque constituunt. 6 Si qui aut privatus aut populus eorum decreto non stetit, sacrificiis interdicunt. Haec poena apud eos est gravissima. 7 Quibus ita est interdictum, hi numero impiorum ac sceleratorum habentur, his omnes decedunt, aditum eorum sermonemque defugiunt, ne quid ex contagione incommodi accipiant, neque his petentibus ius redditur, neque honos ullus communicatur.

8 His autem omnibus druidibus praeest unus, qui summam inter eos habet auctoritatem. 9 Hoc mortuo aut, si qui ex reliquis excellit dignitate, succedit aut, si sunt plures pares, suffragio druidum allegitur; nonnumquam etiam armis de principatu contendunt. 10 Hi certo anni tempore in finibus Carnutum, quae regio totius Galliae media habetur, considunt in loco consecrato. Huc omnes undique, qui controversias habent, conveniunt eorumque decretis iudiciisque parent.

4 **illī** = die Druiden **rēs dīvīnae** heilige Handlungen **interesse** *m. Dat.* teilnehmen an **sacrificium** Opfer **prōcūrāre** durchführen **religiōnes interpretārī** Auskunft geben in religiösen Fragen **disciplīna** Ausbildung, Lehre **con-currere**
5 **admittere** ~ committere **hērēditās, ātis** Erbschaft **contrōversia** Streitfrage **praemium** *hier:* Entschädigung
6 **dēcrētō stāre** sich der Entscheidung fügen 7 **interdicere** *(PPP* interdictum*)* *m. Abl.* die Teilnahme verweigern **habēre numerō** *m. Gen.* gezählt werden zur Gruppe von **dēcēdere** aus dem Weg gehen **aditus, ūs** Begegnung **dēfugere** meiden **contāgiō, ōnis** Kontakt **incommodum** Nachteil **iūs** *hier:* das Recht, sich an ein Gericht zu wenden **reddere** *hier:* zugestehen **commūnicāre** zuerkennen

9 **hōc mortuō** ~ post huius mortem **excellere** herausragen **suffrāgium** Abstimmung **allegere** wählen **prīncipātus, ūs** höchstes Amt, Vorsitz
10 **Carnutēs, um** Karnuten (*Volk in der Gegend des heutigen Orléans*) **cōnsīdere** zu Gericht sitzen **cōnsecrātus** geweiht **dēcrētum** Beschluss

❶ Sammelt die Tätigkeitsbereiche der Druiden, die Cäsar nennt. Geht von Wort- und Sachfeldern aus.
❷ Tragt aus euch zugänglichen Quellen die Aufgaben römischer Priester zusammen. Vergleicht diese mit denen der keltischen Priester.
❸ Prüft, ob die Aufgaben der keltischen Druiden (→ **M10** und **I9**) richtig dargestellt werden.
❹ Überlegt, welche Absichten Cäsar mit seiner Darstellung der Druiden wohl verfolgt.

M10

„Wenn die Druiden nach ihrer Sitte das Opfer und das Mahl unter einem Baum bereitet haben, führen sie zwei weiße Stiere herbei, deren Hörner bei dieser Gelegenheit zum ersten Mal bekränzt werden. Dann besteigt ein Priester im weißen Gewand den Baum und schneidet mit einer goldenen Sichel die Mistel ab, welche in einem weißen Tuch aufgefangen wird. Danach opfern sie die Stiere und bitten den Gott, diese Gabe glücksbringend zu machen (...)."
Plinius, *Naturalis historia* 16, 95

I9 Druiden

Es ist schwierig, die gesellschaftliche Funktion der Druiden richtig zu erfassen, denn fast alles, was wir über sie wissen, geht auf Cäsar zurück, der die längste und ausführlichste Darstellung der keltischen Religion verfasst hat. Nach heutigem Kenntnisstand waren die Druiden zuständig für religiöse Fragen, sprachen Recht, sammelten das Wissen ihrer Zeit und gaben es an ihre Schüler weiter. Sie waren also gewissermaßen „Universität, Gerichtshof und Kirche in einem". Daneben übernahmen sie wohl auch medizinische Funktionen und setzten dazu ihr Wissen über die Wirkung von Heilpflanzen ein.

Johann Michael Mettenleiter (1765 – 1853): Ein germanischer Priester schneidet die Eichenmistel ab.

• Sachfeld **Wissen und Bildung** ⏭ cognoscere, discere, existimare, littera, praemium

T12 Leben und Lehre der Druiden

[11] **disciplīna** *hier:* Lehre (der Druiden) **Britannia** Britannien **trānsferre** *(PPP* **trānslātum***)* hinüberbringen *reperta <esse> atque ... trānslāta <esse>*
[12] **illō** dorthin (d. h. nach Britannien)

13 ⏭ 11 Disciplina in Britannia reperta atque inde in Galliam translata existimatur; 12 et nunc, qui diligentius eam rem cognoscere volunt, plerumque illo discendi causa proficiscuntur.

[1] **cōnsuē(vē)runt** | **pendere** bezahlen **mīlitiae vacātiō (ōnis)** Befreiung vom Soldatendienst **immūnitās, ātis** Privileg
[3] **versus, ūs** (Merk-)Vers **ēdiscere** auswendig lernen **vīcēni, ae, a** (je) zwanzig **permanēre** bleiben

14 ⏭ 1 Druides a bello abesse consuerunt neque tributa una cum reliquis pendunt. Militiae vacationem omniumque rerum habent immunitatem. 2 Tantis excitati praemiis et sua sponte multi in disciplinam conveniunt et a parentibus propinquisque mittuntur. 3 Magnum ibi numerum versuum ediscere dicuntur. Itaque annos nonnulli vicenos in disciplina permanent.

Neque fas esse existimant ea litteris mandare, cum in reliquis fere rebus, publicis privatisque rationibus, Graecis utantur litteris. 4 Id mihi duabus de causis instituisse videntur, quod neque in vulgus disciplinam efferri velint neque eos, qui discunt, litteris confisos minus memoriae studere; quod fere plerisque accidit, ut praesidio litterarum diligentiam in perdiscendo ac memoriam remittant. 5 In primis hoc volunt persuadere non interire animas, sed ab aliis post mortem transire ad alios; atque hoc maxime ad virtutem excitari putant metu mortis neglecto. 6 Multa praeterea de sideribus atque eorum motu, de mundi ac terrarum magnitudine, de rerum natura, de deorum immortalium vi ac potestate disputant et iuventuti tradunt.

fās est es ist erlaubt **litterīs mandāre** aufschreiben 4 **efferre** *hier:* verbreiten **memoriae studēre** das Gedächtnis trainieren

<Druidēs> id mihi ... īnstituisse videntur, quod
(1) neque in vulgus disciplīnam efferrī velint
(2) neque eōs, quī discunt, litterīs cōnfīsōs minus memoriae studēre <velint>

praesidium *m. Gen. hier:* Vertrauen auf **dīligentia** Sorgfalt **perdiscere** gründlich lernen **remittere** *hier:* vernachlässigen

5 **in prīmīs** = **imprīmīs**
<discipulīs suīs> persuādēre
interīre sterben **anima** *hier:* Seele
<discipulōs suōs> excitārī

6 **mundus** Welt(all)

❶ Sammle die Motive, die nach Cäsars Darstellung junge Gallier dazu veranlassen, Druiden zu werden.

❷ Nenne die Gründe, die Cäsar für die rein mündliche Überlieferung der keltischen Religion anführt. Untersuche, welches Bild er von den Druiden zeichnet.

❸ Als einziges Detail der keltischen Religion erwähnt Cäsar die Lehre von der Seelenwanderung. Gerade dieser Glaube aber scheint bei den Kelten nicht sehr weit verbreitet gewesen zu sein, denn ihre Bestattungsbräuche deuten eher darauf hin, dass man glaubte, die Seelen der Toten würden auf Inseln der Seligen oder in einer Geisterwelt weiterleben (→ Abb.). Überlege, was Cäsar dazu gebracht haben könnte, die Religion der Kelten an diesem Punkt zu verfälschen.

Verstorbener wird von einem Fisch ins Jenseits davongetragen. Detail auf dem „Kessel von Gundestrup", einem Metallkessel von ca. 70 cm Durchmesser, der im 1. Jh. v. Chr. angefertigt und 1891 in einem Moor in Dänemark entdeckt wurde.

• Sachfeld Glauben und Religion ⏭ arbitrārī, colere, deus, opīniō, religiō, simulācrum, vīs

T 13 Die Götter der Gallier

[1] **Mercūrius**: *entspricht dem keltischen Teutates* **inventor, ōris** Erfinder **ferre** *hier:* überliefern **quaestus, ūs** Gewinn **mercātūra** Geschäft **Apollō, Apollinis/Mārs, Mārtis/Iuppiter, Iovis/Minerva**: *entsprechen ungefähr den keltischen Gottheiten Belon (oder Betus bzw. Grannus), Esus, Taranis und der Göttin Belisama*
[2] **dēpellere** vertreiben **opera et artificia** *n Pl.* handwerkliche und künstlerische Fertigkeiten **initia** *n Pl. hier:* Grundbegriffe **caelestēs, ium** Götter
<Putant> Apollinem morbōs dēpellere, Minervam ... trādere usw.
[3] **dimicāre** kämpfen **dēvovēre** einer Gottheit weihen
<hostēs> superāvērunt
immolāre opfern [4] **exstruere** (*PPP* **exstructum**) errichten **cōnsecrātus** geweiht

[1] **Dīs, Dītis** Dis *(röm. Gott des Totenreiches)* **prōgnātus** abstammend
[2] **fīnīre** einteilen **diēs nātālis** Geburtstag **mēnsis, is** *(Gen. Pl.* **mēnsum***)* Monat **observāre** berechnen, festsetzen **subsequī** folgen (*d. h., es zählt immer der Tag, der auf die entscheidende Nacht folgt*)
[3] **adolēscere** (*Perf.* **adolēvī**) heranwachsen **mīlitia** Wehrdienst **palam** im Beisein anderer **puerīlis, e** kindlich **in publicō** in der Öffentlichkeit **assistere** dabeistehen

17 ⏭ 1 Deorum maxime Mercurium colunt. Huius sunt plurima simulacra, hunc omnium inventorem artium ferunt, hunc viarum atque itinerum ducem, hunc ad quaestus pecuniae mercaturasque habere vim maximam arbitrantur. Post hunc Apollinem et Martem et Iovem et Minervam. 2 De his eandem fere quam reliquae gentes habent opinionem: Apollinem morbos depellere, Minervam operum atque artificiorum initia tradere, Iovem imperium caelestium tenere, Martem bella regere. 3 Huic, cum proelio dimicare constituerunt, ea, quae bello ceperint, plerumque devovent; cum superaverunt, animalia capta immolant reliquasque res in unum locum conferunt. 4 Multis in civitatibus harum rerum exstructos tumulos locis consecratis conspicari licet.

18 ⏭ 1 Galli se omnes ab Dite patre prognatos praedicant, idque ab druidibus proditum dicunt. 2 Ob eam causam spatia omnis temporis non numero dierum, sed noctium finiunt; dies natales et mensum et annorum initia sic observant, ut noctem dies subsequatur. 3 In reliquis vitae institutis hoc fere ab reliquis differunt, quod suos liberos, nisi cum adoleverunt, ut munus militiae sustinere possint, palam ad se adire non patiuntur, filiumque puerili aetate in publico in conspectu patris assistere turpe ducunt.

❶ Recherchiert in gedruckten und digitalen Nachschlagewerken und sammelt weitere Informationen über die keltischen Götter. Präsentiert eure Ergebnisse den Mitschülern in Form von Referaten, Plakaten o. Ä.

❷ Untersucht (z. B. in Partner- oder Gruppenarbeit) Cäsars Beschreibungen der gallischen Gottheiten, vergleicht sie mit dem, was ihr erfahren habt (Aufgabe 1), und erörtert die Frage, ob Cäsar die gallischen Gottheiten nach heutigem Kenntnisstand objektiv und richtig beschrieben hat (→ **M11** und die Abb. S. 60).

M11

Antike Geschichtsschreiber hatten die Neigung, Verhältnisse anderer Völker mit den ihnen bekannten Begriffen und Namen wiederzugeben (*interpretatio Graeca* bzw. *Romana*). Schon Herodot, der „Vater der Geschichtsschreibung", versuchte im 5. Jh. v. Chr., seinen griechischen Lesern die ägyptischen Götter dadurch zu verdeutlichen, dass er sie mit den bekannten griechischen gleichsetzte.

Der keltische Gott Cerunnos, der mit Halsreif und Hirschgeweih zwischen Tieren sitzt (Darstellung auf dem Kessel von Gundestrup).

• Sachfeld **menschliches Zusammenleben** ⏭ cōnsuētūdō, laus, magistrātus, rēs mīlitāris, studēre

T14 Das alltägliche Leben der Germanen

21 ⏭ 1 Germani multum ab hac consuetudine differunt. Nam neque druides habent, qui rebus divinis praesint, neque sacrificiis student. 2 Deōrum numero eos solos ducunt, quos cernunt et quorum aperte opibus iuvantur, Solem et Vulcanum et Lunam, reliquos ne fama quidem acceperunt. 3 Vita omnis in venationibus atque in studiis rei militaris consistit; a parvulis labori ac duritiae student. 4 Qui diutissime impuberes permanserunt, maximam inter suos ferunt laudem; hōc ali staturam, ali vires nervosque

[1] **Germānī** Germanen (→ I10) **sacrificium** Opfer [2] **dūcere numerō** *m. Gen.* zählen zu **Sōl, Sōlis** Sol *(Sonnengott)* **Vulcānus** Vulkan *(Feuergott)* **Lūna** Luna *(Mondgöttin)* **fāmā** *hier:* gerüchteweise **accipere** *m. Akk.* hören von jdm.
[3] **vēnātiō, ōnis** Jagd **cōnsistere in** *m. Abl.* bestehen aus **ā parvulīs** von frühester Kindheit an **labor** *hier:* Ausdauer **dūritia** Durchhaltevermögen **studēre** *m. Dat.* etw. trainieren
[4] **diutissimē:** *Superl. zu* **diū** **impūbēs, eris** ohne sexuelle Erfahrung **laudem ferre** Lob ernten **alere** fördern **statūra** Körperbau **nervī** *m Pl.* Muskeln

[5] **intrā vīcēsimum annum** vor dem 20. Lebensjahr **nōtitia** *m. Gen.* sexuelle Beziehung zu jdm. **habēre in** *m. Abl.* zählen zu **occultātiō** Verheimlichung **promiscuē** gemeinsam **perluī** *Pass.* (sich) baden **pellis, is** Fell **rēnō, ōnis** Pelz **tegimentum** Kleidungsstück

[1] **agrī cultūra** Landwirtschaft **victus, ūs** Nahrung **lac, lactis** Milch **cāseus** Käse **carō, carnis** Fleisch [2] **certum modum agrī** ein bestimmtes Stück Land **proprius** eigen **in annōs singulōs** für je ein Jahr **cognātiō, ōnis** Sippe **ūnā coīre** sich zusammenfinden **vidētur** *hier:* es scheint richtig
magistrātūs ac prīncipēs ... gentibus cōgnātiōnibusque hominum quīque (= et <eīs>, quī) ūnā coiērunt, attribuunt <tantum> agrī, quantum <eīs> vīsum est, et eō locō, quō <eīs> vīsum est
attribuere zuweisen **annō post** im Jahr darauf **aliō** anderswohin
[3] **assiduā cōnsuetūdine** durch Gewöhnung an die Sesshaftigkeit **commūtāre** *m. Abl.* vertauschen mit **humilis, e** schwach, arm **possessiō, ōnis** Besitz **accūrātius** allzu sorgfältig **frīgus, oris** *n* Kälte **dissēnsiō, ōnis** Zwietracht **aequitās, ātis** Zufriedenheit **continēre** *hier:* unter Kontrolle halten [4] **aequārī** *Pass.* gleich sein

confirmari putant. 5 Intra annum vero vicesimum feminae notitiam habuisse in turpissimis habent rebus. Cuius rei nulla est occultatio, quod et promiscue in fluminibus perluuntur et pellibus aut parvis renonum tegimentis utuntur, magna corporis parte nuda.

22 ⏭ 1 Agri culturae non student, maiorque pars eorum victūs in lacte, caseo, carne consistit. 2 Neque quisquam agri modum certum aut fines habet proprios, sed magistratus ac principes in annos singulos gentibus cognationibusque hominum, quique una coierunt, quantum et quo loco visum est agri, attribuunt atque anno post alio transire cogunt.

3 Eius rei multas afferunt causas: Ne assidua consuetudine capti studium belli gerendi agri cultura commutent; ne latos fines parare studeant, potentioresque humiliores possessionibus expellant; ne accuratius ad frigora atque aestus vitandos aedificent; ne qua oriatur pecuniae cupiditas, qua ex re factiones dissensionesque nascuntur; ut animi aequitate plebem contineant, 4 cum suas quisque opes cum potentissimis aequari videat.

❶ Gib an, welche Aspekte Cäsar bei der Beschreibung Germaniens und der Germanen heraushebt. Welche Lebensbereiche behandelt er? Achte auf Wort- und Sachfelder.

❷ Nahezu alle Einzelheiten, die Cäsar über die Germanen berichtet, sind nach Aussagen der modernen Forschung falsch (→ **I10**). Überlege, welches Bild Cäsar von der germanischen Gesellschaft zeichnen will (→ auch **M12**).

M12

Ein englischer Forscher beschreibt im Jahre 1907 den afrikanischen Staat Belgisch-Kongo so:
„Um zu sagen, wie das Land ist, muss man sagen, was es nicht hat. Man muss über den Kongo immer in der Verneinung schreiben. Es ist so, als hätte man gefragt: ‚Was für eine Art von Haus ist das, das dieser Kerl da gebaut hat?', und man bekäme die Antwort: ‚Also, es hat kein Dach, und es hat keinen Keller, und es hat keine Fenster, Flure oder Schornsteine. Genau so eine Art von Haus ist es.'"

Zit. nach D. Spurr: The rhetoric of Empire. Durham/London (Duke University Press Books) 1993, S. 96; Ü durch die Verf.

I10

Germanen

Von den griechischen Geographen vor Cäsar wurden die Völker des Nordens unterteilt in Kelten (im Westen) und Skythen (im Osten). Die Bewohner des Grenzgebietes wurden als Mischvolk („Keltoskythen") betrachtet. Cäsar setzte diese „Keltoskythen" mit den Germanen gleich. Vor ihm galten die Germanen nicht als Volk, sondern nur als ein Stamm, der in Norddeutschland östlich des Rheins siedelte und der sich nicht sehr stark von den Kelten unterschied. Cäsar hat die Germanen aufgewertet und sie von einem (keltischen) Stamm zu einem eigenständigen Volk gemacht, das sich nach seiner Beschreibung in nahezu jeder Hinsicht von den Kelten unterscheidet. Seine Beschreibung der Germanen ist nach heutigem Kenntnisstand in nahezu allen Bereichen falsch. So kannten die Germanen sehr wohl Götter (z. B. den Himmelsgott Wodanaz / Wodan), sie hatten Priester und besaßen Altäre. Sie betrieben auch eine intensive Landwirtschaft.

Germanischer Soldat in der Schlacht (Detail der um 110 n. Chr. entstandenen Trajanssäule in Rom). Auch wenn das Relief ca. 150 nach Cäsar entstand, gibt es wohl den Eindruck wieder, den Germanen auf Cäsars Soldaten gemacht haben: Der nackte Oberkörper und der Verzicht auf einen Helm sind auf den meisten Abbildungen zu sehen.

• Sachfeld Krieg und Frieden ⏭ dux, exercēre, expellere, fīnēs, inferre bellum, pāx

T 15 Charakteristik der Germanen

23 ⏭ 1 Civitatibus maxima laus est quam latissime circum se vastatis finibus solitudines habere. 2 Hoc proprium virtutis existimant expulsos agris finitimos cedere neque quemquam prope se audere consistere. 3 Simul hoc se fore tutiores arbitrantur, repentinae incursionis timore sublato. 4 Cum bellum civitas aut illatum defendit aut infert, magistratūs, qui ei bello praesint et vitae necisque habeant potestatem, deliguntur. 5 In pace nullus est communis magistratus, sed principes regionum atque pagorum inter suos ius dicunt controversiasque minuunt.

6 Latrocinia nullam habent infamiam, quae extra fines cuiusque civitatis fiunt, atque ea iuventutis exercendae ac desidiae minuendae causa fieri praedicant. 7 Atque ubi quis ex principibus in concilio dixit se ducem fore, qui sequi velint, profiteantur, consurgunt ii, qui et causam et hominem probant, suumque auxilium pollicentur atque a multitudine collaudantur. 8 Qui ex his secuti non sunt, in desertorum ac proditōrum numero ducuntur, omniumque his rerum postea fides derogatur. 9 Hospitem violare fas non putant; qui quacumque de causa ad eos venerunt, ab iniuria prohibent sanctosque habent, hisque omnium domus patent victusque communicatur.

[1] **vāstāre** verwüsten **sōlitūdines** *Pl.* Einöde [2] **fīnitimus** Nachbar **cēdere** *hier:* die Flucht ergreifen **cōnsistere** *hier:* sich ansiedeln
hoc proprium virtūtis <esse>: *AcI, abh. von* exīstimant
expulsōs agrīs fīnitimōs cēdere …: AcI, abh. von hoc proprium virtūtis <esse>
[3] **repentīna incursiō (, ōnis *f*)** Überraschungsangriff [4] **dēfendere** *m. Akk.* sich verteidigen gegen **bellum inferre** einen Angriffskrieg beginnen [5] **contrōversia** Konflikt

[6] **latrōcinium** Raub(zug) **īnfāmia** schlechter Ruf **dēsidia** Untätigkeit **praedicāre** verkünden [7] **concilium** Stammesversammlung **profitērī** sich melden
dīxit sē ducem fore et <id dīxit, ut> profiteantur <eī>, quī sequī velint
cōnsurgere sich gemeinsam erheben
collaudāre ~ laudāre [8] **dēsertor, ōris** Deserteur (Fahnenflüchtling) **prōditor, ōris** Verräter **fidem dērogāre** das Vertrauen entziehen [9] **fās** *n* (göttliches) Recht **prōhibēre ā** *hier:* schützen vor
<hōs> prohibent
sānctus unverletzlich **victus** Nahrung
commūnicare teilen

❶ Zur Erschließung langer, komplexer Sätze ist ein Satzbild hilfreich, in dem die verschiedenen Gliedsätze eingerückt sind. Fertige ein solches Satzbild an für 23,7–8 (atque ubi … derogatur).

❷ Nenne die einzelnen Themen, die Cäsar in **T15** anspricht. Weise nach, dass sich ein gemeinsamer germanischer Charakterzug in allen Einzelbereichen finden lässt (→ **I11**).

❸ Auch in diesem Text berichtet Cäsar Einzelheiten über das germanische Leben, die nach modernem Kenntnisstand falsch sind. So ist die „Ödlandgrenze" (23,1 – 3) archäologisch bislang noch bei keinem erforschten germanischen Dorf nachgewiesen worden. Überlege, welche Gründe Cäsar für diese Verfälschung der Fakten gehabt haben könnte.

I 11 **Die Germanen – gefürchtet und bewundert**
Um 110 v. Chr. erschienen germanische Stämme (in den Quellen als Kimbern und Teutonen bezeichnet) überraschend in der römischen Provinz Gallia Narbonensis, besiegten mehrere römische Heere und brachten ihnen die schlimmsten Niederlagen seit dem Zweiten Punischen Krieg bei. Der bewährte Feldherr C. Marius konnte die Angreifer zwar 101 v. Chr. bei Vercellae in Norditalien zurückschlagen, doch eine panische Angst vor den Germanen (*furor Teutonicus*) blieb bei den Römern als traumatisches Erlebnis zurück. Germanen galten als riesengroß, unglaublich tapfer, als nahezu unbesiegbare Kampfmaschinen, die wegen des rauen Klimas in Germanien abgehärtet und zäh seien.
Gerade deswegen wurden die Germanen aber auch bewundert. Sie galten als ein noch unverdorbenes und noch nicht verweichlichtes Naturvolk. Römische Schriftsteller (z. B. Tacitus) stellten sie ihren Landsleuten als Vorbilder vor Augen, die noch nicht von dem Verfall moralischer Werte betroffen seien, unter dem die römische Gesellschaft leide.

Modell einer germanischen Siedlung.

Urteile über Cäsar

In der Beurteilung Cäsars waren sich schon seine Zeitgenossen unsicher. Sie sahen seine unglaublichen Leistungen, aber auch seine Rücksichtslosigkeit und Grausamkeit. So beklagte sein Zeitgenosse Catull, er könne nicht entscheiden, ob Cäsar eine weiße oder schwarze Seele habe (*utrum sis albus an ater homo*; vgl. Catull, c. 93, S. 85). Weil niemand sein Wesen auf einen Nenner bringen konnte, rankten sich um ihn viele Anekdoten (→ z. B. **M13**).

T 16 Cäsar und die Seeräuber

Der Schriftsteller Sueton (ca. 70 – ca. 135 n. Chr.) berichtet in seiner Cäsar-Biographie, dass Cäsar im Alter von 25 Jahren nach Rhodos reiste, um dort Rhetorik zu studieren.

4 ⏭ 1 Circa Pharmacussam insulam a praedonibus captus est mansitque apud eos non sine summa indignatione prope quadraginta dies cum uno medico et cubiculariis duobus. 2 Nam comites servosque ceteros initio statim ad expediendas pecunias, quibus redimeretur, dimiserat. Numeratis deinde quinquaginta talentis expositus in litore non distulit, quin e vestigio classe deducta persequeretur abeuntes ac redactos in potestatem supplicio, quod saepe illis minatus inter iocum fuerat, afficeret. [...]

74 ⏭ 1 Sed et in ulciscendo natura lenissimus piratas, a quibus captus est, cum in dicionem redegisset, quoniam suffixurum se cruci ante iuraverat, iugulari prius iussit, deinde suffigit.

[1] **circā Pharmacūssam īnsulam** bei der Insel Pharmakussa **praedo, ōnis** Seeräuber **indīgnātiō, ōnis** *f* Verärgerung **quadrāgintā** 40 **medicus** Arzt **cubiculārius** Kammerdiener [2] **pecūniās expedīre** Lösegeld aufbringen **redimere** freikaufen **dīmittere** *hier:* wegschicken **numerāre** auszahlen **quīnquāgintā talenta** *n Pl.* 50 Talente *(sehr große griech. Münzeinheit)* **expōnere** *(PPP* expositum*)* aussetzen **differre, quīn** *hier:* zögern, dass **ē vestīgiō** augenblicklich **dēducere** *hier:* auslaufen lassen **in potestātem redigere** (*PPP* redāctum) gefangennehmen **minārī** androhen **inter iocum** im Scherz **fuerat** ~ erat
[1] **ulcīscī** sich rächen **lēnis, e** milde **pīrāta** *m* Pirat **in diciōnem redigere** *(Perf.* redēgī*)* ~ in potestātem redigere **crucī suffīgere** *(PPP* suffīxum*)* ans Kreuz schlagen *(eine sehr qualvolle Todesart)* **iugulāre** *m. Akk.* jdm. die Kehle durchschneiden

❶ Recherchiert in gedruckten und elektronischen Nachschlagewerken die weiteren Stationen in Cäsars Leben nach dem Sieg in Gallien bis zu seiner Ermordung am 15. März 44 v. Chr. Stellt sie euren Mitschülern in Referaten, auf Plakaten o. Ä. vor.

❷ Sucht weitere Anekdoten über Cäsar. Welche Züge seines Wesens haben die Menschen am stärksten interessiert?

❸ Beurteilt selbst, wie ihr Cäsar einschätzt (→ **M8, 13, 14**). Fasst eure Einschätzung thesenartig zusammen (z. B. in einem Essay) und diskutiert sie mit euren Mitschülern.

M13 Antike Anekdoten über Cäsar

a) Als Cäsar einmal bei einer Reise durch die Alpen an einem armseligen Dorf vorbeikam, hätten seine Begleiter spöttisch gefragt, ob sich wohl selbst hier Menschen um Ämter und Ehren stritten. Todernst habe Cäsar geantwortet: „Ich wäre lieber hier der Erste als in Rom der Zweite!" (Plutarch *Caes.* 11)

b) „Zügellos waren seine öffentlichen Reden: So habe er zum Beispiel gesagt, die Republik sei ein Nichts, ein bloßer Name ohne Körper und sichtbare Gestalt. Die Menschen müssten sehr vorsichtig sein, wenn sie mit ihm redeten, und sie müssten seine Worte wie Gesetze betrachten. Als ein Eingeweidebeschauer einst verkündete, die Eingeweide seien ungünstig, erdreistete sich Cäsar zu sagen, sie würden günstiger werden, wenn er das wolle. Man dürfe es nicht für ein Vorzeichen halten, wenn irgendeinem Viehstück das Herz fehle." (Sueton *Caes.* 77)

M14 Moderne Urteile über Cäsar

a) „Ohne Caesars Eingriffe und ohne das Scheitern seiner Diktatur wäre der Prinzipat des Augustus ebensowenig denkbar wie die lange Reihe der römischen Kaiser. Man konnte deshalb in Caesar den Tyrannen sehen, den „Volkskönig" wie den „Staatsmann", den Demagogen wie den „Außenseiter", den Gewaltherrscher wie den Landesvater. In jedem Falle aber bleibt er der letzte und größte Diktator der Römischen Republik."

Christ, Karl: Caesar. In: M. Clauss (Hrsg.): Die Römischen Kaiser. 55 historische Portraits von Caesar bis Iustinian. München (Verlag C.H. Beck) 1997, S. 25

b) „Auf eine besondere Weise ist Caesar tatsächlich so etwas wie die Erfüllung der römischen Geschichte. Er war das idealtypische Geschöpf einer über Jahrhunderte aristokratisch geprägten Gesellschaft, die in Krieg und Eroberung ihre Identität und ihre Erfüllung gefunden hatte. Die Triebkräfte, denen Rom seine Weltgeltung verdankte, hatten den Wertekatalog seines Adels seit den ersten Tagen der Republik bestimmt."

Dahlheim, Werner: Julius Caesar. Die Ehre des Kriegers und die Not des Staates. Paderborn – München – Wien – Zürich (Verlag Ferdinand Schöningh) 2005, S. 290

Die Nord-Provinzen
Celtae Landschaften
Stämme
Rhodanus Flüsse
Alesia Städte
Oceanus
Britannia
Itius
Morini
Belgae
Sugambri
Germani
Suebi
Usipetes
Tencteri
Ubii
Rhenus
Latobrogi
Tulingi
Danuvius
Helvetii
Sequani
Vesontio
Arar
Alesia
Matrona
Sequana
Haedui
Bituriges
Avaricum
Bibracte
Ambarri
Gergovia
Arverni
Segusiavi
Cebenna Mons
Rhodanus
Allobroges
Ceutrones
Graioceli
Vocontii
Caturiges
Alpes Montes
Ocelum
Gallia Cisalpina
Padus
Ravenna
Rubico
Ariminum
Aquileia
Illyricum
Mare Adriaticum
Italia
Roma
Liger
Celtae
Santones
Garunna
Aquitani
Tolosates
Provincia Narbonensis

Liebe und Spott – Catull, Ovid, Martial

Stepan Wladislawowitsch Bakalowitsch: Der Dichter Catull liest aus seinen Gedichten. 1885.

Catull – der junge Dichter

Catull war ein junger Dichter in Rom, der nur 30 Jahre alt wurde. Meist wird seine Lebensspanne mit 84–54 v. Chr. angegeben, d.h. er starb, als Cäsar gerade in Gallien Krieg führte. Geboren wurde Catull in der norditalienischen Stadt Verona und dürfte einer vermögenden Familie entstammen, die gute Beziehungen zur römischen Aristokratie unterhielt. So weiß man, dass Cäsar öfter Gast bei Catulls Vater war. Als junger Mann kam Catull zur Ausbildung in die Hauptstadt Rom. Dort fand er schnell Zugang zu einer Gruppe von jungen Dichtern, den sog. **Neoterikern** oder **poetae novi**.
Ihren Namen verdankten sie der Tatsache, dass sie neue Wege beschritten – und zwar in ihrer Lebensweise und in ihrer Dichtung. Anders als junge Männer der Oberschicht strebten sie nicht die Karriere eines Anwalts, Politikers oder Offiziers an, sondern machten das Dichten zu ihrem Hauptberuf, das vorher eine Art Freizeitbeschäftigung für Angehörige der römischen Oberschicht gewesen war. Das Idealbild der Neoteriker war der sog. **poeta doctus**, d.h. der gelehrte Dichter, der die entlegensten mythologischen Stoffe und seltensten Versmaße ausfindig macht und zu beherrschen lernt. Freilich: Wer sich solche Mühe gibt, kann keine umfangreichen Werke schaffen. Deshalb bevorzugten die Neoteriker die kleinen poetischen Gattungen wie das **Epigramm** oder das **Kurzepos** (Epyllion). Konsequenterweise verachteten sie die großen literarischen Gattungen wie das Epos und die Tragödie als zu umfangreich und nicht mehr zeitgemäß.
So verwundert es nicht, dass die jungen Dichter um Catull gerade bei den älteren und konservativ eingestellten Römern wegen ihres extravaganten dichterischen Geschmacks und ihrer lockeren Lebensweise kritisiert wurden – die ältere Generation konnte nicht verstehen, wie sich die jungen Leute dem gesellschaftlich anerkannten Modell des politisch engagierten römischen Bürgers verweigerten und anstelle des **mos maiorum** die Liebe, die Dichtung und private Freundschaften für wichtiger halten konnten. Diese Interessenschwerpunkte hinderten Catull freilich nicht daran, in einigen Gedichten Cäsar und andere Persönlichkeiten der Politik der Lächerlichkeit preiszugeben.

Zu Catulls bekanntesten Werken gehören seine **Liebesgedichte** an eine Frau, die er **Lesbia** nennt. Dieses Pseudonym ist eine Anspielung auf die berühmte griechische Dichterin Sappho, die im 7. Jh. v. Chr. auf der Insel Lesbos lebte. Manche Forscher meinen, dass es sich bei Lesbia um eine gewisse Clodia gehandelt haben dürfte, andere verwerfen diese These und behaupten, dass Lesbia eine Erfindung Catulls sei. Wenn man der ersten Hypothese Glauben schenkt, war Clodia zehn Jahre älter als Catull, stammte aus der **gens Claudia**, einer in Rom angesehenen Adelsfamilie, und war mit Metellus Celer verheiratet, der wegen militärischer Kommandos meistens fern von Rom weilte. Diese Frau besaß literarische Bildung, kultivierte Umgangsformen, Schlagfertigkeit und Schönheit. Legt man Catulls Gedichte (**carmina**) zugrunde, wandte sich Clodia auch anderen Männern zu. Egal, ob wahr oder gut erfunden: Catull gelingt es, das Gefühlschaos zwischen Liebe, Eifersucht und Hass eindrücklich zu beschreiben.
Von Catull ist eine Gedichtsammlung überliefert, die nach Versmaßen geordnet ist. Der erste Teil (c. 1–60) bietet kleinere Gedichte in unterschiedlichen Metren. Der Mittelteil (c. 61–68) enthält größere Gedichte, die in Hexametern oder elegischen Distichen verfaßt sind, und der Schlussteil (c. 69–116) Epigramme, allesamt in Form elegischer Distichen (→ Metrik, S. 168).

Glückliche Liebe – Bruch mit Konventionen

- Sachfeld Liebe ⏭ amāre, amor
- Wortfeld Natur ⏭ sōl, nox, sīdus, hiems
- Grammatik Hortativ, Genitiv des Wertes, Genitivus partitivus, Ablativ des Vergleichs, indirekter Fragesatz
- Stilmittel Anapher, Metapher, Vergleich

T1 Catull c. 5

Vivamus, mea Lesbia, atque amemus,
rumoresque senum severiorum
omnes unius aestimemus assis.
Soles occidere et redire possunt.
Nobis, cum semel occidit brevis lux,
nox est perpetua una dormienda.
Da mi basia mille, deinde centum,
dein mille altera, dein secunda centum,
deinde usque altera mille, deinde centum.
Dein, cum milia multa fecerimus,
conturbabimus illa, ne sciamus,
aut ne quis malus invidere possit,
cum tantum sciat esse basiorum.

[2] **rūmor, ōris** *m* Gerücht **sevērus** streng [3] **as, assis** Kupfermünze, Cent *ūnīus assis: Gen. des Wertes* [5] **semel** einmal [6] **dormīre** schlafen [7] **mī** ~ mihi [11] **conturbāre** in Verwirrung bringen, eine Rechnung fälschen [12] **invidēre** neidisch sein *bāsiōrum: Gen. partitivus zu* tantum

❶ **a)** Was ist mit **brevis lux** und **nox ... perpetua** im Zusammenhang des Textes gemeint?
b) Nenne das zugrundeliegende Stilmittel und zeige auf, wie weitere Stilmittel die Aussage unterstreichen (→ Stilmittel, S. 167).

❷ Die 13 Verse des Gedichtes lassen sich in vier Sinnabschnitte untergliedern. Weise den einzelnen Abschnitten folgende Oberbegriffe zu und begründe deine Zuordnung: **multa basia – memento mori – carpe diem – invidia malorum.**

❸ Das Verb **conturbare** (V. 11) kann auch „eine Rechnung fälschen" bedeuten: Im Text finden sich weitere Begriffe aus der Welt der Zahlen und des Geldes. Spüre sie auf und versuche zu erklären, welche zusätzliche Aussageabsicht damit verbunden ist. Beziehe in deine Überlegungen die Vorinformation über den Generationenkonflikt (S. 68) und **I1** ein.

❹ Stell dir vor, du würdest aus diesem Gedicht ein Musikstück komponieren. Wie würdest du die einzelnen Abschnitte mit musikalischen Mitteln wiedergeben?

I1 Geldgeschäfte in Rom

Die Geldverleiher (faeneratores bzw. argentarii) betrieben ihre Geschäfte auf dem Forum Romanum am sog. Ianus medius, einem Bogen nahe der Basilica Aemilia. Sie verliehen Geld gegen Zinsen (usura) von bis zu 10 % an creditores (Gläubiger bzw. Schuldner) und können damit als Vorläufer des heutigen Banken- und Kreditwesens angesehen werden.

T2 Catull c. 7

Quaeris, quot mihi basiationes
tuae, Lesbia, sint satis superque.
Quam magnus numerus Libyssae arenae
laserpiciferis iacet Cyrenis,
oraclum Iovis inter aestuosi
et Batti veteris sacrum sepulcrum,
aut quam sidera multa, cum tacet nox,
furtivos hominum vident amores:
Tam te basia multa basiare
vesano satis et super Catullo est,
quae nec pernumerare curiosi
possint nec mala fascinare lingua.

[1] **bāsiātiō, ōnis** *f* Küsserei [2] **satis superque** mehr als genug [3] **Libyssus** afrikanisch **arēna** Sand [4] **lāser-pīcifer, fera, ferum** Silphion (eine Pflanze) tragend **Cyrēnae, ārum** Kyrene *(nordafrikanische Stadt)* [5] **ōrāclum** ~ ōrāculum Orakel **aestuōsus** heiß [6] **Battus:** *der Gründer von Kyrene* **sepulcrum** Grabstätte [8] **fūrtīvus** verstohlen, heimlich [9] **bāsiāre** küssen

[3–9] *weitgespannter Vergleich: quam magnus numerus ... aut quam sīdera multa ... tam tē bāsia multa bāsiāre*

Benutze als Hilfestellung zunächst folgende Prosaumschrift: quam magnus numerus arēnae Libyssae Cyrēnīs lāserpīciferīs iacet inter ōrāculum Iovis aestuōsī et sepulcrum sacrum Battī veteris, aut quam multa sīdera amōrēs fūrtīvōs hominum vident, cum nox tacet, tē tam multa bāsia bāsiāre Catullō vēsānō satis et super est

[10] **vēsānus** wahnsinnig **satis et super** ~ satis superque [11] **pernumerāre** aufzählen, auszahlen **cūriōsus** neugierig [12] **fascināre** behexen

❶ Das Gedicht gliedert sich grob in zwei Teile. Wo endet der erste, wo beginnt der zweite Teil? Begründe deine Entscheidung.

❷ **a)** Im Text findet sich ein Vergleich (vgl. I2). Was wird miteinander verglichen und was ist das gemeinsame Bindeglied?
b) Aus welchen Teilen besteht der Vergleich, den Catull zieht?

❸ Inwiefern zeigt dieses Gedicht Catull als typischen poeta doctus?

❹ Lies die Information über Kyrene (I3) und versuche vor diesem Hintergrund die Anspielungen Catulls zu erklären.

❺ Vergleiche mit deinem Banknachbarn beide Kussgedichte auf Unterschiede und Gemeinsamkeiten. Präsentiert eure Ergebnisse.

I2 Das Stilmittel des Vergleichs

Ein **Vergleich** stellt zwei Gegenstände kontrastierend gegenüber, um die Anschaulichkeit einer Aussage zu erhöhen – dabei muss es zwischen beiden Vergleichsgegenständen eine Gemeinsamkeit geben. Im Falle des Vergleichs „Achill ist stark wie ein Löwe" ist zwischen den Vergleichsobjekten „Achill" und „Löwe" die Stärke das gemeinsame Bindeglied, das sog. Tertium comparationis. In jedem Vergleich muss die Vergleichspartikel „wie" vorkommen. Die **Metapher** (griech. „Übertragung") dagegen ist ein Kurzvergleich, der zwei Dinge aus unterschiedlichen Vorstellungsbereichen ohne eine Vergleichspartikel zusammenspannt, z. B. „Stuhlbein". (→ Grundwissen Stilmittel, S. 167)

I3 Wissenswertes über Kyrene

Aus Kyrene, einer berühmten Stadt in Nordafrika, stammt der griechische Dichter Kallimachos. Er verehrte Battus, den sagenhaften Gründer der Stadt, als einen seiner Vorfahren. Die jungen römischen Dichter um Catull wiederum verehrten Kallimachos als ihr dichterisches Vorbild. In der Nähe von Kyrene lag auch das berühmte Orakel des **Jupiter Ammon** in der Oase Siwah. Bei Kyrene wuchs das **Laserpicium** bzw. Silphion, eine Heilpflanze. Auf den Handel mit ihr gründete die Stadt ihren Reichtum. Zeugnis dafür sind zahlreiche kyrenaische Münzprägungen mit der Pflanze.

Robert Doisneau (1912–1994): Baiser de l'Hôtel de Ville (Kuss vor dem Rathaus in Paris). 1950.

❶ Beschreibe das Foto genau. Inwiefern kann es als Illustration zu c. 5 (**T1**) aufgefasst werden?

Gustav Klimt (1862 – 1918): Der Kuss. 1907 – 08. Österreichische Galerie Belvedere, Wien.

❷ Beschreibe Körperhaltung, Mimik und Kleidung des Liebespaares im Gemälde von G. Klimt sowie weitere Details. Siehst du Parallelen zu den Kussgedichten c.5 (**T1**) und c.7 (**T2**)?

❸ Begründe, welches der beiden Bilder deiner Ansicht nach besser geeignet ist, die Atmosphäre und Aussage des Catull-Gedichts c. 5 zu illustrieren.

M1

Gotthold Ephraim Lessing (1729 – 1781)

Die Küsse

Der Neid, o Kind,
Zählt unsre Küsse:
Drum küss' geschwind
Ein Tausend Küsse;
Geschwind du mich,
Geschwind ich dich!
Geschwind, geschwind,
O Laura, küsse
Manch Tausend Küsse:
Damit er sich
Verzählen müsse.

❶ Wer ist mit „er" im vorletzten Vers von **M1** gemeint?

❷ Fasse die Hauptaussage dieses Gedichts in einem Satz zusammen.

❸ Vergleiche den Text mit Catulls c. 5 (**T1**). Worin erkennst du in formaler und inhaltlicher Hinsicht Gemeinsamkeiten und Unterschiede?

M2 Carmen Buranum 75

[2] **dēsipere** schwärmen [3] **carpere** pflücken [4] **tener, era, erum** zart [5] **aptus** *m. Dat.* passend für **senectūs, ūtis** Alter [6] **sēria, ōrum** *n Pl.* ernste Dinge, Ernst **intendere** *m. Abl.* die Aufmerksamkeit lenken auf

Omittamus studia,
dulce est desipere,
et carpamus dulcia
iuventutis tenerae!
Res est apta senectuti
seriis intendere.

[7] **vēlōx** schnell [8] **dētinēre** *(PPP* **dētentum***) m. Abl.* abhalten von [9] **lascīvīre** ausgelassen sein **suggerere** zu etwas raten [10] **iuventa** Jugendzeit

Velox aetas praeterit
studio detenta,
lascivire suggerit
tenera iuventa.

[11] **vēr** Frühling **lābī** entschlüpfen [13] **damnum** Verlust, Schaden [14] **carō, carnis** Fleisch **mācerāre** schwächen [15] **ārēre** vertrocknen **hebēre** matt sein [16] **minuere** vermindern [17] **dēterrēre** abschrecken [18] **morbus** Krankheit

Ver aetatis labitur,
hiems nostra properat,
vita damnum patitur,
cura carnem macerat.
Sanguis aret, hebet pectus,
minuuntur gaudia,
nos deterret iam senectus
morborum familia.

Velox aetas praeterit
studio detenta,
lascivire suggerit
tenera iuventa.

❶ Woran erkennst du rein formal, dass es sich bei **M2** um ein Lied handelt?
❷ Fasse den Inhalt von **M2** thesenartig zusammen.
❸ Informiere dich über die sog. Carmina Burana und ihre Verfasser (vgl. **I4**). Inwiefern bildet das Thema des Textes einen Widerspruch zu ihrem ursprünglich gewählten Beruf?
❹ Vergleiche nun das Lied mit Catulls c. 5 (**T1**). Welche Unterschiede, welche Gemeinsamkeiten stellst du – in formaler wie inhaltlicher Hinsicht – fest?

I4 Carmina Burana

Bei den **Carmina Burana** („Lieder aus Benediktbeuern") handelt es sich um eine Sammlung von zumeist lateinischen Dichtungen aus dem 11. und 12. Jh., die 1803 im Kloster Benediktbeuren (Bayern) wiedergefunden wurden. Neben geistlichen Dramen finden sich viele Frühlings-, Liebes-,Trink- und Spottlieder auf die Kirche, die von sog. Vaganten (von **vagari** „umherwandern") verfasst wurden. Bei dieser Gruppe handelte es sich um Angehörige des Priesterstandes, die kein Amt und keine feste Stellung in der Kirche erhalten hatten und deshalb auf Wanderschaft gingen. Namentlich fassbar sind Dichterpersönlichkeiten wie Hugo Primas von Orléans, der sog. Archipoeta und Walther von Châtillon. Der deutsche Komponist Carl Orff vertonte 1935/1936 einige Lieder der **Carmina Burana** und machte sie damit einem breiteren Publikum bekannt.

M3 Johannes Secundus (1511 – 1536)

Basium XVI 1–17

Latonae niveo sidere blandior,
et stella Veneris pulchrior aurea,
da mi basia centum,
da tot basia, quot dedit

vati multivolo Lesbia, quot tulit;
quot blandae Veneres, quotque Cupidines
et labella pererrant,
et genas roseas tuas;

quot vitas oculis, quotque neces geris,
quot spes, quotque metus, quotque perennibus
mixta gaudia curis,
et suspiria amantium.

Da, quam multa meo spicula pectori
insevit volucris dira manus dei:
Et quam multa pharetra
conservavit in aurea.

1 **Lātōna:** *Mutter der Götter Apoll und Diana, dichterisch auch für den Mond* **niveus** schneeweiß **blandus** reizend 2 **stēlla** Stern
1–2 *Prosaumschrift:* *<Tū, quae es> blandior niveō sīdere (Abl. des Vergleichs) Lātōnae et pulchrior stēllā aureā Veneris*
5 **vātēs, is** *m* Dichter **multivolus** viel begehrend 6 **Venerēs** *f Pl.* Liebesgöttinnen **Cupīdinēs** *m Pl.* Liebesgötter
7 **labellum** Lippe **pererrāre** *m. Akk.* etwas durchstreifen 8 **gena** Wange **roseus** rosig, rosenfarbig

10 **perennis, e** andauernd 12 **suspīrium** Seufzer
9–12 *quot vītās, quot necēs, quot spēs, quot metūs, quot gaudia cūrīs perennibus mixta et suspīria amantium oculīs geris*
13 **spīculum** Pfeil

14 **īnserere** *(Perf. īnsēvī)* einpflanzen **volucer, cris, cre** geflügelt **dīrus** unheilvoll 15 **pharetra** Köcher
13–16 *dā <tot bāsia>, quam multa spīcula manus dīra deī volucris pectorī meō īnsēvit et quam multa (spīcula) (deus) in pharetrā aureā cōnservāvit*

❶ An wen dürfte das Gedicht (**M3**) gerichtet sein? Wie wird diese Person beschrieben?
❷ Wo wird deutlich, dass Secundus sich Catull zum Vorbild nimmt?
❸ Erkläre den Begriff **vates multivolus** (V. 5).

❹ a) Welcher Gott ist in der letzten Strophe gemeint?
b) Warum bezeichnet Secundus die Hand dieses Gottes als **dira**?

❺ Vergleiche den Text mit Catulls c. 5 (**T1**). Welche Gemeinsamkeiten, welche Unterschiede stellst du fest?

I5

Johannes Secundus

Johannes Secundus (Johann Nico Everaerts, 1511–1536) war ein niederländischer Dichter, der viele Dichtungen in neulateinischer Sprache verfasste. Sein wichtigstes Werk waren die **Basia**, eine Zusammenstellung von 19 Gedichten, die allesamt Variationen zum Thema Kuss beinhalten und Catulls Kussgedichte zum Vorbild haben. Diese Nachdichtungen waren berühmt, selbst von Goethe wurden sie hoch geschätzt. Eine Ironie der Geschichte ist es, dass Secundus ähnlich jung starb wie sein dichterisches Vorbild Catull.

M4

Johann Wolfgang von Goethe (1749–1832)

An den Geist des Johannes Secundus

Lieber, heiliger, großer Küsser
Der du mir's in lechzend atmender
Glückseligkeit vorgetan hast!
Wem soll ich's klagen, klagt' ich dir's nicht!
Dir, dessen Lieder wie ein warmes Kissen
Heilender Kräuter mir unters Herz sich legten,
Dass es wieder aus dem krampfigen Starren
Erdetreibens klopfend sich erholte.
Ach, wie klag' ich dir's, dass meine Lippe blutet,
Mir gespalten ist und erbärmlich schmerzet,
Meine Lippe, die so viel gewohnt ist
Von der Liebe süßtem Glück zu schwellen
Und, wie eine goldne Himmelspforte,
Lallende Seligkeit aus- und einzustammeln.
Gesprungen ist sie! [...]

❶ Versuche die Gedichtüberschrift von **M4** zu deuten.
❷ Wen spricht Goethe im ersten Vers an?
❸ Welche Bedeutung hat der mit „du" Angesprochene für Goethe?
❹ Erkläre die Namensabfolge Catull – Johannes Secundus – Johann Wolfgang von Goethe.

Selbsttäuschung und Enttäuschung

- Sachfeld Gefühlsbewegung ⏭ laetitia, sentīre, cupidus, dolēre, dolor
- Grammatik Irrealis, Futur I
- Stilmittel Metapher, Litotes, Repetitio

T3 Catull c. 83

[1] *praesente virō: Abl. abs.*
[2] **fatuus** Narr [3] **mūlus** Esel **oblīvīscī** *(Part. Perf.* **oblītus***) m. Gen.* etwas nicht beachten [4] **sānus** gesund **gannīre** kläffen **obloquī** widersprechen [6] **īrātus** zornig **coquere** kochen

Lesbia mi praesente viro mala plurima dicit:
Haec illi fatuo maxima laetitia est.
Mule, nihil sentis. Si nostri oblita taceret,
sana esset; nunc quod gannit et obloquitur,
non solum meminit, sed, quae multo acrior est res,
irata est: Hoc est, uritur et coquitur.

❶ Fasse mit eigenen Worten zusammen, wie sich Lesbia Catull gegenüber in Anwesenheit ihres Mannes verhält und wie dieser darauf reagiert.
❷ Welche Schlussfolgerung zieht Catull aus dem Verhalten Lesbias? Beziehe in deine Überlegung mit ein, wie Catull den Mann in V. 2 und 3 nennt.
❸ Hältst du Catulls Mutmaßung über den Gefühlszustand Lesbias für richtig? Begründe deine Ansicht.

T4 Catull c. 70

[1–2] *Mulier mea dīcit sē nūllī nūbere mālle quam mihi*
[3] *Sed quod mulier cupīdō amantī dīcit, in ventō et aquā rapidā scrībere oportet*
[4] **rapidus** reißend

Nulli se dicit mulier mea nubere malle
quam mihi, non si se Iuppiter ipse petat.
dicit: Sed mulier cupido quod dicit amanti,
in vento et rapida scribere oportet aqua.

❶ Inwiefern stellt die Aussage Lesbias eine Übertreibung dar?
❷ Versuche die Wiederaufnahme von **dicit** in V. 3 zu erklären. Um welches Stilmittel handelt es sich?
❸ Welche auch im Deutschen gebräuchliche Redewendung findest du im letzten Vers? Was bedeutet sie?
❹ Versuche, das Gedicht in deinen Sprachgebrauch zu übertragen. Präsentiere das Ergebnis.

T5 Catull c. 8

Miser Catulle, desinas ineptire,
et quod vides perisse perditum ducas.
Fulsere quondam candidi tibi soles,
cum ventitabas quo puella ducebat,
amata nobis, quantum amabitur nulla.
Ibi illa multa tum iocosa fiebant,
quae tu volebas nec puella nolebat,
fulsere vere candidi tibi soles.
Nunc iam illa non vult: Tu quoque impotens, noli
nec quae fugit sectare, nec miser vive,
sed obstinata mente perfer, obdura!
Vale, puella! Iam Catullus obdurat
nec te requiret nec rogabit invitam:
At tu dolebis, cum rogaberis nulla.
Scelesta, vae te! Quae tibi manet vita?
Quis nunc te adibit? Cui videberis bella?
Quem nunc amabis? Cuius esse diceris?
Quem basiabis? Cui labella mordebis?
At tu, Catulle, destinatus obdura!

[1] **ineptīre** albern reden [2] **perditum dūcere** für verloren halten [3] **fulgēre** *(Perf.* **fulsī***)* strahlen **fulsēre** ~ fulsērunt (→ Dichtersprache, S. 167 f.) [4] **ventitāre** oft kommen [5] **quantum** wie sehr
[6] **iocōsus** scherzhaft [9] **impotēns** machtlos
[10] **sectārī** *m. Akk.* nachlaufen
[11] **obstinātus** fest entschlossen **obdūrāre** hart sein
[9–11] *Tū quoque, impotēns, nōlī neque sectāre (Imperativ) <eam>, quae fugit, neque miser vīve, sed perfer et obdūrā mente obstinātā*
[14] *nūlla: prädikativ*
[15] **scelesta** Verbrecherin **vae!** Wehe
[17] *cuius: Gen. des Besitzers*
[18] **bāsiāre** zärtlich küssen **labellum** Lippe **mordēre** beißen [19] **dēstinātus** entschlossen

❶ Gliedere den Text nach Sinnabschnitten. Achte dabei auf die Signalwörter **quondam, nunc, at** und auf den Gebrauch der Tempora. Was fällt dir auf?
❷ Wofür stehen die **candidi soles** in V. 3 und 8?
❸ Welches Stilmittel findet sich im Teilsatz **nec puella nolebat** in V. 7? Inwiefern gelingt Catull mit der Verwendung dieses Stilmittels hier eine feinsinnige sprachliche Abstufung der Aussage?
❹ Inwiefern ist das **perfer, obdura** Catulls (V. 11) als Reaktion auf die **mens dura** (**T6**, c. 60, V. 3) der Lesbia aufzufassen?
❺ Zeige am Text auf, inwiefern es schwerfällt, das **perfer, obdura** Catulls ernstzunehmen.
❻ Diskutiert in Einzelgruppen, ob das Gedicht als spontaner Ausdruck der Gefühlslage Catulls anzusehen ist oder eher als Ergebnis sorgfältiger künstlerischer Gestaltung.
❼ Versuche, die hier geschilderten Gefühlszustände Catulls als Bild oder Collage künstlerisch umzusetzen.

I6 Subjektive römische Liebesdichtung

Dass jemand in seinen Gedichten den Anschein erweckte, als würden hier persönliche Empfindungen unmittelbar ausgedrückt, war etwas völlig Neues in der antiken Literatur: Während griechische und römische Dichter bis dahin niemals ihre eigenen Liebschaften, sondern die von Göttern und Heroen besangen und alles Persönliche hinter mythologischem Bildungsgut zurücktreten ließen, erweckten Catulls Gedichte den Eindruck, Selbsterlebtes wiederzugeben. Wegen seiner großen dichterischen Meisterschaft fällt es schwer zu unterscheiden, was Wahrheit, was Dichtung ist. Die von ihm geschilderten Gefühlsausbrüche scheinen unmittelbar aus dem Erleben gegriffen zu sein.

Sir Lawrence Alma-Tadema (1836 – 1912): Catull liest seine Gedichte in Lesbias Haus, 1870. Privatsammlung.

➊ Welche Personen erkennst du auf dem Bild? Begründe deine Zuordnung.
➋ Betrachte das Gemälde im Zusammenhang mit c. 70 (**T4**). Hat der Maler deiner Ansicht nach Hinweise gegeben, die auf einen Bruch des Verhältnisses zwischen Catull und Lesbia hindeuten könnten?

M5 Ovid, Amores 3,11,1 ff. (vgl. S. 87)

[1] **patientia** Geduld [2] **fatīgāre** müde machen [3] **sē adserere** *(Perf.* adseruī*)* sich für frei erklären **catēna** Fessel [5] **domāre** *(PPP* domitum*)* zähmen **calcāre** treten [7] **obdūrāre** hart sein **prōdesse** *(Präs.* prōsum*)* nützen **ōlim** dereinst, in Zukunft

Multa diuque tuli; vitiis patientia victa est;
  cede fatigato pectore, turpis amor!
Scilicet adserui iam me fugique catenas,
  et quae non puduit ferre, tulisse pudet.
Vicimus et domitum pedibus calcamus amorem;
  venerunt capiti cornua sera meo.
Perfer et obdura! Dolor hic tibi proderit olim.

➊ An welcher Stelle von **M5** zeigt sich, dass Ovid auf Catulls c. 8 (**T5**) Bezug nimmt?
➋ Vergleiche die Haltung des Ich-Sprechers in diesem Text mit der Catulls in c. 8 (**T5**). Worin besteht der grundlegende Unterschied?
➌ In welchen Bildern wird **amor** in diesem Text beschrieben? Achte vor allem auf die Verse 2, 3 und 5.

Hassen und lieben

- Wortfeld Gefühlsbewegung ⏭ ōdisse, amāre, sentīre
- Grammatik Partizip Präsens, Partizip Perfekt, Ablativ der Beschaffenheit
- Stilmittel Hyperbaton, Antithese, Chiasmus

[1] **leaena** Löwin **Libystīnus** nordafrikanisch [2] **Scylla** *weibliches Seeungeheuer* (→ EV) **lātrāre** bellen **īnfimus** der unterste **inguina, um** *n Pl.* Unterleib [3] **prōcreāre** erzeugen **taeter, tra, trum** hässlich, garstig [4] **in novissimō cāsū** im äußersten Notfall
[5] **contemptum habēre** nicht beachten
ā *Interjektion* ach!
[1–5] *Num tē leaena montibus Libystīnīs aut Scylla lātrāns parte īnfimā inguinum tam dūrā ac taetrā mente prōcreāvit, ut in novissimō cāsū vōcem supplicis contemptam habēres, a, nimis ferō corde (Abl. der Beschaffenheit)*

T6 Catull c. 60

Num te leaena montibus Libystinis
aut Scylla latrans infima inguinum parte
tam mente dura procreavit ac taetra,
ut supplicis vocem in novissimo casu
contemptam haberes, a, nimis fero corde?

❶ Womit vergleicht Catull Lesbia indirekt? Erschließe aus dem Text, worin Catull die Gemeinsamkeit zwischen Lesbia und den genannten Wesen sieht.
❷ Erkläre, was Catull Lesbia vorwirft und welches Verhalten er sich stattdessen gewünscht hätte.
❸ Wie stellt Catull sich selbst in dem Gedicht dar?
❹ Vergleiche Text und Bild. Warum nennt Catull die Skylla latrans?

Rekonstruktion der Skylla-Gruppe von Sperlonga. 1. Jh. n. Chr. Rom, Museo della Civiltà Romana.

T7 Catull c. 85

Odi et amo. Quare id faciam, fortasse requiris.[1]
  Nescio. Sed fieri sentio et excrucior.[2]

[1] **fortasse** vielleicht
[2] **excruciārī** Kreuzesqualen leiden

❶ Mit welchem deutschen Wort kann man die in diesem Text beschriebene Gefühlslage Catulls wiedergeben?
❷ Wie lässt sich diese an sich widersprüchliche Empfindung erklären?

❸ „Der Hass ist die Liebe, die gescheitert ist" (Søren Kierkegaard, dänischer Philosoph, 1813 – 1855). Welchen Unterschied gibt es zwischen dieser Aussage und Catulls Gedicht?

I7 Der kunstvolle Aufbau von Catulls c. 85

Achte auf die Verben am Anfang und Schluss des Textes: **odi et amo** und **excrucior**. Das einleitende Verbpaar steht im Aktiv und zeigt die starke Emotion des Ichs, das abschließende Verb verdeutlicht durch das Passiv das Ausgeliefertsein des Ichs an die Situation. **Odi et amo** und **excrucior** sind inhaltlich und in ihrer metrischen Gestaltung aufeinander zu komponiert. Untereinander stehen die Wörter des Tuns, **faciam** und **fieri**. Im ersten Verb ist Catull der Aktive (er tut), im zweiten (**fieri**) wird ihm etwas getan – vergleichbar dem aktiven **odi et amo** und dem passiven **excrucior**. Der Frage **requiris** am Ende des ersten Verses entspricht die Antwort **nescio** zu Beginn des zweiten Verses. Das Gekreuzigtsein, auf das das Wort **excrucior** anspielt, findet also seine Entsprechung auch in der äußeren Gestalt des Textes. Diese Übereinstimmung von Gehalt und Gestalt ist ein typisches Kennzeichen von klassischer Dichtung.

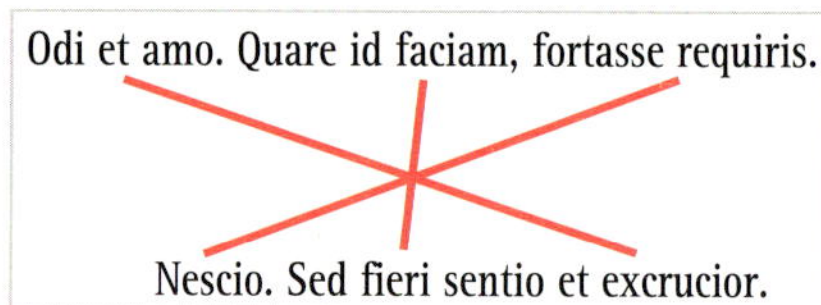

M6 Übersetzungversuche

Hassen und lieben zugleich muß ich. – Wie das ? – Wenn ich's wüßte!
  Aber ich fühl's, und das Herz möchte zerreißen in mir.
Eduard Mörike (1840).

Hassen und lieben, warum ich es tue, das magst du wohl fragen.
  Weiß ich's doch nicht, nur wie's tut, fühl ich und hänge am Kreuz.
Herbert E. Herlitschka (1948).

Gleichzeitig hassen und lieben. Auch wenn du wissen willst, warum, kann ich's dir nicht beantworten. Ich spüre es einfach ... Und das tut weh!
Schüler des Schyren-Gymnasiums Pfaffenhofen (2007).

O, ich hasse und liebe! Weshalb ich es tue, du fragst's wohl.
  Weiß nicht! Doch dass es geschieht, fühl ich – unendlich gequält.
Otto Weinreich (1960).

❶ Vergleiche die Übertragungen von c. 85 (**M6**) mit dem Original (**T7**). Welche findest du am gelungensten? Begründe deine Wahl.

❷ **a)** Versuche eine eigene, treffende Übertragung von c. 85 (**T7**) ins Deutsche.
b) Vergleiche deine Version mit denen deiner Mitschüler.

Schönheit

- Wortfeld schön ⏭ rēctus, pulcher
- Wortfeld Körper ⏭ pēs, ōs, lingua, corpus, vultus, manus
- Grammatik Ablativ der Beschaffenheit, Ablativ der Trennung, Deponentien ⏭ cōnfitērī, persequī
- Stilmittel Anapher, Rhetorische Frage, Hyperbel, Homoioteleuton, Polyptoton

T8 Catull c. 43

1 **nāsus** Nase
2 **bellus** hübsch **ocellus** Äuglein
3 **digitus** Finger **siccus** trocken
4 **ēlegāns, antis** geschmackvoll, elegant **lingua** *hier:* Rede(weise)
1–4 *minimō nāsō, bellō pede, nigrīs ocellīs, longīs digitīs, ōre siccō, ēlegante linguā: Abl. der Beschaffenheit*
5 **dēcoctor, ōris** *m* Verschwender **Formiānus:** aus Formiä (→ EV) stammend
6 **tēn** ~ tē-ne 8 **saeclum** ~ saeculum **īnsapiēns, entis** ungebildet **īnfacētus** plump, geschmacklos

Salve, nec minimo puella naso
nec bello pede nec nigris ocellis
nec longis digitis nec ore sicco
nec sane nimis elegante lingua,
decoctoris amica Formiani!
Ten provincia narrat esse bellam?
Tecum Lesbia nostra comparatur?
O saeclum insapiens et infacetum!

❶ Welches Stilmittel durchzieht in auffälliger Weise den ersten Teil des Textes? Was ist seine Aussagefunktion?

❷ a) Versuche, aus dem Gedicht die zur Zeit Catulls geltenden Merkmale weiblicher Schönheit zu rekonstruieren.

b) Diskutiert, welche Bestandteile dieses Schönheitsideals in der heutigen Zeit noch Gültigkeit besitzen, welche nicht.

❸ Welche mindestens zweifache Aussageabsicht hat das Gedicht?

T9 Catull c. 86

3 **venustās** *f* Charme 4 **mīca** Körnchen **sāl, salis** Geschmack, Klugheit 5/6 **cum ... tum** sowohl ... und vor allem **tōta/ūna:** *f prädikativ* 6 **surripere** *(Perf. surripuī)* heimlich wegnehmen **Venerēs** *f Pl. hier:* Ausstrahlung, Liebreiz

Quintia formosa est multis; mihi candida, longa,
  recta est. Haec ego sic singula confiteor;
totum illud „formosa“ nego: Nam nulla venustas,
  nulla in tam magno est corpore mica salis.
Lesbia formosa est, quae cum pulcherrima tota est,
  tum omnibus una omnes surripuit Veneres.

❶ Beschreibe den Unterschied in der Beurteilung der Schönheit Quintias bei den **multi** und bei Catull.
❷ Erschließe aus dem Text, was für Catull weibliche Schönheit ausmacht.
❸ „Das Ganze ist mehr als die Summe seiner Teile." Versuche diesen Satz des griechischen Philosophen Aristoteles vor dem Hintergrund dieses Gedichts zu erklären.

M7 Martial 3,53

[1] **voltus ~ vultus** [2] **collum** Hals **crūs, crūris** Unterschenkel [3] **mamma** Busen **nates, ium** Arsch **clūnis, is** Arschbacke

Et voltu poteram tuo carere
et collo manibusque cruribusque
et mammis natibusque clunibusque,
et, ne singula persequi laborem,
tota te poteram, Chloe, carere.

❶ Der römische Dichter Martial hatte in Catull, der ein Jahrhundert vor ihm lebte, sein großes Vorbild. Zeige auf, wo er in seinem Text (**M7**) auf die Catullgedichte c. 43 (**T8**) und c. 86 (**T9**) anspielt, aber auch, worin er sich von ihnen unterscheidet.

❷ Beschreibe im Einzelnen die Merkmale, mit denen der flämische Maler Massys die dargestellte Frau verhässlicht.
❸ Beziehe nun die Kleidung und den Titel des Gemäldes „Die hässliche Herzogin" in deine Überlegungen mit ein. Was könnte der Grund für die besondere Darstellung sein?

Quentin Massys: A Grotesque Old Woman, possibly Princess Margaret of Tyrol. 1525–1530. London, National Gallery.

I8 **Die Karikatur**

Unter Karikatur versteht man die komisch überzeichnete Darstellung von Menschen oder gesellschaftlichen Zuständen, häufig mit politischer Tendenz. Bei Karikaturen handelt es sich meist um eine bildliche Form der Satire. Die Karikatur übertreibt bewusst, spitzt zu und verzerrt charakteristische Züge eines Ereignisses oder einer Person, um durch den aufgezeigten Kontrast zur Realität den Betrachter der Karikatur zum Nachdenken zu bewegen bzw. das dargestellte Objekt bzw. die Person der Lächerlichkeit preiszugeben.

M8 Das Manifest des „Clubs der Hässlichen"

1. Wir sagen es laut: Wir sind hässlich, und wir sind viele.

2. Es ist ein Unrecht, dass die Welt von der Schönheit regiert wird.

Wir erkennen diese Ordnung der Dinge für uns nicht länger an.

3. Wir befreien uns deshalb von falschen Versprechungen und der heimlichen Hoffnung, eines Tages selbst schöner zu werden.

4. Jeder, der sich hässlich fühlt – aus welchen Gründen auch immer –, kann Clubmitglied werden. Die Mitgliedschaft gilt ein Leben lang.

5. Wir unterstützen das Anliegen der Hässlichen nach Kräften. Alle Schönen sind eingeladen, sich mit uns für ein Leben jenseits der Oberfläche zu engagieren

6. Wir stecken die Energie in etwas, das uns am Herzen liegt. Hässlichkeit dient uns nicht mehr als Ausrede für ein ungelebtes Leben.

7. Wir wissen: Niemand ist für jeden hässlich!

Harald Gasper, Autor und Gründer des „Clubs der Hässlichen in Deutschland"

❶ Welchen Stellenwert hat körperliche Schönheit nach Meinung dieses Manifests (**M8**)?

❷ Welches Problem ergibt sich daraus für die „Hässlichen"? Welche Lösung streben sie an?

❸ Was wird den als schön bezeichneten Menschen indirekt unterstellt?

M9 Aus dem Leistungskatalog einer modernen Schönheitsklinik

Facelift, Augenlidkorrektur, Nasenkorrektur, Brustverkleinerung, Brustvergrößerung, Fettabsaugung, Bauchdeckenstraffung, Faltenunterspritzung, Lippenmodellierung ...

(Quelle: Broschüre einer Privatklinik für kosmetische und plastische Chirurgie)

❶ Welche Parallele fällt zwischen diesem Leistungskatalog (**M9**) und den Gedichten Catulls, Martials und Hoffmannswaldaus (**M10**) auf?

❷ Der „Club der Hässlichen" (**M8**) und Schönheitsoperationen sind zwei mögliche Wege für Menschen, die mit ihrem Äußeren unzufrieden sind. Welche sinnvolleren Alternativen gibt es dazu?

M10 Christian Hoffmann von Hoffmannswaldau (1617–1679)
Beschreibung vollkommener Schönheit

Ein Haar, so kühnlich Trotz der Berenice spricht,
Ein Mund, der Rosen führt und Perlen in sich heget,
Ein Zünglein, so ein Gift vor tausend Herzen träget,
Zwo Brüste, wo Rubin durch Alabaster bricht.

Ein Hals, der Schwanenschnee weit, weit zurücke sticht.
Zwei Wangen, wo die Pracht der Flora sich beweget,
Ein Blick, der Blitze führt und Männer niederleget,
Zwei Armen, derer Kraft oft Leuen hingericht,

Ein Herz, aus welchem nichts als mein Verderben quillet,
Ein Wort, so himmlisch ist und mich verdammen kann,
Zwei Hände, derer Grimm mich in den Bann getan

Und durch ein süßes Gift die Seele selbst umhüllet,
Ein Zierat, wie es scheint, im Paradies gemacht,
Hat mich um meinen Witz und meine Freiheit bracht.

[1] **Berenike:** ägyptische Königin (→ EV)

[5] **zurücke sticht:** aussticht [6] **Flora:** die römische Göttin der Blüten und Blumen
[8] **Leuen:** Löwen

[13] **Zierat:** Schmuck
[14] **Witz:** Verstand

❶ Versuche die zwei Teile, aus denen das Barockgedicht **M10** besteht, mit je einem Begriff zu umschreiben.
❷ Welche Attribute weiblicher Schönheit werden aufgezählt? In welcher Reihenfolge geschieht das?
❸ Womit werden die Schönheitsmerkmale in den ersten beiden Strophen verglichen?
❹ Vergleiche dieses Gedicht mit Catull c. 43 (**T8**). Welche Gemeinsamkeiten und Unterschiede stellst du fest?

Sandro Botticelli (1445–1510): La Primavera (Der Frühling), um 1480/82. Ausschnitt: Flora. Galleria degli Uffizi, Florenz.

I9 Die **Invektive** in der Antike lässt sich als Schmähschrift definieren und ist zumeist ein persönlicher Streit unter Kollegen oder Bekannten, der schriftlich ausgetragen wird. Die Absicht ist, das Ansehen einer öffentlich bedeutsamen Person im Bewusstsein anderer herabzusetzen oder sogar zu vernichten. Dabei wendet sich der Schreiber meist an das Publikum, in seltenen Fällen auch an den Gegner. Bewusst wird bei den Beleidigungen gegen sonst gültige Normen des Anstands verstoßen.

Catulls Invektiven

- Grammatik Doppelfrage, Vokativ, Superlativ, Korrelativa ⏭ tantō ... quantō
- Stilmittel Antithese, Metonymie, Ironie, Hyperbel, Parallelismus

T 10 Catull c. 93

Nil nimium studeo, Caesar, tibi velle placere
nec scire, utrum sis albus an ater homo.

2 **albus** weiß

❶ Wie ändert sich der Sinn des Textes, wenn du nach **nil nimium** ein Ausrufezeichen setzt? (vgl. **I10**)

❷ Wofür könnten die beiden Kontrastfarben **albus** und **ater** stehen?

I 10 Nil nimium:
Dabei handelt es sich um die lateinische Übersetzung einer berühmten griechischen Sentenz der sog. Sieben Weisen, die auch im Apollontempel zu Delphi auf einer Steintafel ausgestellt war: **Mēdén ágan!** Nichts im Übermaß!

I 11 Cäsar und Catulls Vater
Aus den Schriften des Geschichtsschreibers Sueton weiß man, dass Cäsar als Prokonsul von Gallien öfter Gast bei Catulls Vater war, der zur Oberschicht der Stadt Verona gehörte. Die Zwistigkeiten, die Cäsar mit Catull hatte, weil dieser Spottgedichte auf ihn und einige seiner Gefolgsleute verfasst hatte, ließ der mächtige römische Politiker Catulls Vater nicht spüren: Auch weiterhin kehrte er gerne in dessen Haus ein.

T 11 Catull c. 105

Mentula conatur Pipleum scandere montem:
Musae furcillis praecipitem eiciunt.

1 **mentula** Schwänzchen **Piplēus** den Musen heilig **scandere** besteigen
2 **Mūsae** *f Pl.* die Musen **furcilla** Heugabel

❶ Welches Stilmittel verwendet Catull, wenn er Mamurra (vgl. **I12**) als **mentula** bezeichnet?
❷ Erläutere, welche zwei Welten in dem Text aufeinanderprallen.
❸ Ordne das Gedicht als Invektive ein (**I9**) und erkläre den Witz des zweiten Verses.
❹ Zeichne die dargestellte Situation!

I 12 Mamurra
Mamurra stammte aus der italienischen Stadt Formiä und diente als Offizier in Cäsars Heer. Als Anführer der Pioniere (**praefectus fabrum**) war er im Gallischen Krieg u.a. für den Bau der Brücke über den Rhein bzw. die Einschließung von Alesia mit einem Belagerungsring verantwortlich. Mit Cäsars Unterstützung kam er zu großem Reichtum: Mamurra soll der erste Römer gewesen sein, der sein Haus auf dem Mons Caelius in Rom mit Marmorsäulen ausgestattet hat. Catull griff ihn wegen seines verschwenderischen Lebenswandels und seiner zahlreichen Affären mit Frauen an und bezichtigte ihn sogar eines homoerotischen Liebesverhältnisses mit Cäsar.

T 12 Catull c. 49

1 **disertus** redegewandt 2 **Marce Tulli**: *gemeint ist der bedeutende römische Redner und Politiker* Cicero (→ EV) 4 f. **grātiās agere** Dank sagen 5 **poēta** *m* Dichter 6 f. **tantō ... quantō** in dem Maße ... wie ... 7 **patrōnus** Anwalt

Disertissime Romuli nepotum,
quot sunt quotque fuere, Marce Tulli,
quotque post aliis erunt in annis!
Gratias tibi maximas Catullus
agit, pessimus omnium poeta,
tanto pessimus omnium poeta,
quanto tu optimus omnium patronus.

❶ Stelle alle Superlative aus dem Text zusammen. Überlege dann, welche Aussagefunktion ihre Häufung hier hat.

❷ Diskutiert in Einzelgruppen, wie das Lob für Cicero und Catulls Selbstbeschreibung als **pessimus omnium poeta** aufzufassen sind.

I 13 Cicero und Catull

Über das Verhältnis zwischen Catull und Cicero ist nichts außer diesem Gedicht bekannt. Man weiß lediglich, dass Cicero als der Ältere einer anderen Generation angehörte und andere Werte als die jungen Dichter um Catull vertrat. Cicero sah den Dienst für das Gemeinwesen als unerlässlich an, und er hatte einen anderen literarischen Geschmack als die Neoteriker: Er schätzte die dichterischen Großformen wie Epos und Tragödie; schließlich handelten beide Gattungen von bedeutenden Personen und Ereignissen. Über Lyrik äußerte er sich herablassend – für die Lektüre solcher Werke habe er keine Zeit, selbst wenn er ein doppeltes Leben geschenkt bekäme.

M 11 Hans Erich Troje
Wort und Wirklichkeit

Die Republik, die **res publica**, ging unter. **Pietas, officium, virtus** waren leere Worte, ohne jede Wirklichkeit. Sie wurden nur noch lügenhaft beschworen. (...) Meister dieses lügenhaften Sprachgebrauchs ist der große Cäsar, wenn er sich zur Begründung seines entscheidenden Schrittes am Rubikon auf **dignitas** beruft, also auf einen der wichtigsten Werte, die er selbst längst nicht mehr respektierte und jetzt, im Überschreiten des Rubikon, endgültig zu vernichten unternimmt. Catull, größter Dichter seiner Zeit, will nichts mit dieser Welt der Korruption und Lüge gemein haben, will nichts tun, dem Diktator zu gefallen: **Nil nimium studeo Caesar tibi velle placere / Nec scire utrum sis albus an ater homo.** Das ist die denkbar größte Verachtung, die unbeugsamste Entschlossenheit, die hartnäckigste, unerbittlichste Kampfansage gegen die Werte der Korruption. Allein aus der Authentizität des persönlichen Fühlens lassen sich neue Standards von Wissen und Wahrheit begründen. Catull sucht und findet sie nicht mehr im öffentlichen Leben, sondern nur in der privaten Beziehung (...)

Aus: Merkur. Deutsche Zeitschrift für europäisches Denken. 43. Jg. 1989 (Klett-Cotta), S. 576–587.

❶ Vor welchem Hintergrund deutet der Verfasser von **M11** das gegen Cäsar gerichtete Epigramm Catulls (**T10**)?

❷ Welche zwei Lebenshaltungen stehen sich am Beispiel Cäsars und Catulls gegenüber?

Ovid – der Liebeslehrer

Publius Ovidius Naso wurde 43 v. Chr. in Sulmo, einer Stadt nordöstlich von Rom, als Sohn eines Ritters geboren. Nach einem Rhetorikstudium in Rom bekleidete er einige Ämter, verzichtete dann aber – sehr zur Enttäuschung seines ehrgeizigen Vaters – auf die senatorische Laufbahn. Stattdessen widmete er sich ganz seiner außerordentlichen Begabung, der Dichtung; er erregte in Rom bereits mit den ersten Lesungen aus seinen heiteren, oft ironisch-witzigen Texten Aufsehen.
Zwiespältig war Ovids Verhältnis zu **Augustus**: Einerseits genoss er den Frieden unter dem Prinzipat des Augustus, die Pax Augusta, und profitierte auch bei der Veröffentlichung seiner Werke davon. Andererseits war er kein „Hofschriftsteller" wie Vergil, der für Augustus das römische Nationalepos, die Aeneis, verfasste; in Ovids Werken lassen sich durchaus Stellen mit verdeckter Augustuskritik nachweisen.

Die für seine Bekanntheit als „Liebeslehrer" wichtigsten Werke sind die **Ars amatoria** (heiteres Lehrgedicht über die Kunst der Liebe, das sich an Männer und Frauen richtet, s. u.) und die **Amores** (Liebeselegien, s. u.).

Jane Alison schildert in ihrem 2003 ins Deutsche übersetzten Roman „Der Liebeskünstler" die Anziehungskraft, die diese beiden Werke auf Ovids Zeitgenossen ausübten:
„Damals konnte man seine *Liebesgedichte* und seine *Liebeskunst* überall finden – nicht nur in Rom, einfach überall –, vor allem das zweite Werk wurde besonders geschätzt (...). Mädchen murmelten einander seine Worte zu, wenn sie vor dem Spiegel standen; sie richteten ihr Haar immer wieder neu, gingen mit nacktem Hintern in die Hocke, drehten den Kopf und blickten verführerisch an sich hinab. *So siehst du nicht am besten aus*, flüsterten sie einander zu, den Ratschlägen folgend, die ihnen sein Buch ironisch gab. *Viel besser ist da deine Seite, mit lang gestreckten Oberschenkeln!* Seine Zeilen hatten sich in Schleier verwandelt, die die Frauen auf ihrem Körper trugen, wenn sie durch die Straßen Roms schlenderten, Frauen, die wussten, wie man jene üppige Flanke präsentierte, jenes lodernde Haarnest. Er hatte die Stadt entflammt."
Jane Alison: *Der Liebeskünstler*, © 2003 Diana Verlag, München, in der Verlagsgruppe Random House GmbH, Übersetzung: Martin Ruf (die Ovid-Zitate wurden von der Autorin übersetzt), S. 15 f., mit Auslassungen.

Weltruhm erlangte er aber auch mit seinen **Metamorphosen** (Verwandlungssagen) und den **Tristien** (Trauergedichte aus der Verbannung).

Im Jahr 8 n. Chr. wurde Ovid von Kaiser Augustus nach Tomi am Schwarzen Meer verbannt. Die Ursachen sind ungeklärt: Ovid nennt *carmen et error*; mit *carmen* ist wahrscheinlich die **Ars amatoria** gemeint, die den strengen Ehegesetzen des Augustus zuwiderlief; sein *error* könnte darin bestanden haben, dass er in einen Ehebruchskandal um die Augustusenkelin Julia verwickelt war. Ovid starb 17 n. Chr. in der Verbannung.

Die Gattungen des Liebeslehrers

Ein **Lehrgedicht** lässt sich definieren als belehrende dichterische Großform zur Darstellung eines Wissensgebiets, z. B. zur Natur, zur Landwirtschaft, zur Philosophie. Ursprünglich wurde es im Hexameter verfasst. Ovid übertrug die Gattung in seiner **Ars amatoria** auf das Thema Liebe und rückte sie durch die Verwendung des elegischen Distichons in die Nähe der Liebeselegie.

Unter einer **Liebeselegie** versteht man eine Form der Lyrik, die gekennzeichnet ist durch einen klagenden Ton zum Ausdruck subjektiver Gefühle, v. a. der Sehnsucht. Unter einem Decknamen wird die Geliebte angeredet; Themen sind ihre hohen Ansprüche, aber auch ihre Untreue. Versmaß ist das elegische Distichon (→ Metrik, S. 168).

Körperpflege

- Wortfeld Haare ⏭ capillus, crinis, coma
- Grammatik Jussiv, Optativ, Infinitiv Präsens Passiv, Infinitiv Perfekt Aktiv, Pronomina ⏭ quisquis, uterque, ille, suus, tuus

T 13 Ovid, Ars 3,133 ff. m. Ausl.

Ovid gibt Tipps für eine typgerechte Frisur:

[...] Non sint sine lege capilli! [...]
Nec genus ornatus unum est: Quod quamque decebit,
eligat et speculum consulat ante suum!
Alterius crines umero iactentur utroque!
Talis es adsumpta, Phoebe canore, lyra.
Altera succinctae religetur more Dianae,
ut solet, attonitas cum petit illa feras! [...]
Adicit ornatus proxima quaeque dies.
Et neglecta decet multas coma. [...]

[1] **lēx** *hier:* Ordnung
[2] **ōrnātus, ūs** *hier:* Frisur
<id genus>, quod quamque <fēminam>
[3] **ēligere** ~ dēligere **speculum** Spiegel
[5] **adsumptā lyrā** wenn du die Leier zur Hand genommen hast **canōrus** singend
[6] **altera** ~ crīnis alterius **succincta Diana** Diana mit dem kurzen Kleid **religāre** zurückbinden
[7] *ut <illa> solet*
attonitus verschreckt **petere** *hier:* jagen
[9] **neglectus** (vernach)lässig(t)

Diana, Göttin der Jagd. 1.–2. Jh. n. Chr. Louvre, Paris.

Apoll, Gott des Lichts und der Künste. 2. Jh. n. Chr. Hadriansthermen, Rom.

T 14 Ovid, Ars 3,161 ff.

Der kleine Unterschied zwischen der Haartracht von Männern und der von Frauen zeigt sich in fortgeschrittenem Alter.

Nos male detegimur, raptique aetate capilli,
ut Borea frondes excutiente, cadunt.
Femina canitiem Germanis inficit herbis,
et melior vero quaeritur arte color.
Femina procedit densissima crinibus emptis
proque suis alios efficit aere suos.
Nec rubor est emisse: Palam venire videmus.

[1] *nōs <virī>*
dētegere abdecken, entblößen
[2] **ut** *m. Abl. abs.* wie wenn **frōns, frondis** Laub **excutere** von den Bäumen wehen [3] **cānitiēs, ēī** graues Haar **īnficere** färben **herba** Kraut
[4] *vērō <colōre>: Abl. des Vergleichs*
[5] **prōcēdere** *hier:* öffentlich auftreten
densissimus *hier:* dicht umgeben
[7] **rubor** Schande
<capillōs> ēmisse
vēnīre verkauft werden
<capillōs> vēnīre

T 15 Ovid, Amores 1,14,1 ff. m. Ausl.

Misslungenes Styling – der Freund eines Mädchens klagt:

Dicebam: „Medicare tuos desiste capillos!"
Tingere quam possis, iam tibi nulla coma est. [...]
Clamabam: „Scelus est istos, scelus, urere crines.
Sponte decent: Capiti, ferrea, parce tuo!
Vim procul hinc remove: Non est, qui debeat uri." [...]
Facta manu culpaque tua dispendia sentis:
Ipsa dabas capiti mixta venena tuo.
Nunc tibi captivos mittet Germania crines.

Als das Mädchen zu weinen beginnt, lenkt der Freund schließlich ein und weiß folgenden Trost: Die Haare werden wieder nachwachsen.

[1] **medicāre** färben **dēsistere** aufhören
[2] **tingere** färben [4] **ferrea** du Gefühllose
[5] **removēre** fernhalten
nōn est <crīnis>, quī facta <esse>
[6] **dispendium** Schaden
[8] **captīvōs crīnēs** ~ **crīnēs captīvārum**

❶ Stelle die Informationen zusammen, die **T13 – 15** zum Thema „Haare und Styling" im antiken Rom geben. Vertiefe dann dein Wissen durch die Lektüre von **I14**.

❷ Weise an der Sprache nach, dass es sich bei **T13** um einen Auszug aus einem Lehrgedicht handelt (→ S. 87).

❸ Recherchiert – z. B. im Lexikon von Karl-Wilhelm Weeber (vgl. **I14**) – zu den Themen „Techniken des Haarefärbens", „Herstellung von Perücken" und „Entwicklung der Männerfrisuren in Republik und Kaiserzeit" und präsentiert eure Ergebnisse in der Klasse.

I 14 Frisur

In der Republik war eine schlichte Frisur das Übliche, bei der das gescheitelte oder ungescheitelte Haar nach hinten gekämmt und am Nacken mit einem **nodus** (Knoten) zusammengefasst wurde. Allzu kunstvolle Frisuren waren dagegen in republikanischer Zeit verdächtig: Falsche, aufgeputzte, gewellte und parfümierte Haare wiesen ihre Trägerin als „leichtes Mädchen" aus. In der Kaiserzeit ahmten dies auch „ehrbare" Frauen nach – allzu deutlich hatte sich die Faszination gezeigt, die von einer ansprechenden Frisur ausging.

Kritischer wurde es, wenn das Brenneisen (**calamistrum**), ein hohler, im Feuer erhitzter Lockenstab aus Eisen, ins Spiel kam, der für eine künstliche Ondulierung des Haares gebraucht wurde. In der Kaiserzeit bevorzugten Frauen je nach Typ individuelle Frisuren.

Nach: Karl-Wilhelm Weeber: Alltag im alten Rom. Ein Lexikon, Zürich (Artemis & Winkler) [5]2000

T 16 Ovid, Ars, 1,509 ff. m. Ausl.

Pflegetipps für IHN:

Forma viros neglecta decet. [...]
Nec male deformet rigidos tonsura capillos:
Sit coma, sit trita barba resecta manu!
Et nihil emineant et sint sine sordibus ungues,
inque cava nullus stet tibi nare pilus.
Nec male odorati sit tristis anhelitus oris,
nec laedat nares virque paterque gregis.

Nachlässige Schönheit steht Männern. [...] Der Haarschnitt entstelle nicht dein Haar zu Stacheln, Haar und Bart seien von kundiger Hand geschnitten. Lass die Nägel nicht vorstehen, lass sie sauber sein, und aus den Nasenlöchern stehe dir kein Härchen hervor. Auch soll der Mund nicht übel riechen, der Atem nicht widerlich sein, und unter der Achsel soll nicht der stinkende Bock, der Herr der Ziegenherde, hausen. (Übersetzung: Michael v. Albrecht)

T 17 Ovid, Ars 3,193ff. m. Ausl.

Bei den Mädchen kann Ovid gleich mit Tipps für den „Feinschliff" beginnen; die grundlegende Körperpflege setzt er als selbstverständlich voraus.

Quam paene admonui, ne trux caper iret in alas
neve forent duris aspera crura pilis.
Sed non Caucasea doceo de rupe puellas
quaeque bibant undas, Myse Caice, tuas.
Quid, si praecipiam, ne fuscet inertia dentes
oraque suscepta mane laventur aqua?
Scitis et inducta candorem quaerere creta;
sanguine quae vero non rubet, arte rubet;
Arte supercilii confinia nuda repletis

Beinahe hätte ich euch noch ermahnt: Lasst den Geruch des trotzigen Bockes nicht unter die Achselhöhlen kommen und die Beine nicht von borstigen Härchen rau sein. Aber ich belehre ja keine Mädchen vom kaukasischen Felsen oder solche, die Wasser vom mysischen Caicus trinken. Soll ich euch etwa auch noch vorschreiben, die Zähne nicht durch Saumseligkeit braun werden zu lassen und morgens den Mund mit Wasser auszuspülen? Ihr versteht euch darauf, durch Kreide eine weiße Hautfarbe zu bekommen; eine, die von Natur keine roten Wangen hat, hat sie durch Kunst. Durch Kunst füllt ihr die kahlen Stellen neben den Augenbrauen aus, und ein kleines Schönheitspflästerchen verhüllt

die echten Wangen. Und ihr schämt euch nicht, die Augen mit feiner Asche zu untermalen oder mit Krokus, der an deinem Ufer, du klarer Cydnus, wächst. Freilich möge der Liebhaber keine Schminktöpfchen erwischen, die auf dem Tisch herumliegen. Nur eine Kunst, die sich zu verbergen weiß, hilft der Schönheit. Es schickt sich, dass Männer vieles nicht wissen; die meisten Dinge können Anstoß erregen, wenn man die Kunstgeheimnisse nicht verbirgt.
(Ü: nach Michael v. Albrecht)

parvaque sinceras velat aluta genas.
Nec pudor est oculos tenui signare favilla
vel prope te nato, lucide Cydne, croco.
Non tamen expositas mensa deprendat amator
pyxidas: Ars faciem dissimulata iuvat.
Multa viros nescire decet; pars maxima rerum
offendat, si non interiora tegas.

❶ Erweitere deine etymologischen Kenntnisse, indem du – ggf. mithilfe eines Wörterbuchs – deutsche Fachbegriffe aus dem Bereich „Körperpflege" ermittelst, die von den in **T16** und **T17** unterstrichenen lateinischen Wörtern abgeleitet sind.

❷ Welches Bild verwendet Ovid für Achselgeruch? Versuche es zu erklären. Recherchiert im Internet über die Erfindung des Deodorants und stellt eure Ergebnisse in der Klasse vor.

❸ Stelle alle von Ovid in **T16** und **T17** erwähnten Techniken der Gesichts- und Körperpflege zusammen. Vergleiche Art und Umfang der Ausführungen in **T16** und **T17** und versuche, die Unterschiede zu begründen. Überlege, was Ovid in **T17**, V. 3 – 4 bei seinen Leserinnen bewirken will.

Römisches Kästchen mit Schminkutensilien. Archäologisches Nationalmuseum, Neapel.

I 15 Make-up

Nach dem Waschen der Haut und dem Eincremen mit persönlich bevorzugten **unguenta** wurde eine einfarbige Gesichtsgrundierung für das darauffolgende bunte Make-up aufgetragen. ... Die Grundierung diente zum einen dem Zweck, dem noch immer vorherrschenden Ideal eines von der Sonne unberührten weißen Teints nahezukommen, zum anderen aber auch zum Kaschieren von Falten. Der restliche Make-up-Aufbau ähnelte sehr dem der Griechen: Auf die Wangen trug man Rouge auf, wobei es sich vorwiegend um Zinnober, Rötel oder Mennige handelte, die Augen wurden mit ... Produkten aus ... Bleiglanz oder Ruß (von Dattelkernen, Lavendel oder Rosenblättern) umrandet. Je nach individuellem Farbgeschmack traten andere bunte Lidschatten mineralischer Herkunft hinzu. ... Frauen wie Männer klebten sich zusätzlich Schönheitspflästerchen, sogenannte **splenia**, auf jede beliebige Stelle im Gesicht.

Aus: Maren Saiko: Cura dabit faciem. Kosmetik im Altertum, Trier (Wvt Wissenschaftlicher Verlag Trier) 2005, S. 130 f. und 134 ff.

Partnersuche

- Sachfeld Flirten ⏭ flamma, reperire, invenire, amare, ludere, tangere, tenere, sermo
- Grammatik prädikatives Gerundiv, Dativ des Urhebers, Ablativus absolutus, indirekter Fragesatz, Imperativ, Jussiv

T 18 Ovid, Ars 1,79 ff. m. Ausl.

In Rom bieten sich verschiedene Treffpunkte an:

Et fora conveniunt – quis credere possit? – amori,
flammaque in arguto saepe reperta foro.
Sed tu praecipue curvis venare theatris;
haec loca sunt voto fertiliora tuo.
Illic invenies, quod ames, quod ludere possis,
quodque semel tangas, quodque tenere velis.
Spectatum veniunt, veniunt, spectentur ut ipsae. [...]
Nec te nobilium fugiat certamen equorum:
Multa capax populi commoda Circus habet.
Proximus a domina nullo prohibente sedeto;
Iunge tuum lateri, qua potes, usque latus.
Et bene, quod cogit, si nolis, linea iungi,
quod tibi tangenda est lege puella loci.
Hic tibi quaeratur socii sermonis origo
et moveant primos publica verba sonos:
Cuius equi veniant, facito, studiose, requiras,
nec mora, quisquis erit, cui favet illa, fave.
Utque fit: In gremium pulvis si forte puellae
deciderit, digitis excutiendus erit;
Etsi nullus erit pulvis, tamen excute nullum:
Quaelibet officio causa sit apta tuo!
Respice praeterea, post vos quicumque sedebit,
ne premat opposito mollia terga genu.

[2] **argūtus** belebt *reperta <est>* [3] **praecipuē** besonders **curvīs theātrīs** im Rund der Theater **vēnārī** auf die Jagd gehen [4] *vōtō tuō: Abl. des Vergleichs* **fertilis, e** ertragreich [5] **lūdere** *m. Akk.* spielen mit [6] **semel** einmal [7] **spēctātum** um zu sehen [8] **fugere** *hier: entgehen* **certāmen** Wettrennen [9] **capāx populī Circus** der menschenreiche Zirkus [10] **sedētō** du sollst sitzen [12] *bene <est>* **līnea** Barriere *(zwischen den Sitzreihen)* [13] **tibi** *hier:* von dir [14] **orīgō** *f* Anfang **socius** verbindend [15] **prīmōs sonōs movēre** den ersten Gesprächsanlass bilden **pūblicus** *hier:* alltäglich [16] **facitō, studiōsē, requiras** mach, dass du sie fragst, du eifriger Verehrer [17] **nec mora** ~ sine morā **quisquis** *hier:* wer auch immer [18] **gremium** Schoß **pulvis** Staub [19] **dēcidere** *(Perf. dēcidī)* ~ cadere **digitus** Finger **excutere** abschütteln [21] **quīlibet, quaelibet, quodlibet** jeder beliebige [23] **oppositus** dagegengestellt **genū, ūs** *n* Knie

M 12 Flirtversuch (Ovid, Amores 3,2,1 ff.)

Im Zirkus setzt sich ein junger Mann neben seine Angebetete und spricht sie an:

„Ich sitze hier nicht als Liebhaber edler Pferde; doch wünsch ich dem den Sieg, dem du gewogen bist. Um mit dir zu sprechen, bin ich gekommen, um bei dir zu sitzen, damit dir die Liebe, die du erweckst, nicht unbekannt bleibt. Du betrachtest das Rennen, ich dich: Soll jeder das ansehen, was ihm Freude macht, und seine Augenweide haben. O selig der Wagenlenker, den du bevorzugst; er hat also das Glück, dass du dich um ihn sorgst."

Aus: Ovid: Amores. Liebesgedichte. Lateinisch/Deutsch. Herausg. u. übers. von Michael v. Albrecht, Ditzingen (Reclam) 1997

❶ Stelle die Treffpunkte zusammen, die Ovid in **T18** für die Suche nach einer Partnerin empfiehlt, und nenne die jeweils angeführten Vorteile. Ovid nennt in **T18**, V. 5 – 6 verschiedene Ziele der Partnersuche. Unterscheide sie und überlege, inwiefern die stilistische Gestaltung den Inhalt unterstreicht. In **T18**, V. 14 – 23 gibt Ovid Tipps für den perfekten Kavalier. Sammle sie und vergleiche moderne Vorstellungen damit.

❷ Versetze dich in die Situation der Angebeteten aus **M12**: Wie wirken die Worte auf dich? Zeige, dass Ovid aus den Fehlern des **amator** gelernt hat, als er dann die **Ars amatoria** verfasste; vergleiche dazu **T18**, V. 14 – 17 mit **M12**.

❸ Übertrage die Szene des missglückten „Anbaggerns" aus **M12** z. B. auf eine Situation in einem Bundesliga-Stadion oder bei einem Popkonzert. Formuliere eine entsprechende „Rede".

Wagenrennen im Circus Maximus in Rom. Aquarell von Peter Connolly, 1998.

Liebe ist Kriegsdienst

- Wortfeld Bewegung ⏭ venire, abire, occurrere, currere, redire, discedere
- Grammatik PPP, Imperativ, Genitiv der Beschaffenheit

T 19 Ovid, Ars 2,223 ff. m. Ausl.

Jedem Wunsch der Liebsten muss man schleunigst nachkommen.

Iussus adesse foro iussa maturius hora
fac semper venias nec nisi serus abi!
Occurras aliquo tibi dixerit, omnia differ!
Curre nec inceptum turba moretur iter!
Nocte domum repetens epulis perfuncta redibit:
Tunc quoque pro servo, si vocat illa, veni!
Rure erit et dicet venias (Amor odit inertes):
Si rota defuerit, tu pede carpe viam!
Nec grave te tempus sitiensque Canicula tardet
nec via per iactas candida facta nives!
Militiae species amor est: Discedite, segnes!

[1] *<in> forō*
iussā mātūrius hōrā früher als zur befohlenen Stunde
[2] *fac <, ut> veniās*
nec nisi und erst
[3] *<Si domina> tibi dixerit, <ut sibi> aliquō <locō> occurras*
[5] **epulīs perfūncta** nachdem sie an einem Gastmahl teilgenommen hat
[7] **rūre** auf dem Land
dicet <, ut> venias
iners, inertis Feigling
[8] **rota** Wagen **viam carpere** sich auf den Weg machen [9] **grave tempus** die drückende Sommerzeit **sitiēns Canīcula** der durstige Hundsstern (~ Sommerhitze) **tardāre** aufhalten [10] **iactus** gefallen **nix, nivis** *f* Schnee [11] **sēgnis, is** Faulpelz

T 20 Ovid, Amores 1,9 m. Ausl.

Militat omnis amans et habet sua castra Cupido.
Attice, crede mihi: Militat omnis amans.
Quae bello est habilis, Veneri quoque convenit aetas:
Turpe senex miles, turpe senilis amor.
Quos petivere duces annos in milite forti,
hos petit in socio bella puella viro:
Pervigilant ambo, terra requiescit uterque;
ille fores dominae servat, at ille ducis.
Quis nisi vel miles vel amans et frigora noctis
et denso mixtas perferet imbre nives?

[1] **Cupīdō** ~ Amor [3] **habilis, e** tauglich
[4] **senīlis, e** greisenhaft
[5] *<Hōs> annōs, quōs*
[6] **socius vir** Partner **bellus** schön
[7] **pervigilāre** die Nacht durchwachen
<in> terrā
(re)quiēscere
[8] **forēs** *Pl.* Tür [9] **frīgus, oris** *n* Kälte
[10] **dēnsus** dicht **imber, imbris** *m* Regen

[11] **gravis, e** *hier:* schwer zu erobern **līmen, inis** *n* Türschwelle [12] **obsidēre** belagern [13] **dēsidia** Untätigkeit [14] **experiēns, entis** tätig, engagiert

Ille graves urbes, hic durae limen amicae
obsidet; hic portas frangit, at ille fores.
Ergo desidiam quicumque vocabat amorem,
desinat: Ingenii est experientis Amor.

❶ In **T20**, V. 6 verwendet Ovid die zweideutige Form **bella**. Erschließe, von welchem Grundwort sie an dieser Stelle abzuleiten ist. Inwiefern passt die Zweideutigkeit zur Thematik des Textes?

❷ Vergleiche die Verbformen in **T19** und **T20** und ziehe Rückschlüsse auf Ovids unterschiedliche Absicht in den beiden Texten.

❸ Stelle die Vergleichspunkte zwischen Liebe und Kriegsdienst zusammen, die Ovid in **T20** anführt; untersuche auch, mit welchen Stilmitteln er den Vergleich unterstützt (→ Stilmittel, S. 167).

❹ Der Vergleich von Liebe und Kriegsdienst hat seinen Ursprung in der Darstellung des antiken Liebesgottes Amor. Begründe dies, indem du die Abbildung unten und die Textstellen aus **T19** und **T20** auswertest, die auf diese Vorstellung anspielen.

❺ Wie beurteilst du die antike Vorstellung von „Liebe als Kriegsdienst"? Überlege, in welchen Wendungen sie im deutschen Sprachgebrauch weiterlebt.

Johann Nepomuk Schaller (1777–1842): „Amor", um 1815. Marmorskulptur. Österreichisches Barockmuseum, Wien.

Martial – der Epigrammatiker

Toto notus in orbe - bekannt auf der ganzen Welt: Dies schrieb der römische Dichter Martial voller Stolz und Selbstbewusstsein über sich und sein Werk. Geboren wurde er am 1. März 40 n. Chr. in einem spanischen Provinznest namens Bilbilis (heute Calatayud bei Saragossa); er kam zur Regierungszeit des Kaisers Nero um 64 n. Chr. nach Rom, wo ihn sein berühmter Landsmann Seneca zunächst unterstützte und in die Gesellschaft einführte.

Man nimmt an, dass Martial in diesen Jahren als Anwalt gearbeitet hat, bevor er es als Dichter zu einigem Wohlstand brachte. Immerhin besaß er eine Wohnung in Rom und ein kleines Landgut bei Nomentum 20 km vor der Hauptstadt. Schließlich stieg er sogar in den Ritterstand auf und erhielt von Kaiser Titus das **ius trium liberorum**, ein Privileg, das sonst nur Vätern dreier Kinder zugestanden wurde und u.a. von der Steuerzahlung befreite.

Erst im Alter von 40 Jahren erschien sein erstes Werk, das sog. Buch der Schauspiele (**liber spectaculorum**), das die Spiele und Feierlichkeiten zur Einweihung des später als Kolosseum bekannt gewordenen **Amphitheatrum Flavium** im Jahre 80 n. Chr. beschrieb.

Beinahe jedes Jahr verfasste Martial ein Buch mit ca. 100 Epigrammen, insgesamt zwölf Bücher - eine stattliche Menge von 1557 Gedichten! Sie gewähren einen interessanten und meist amüsanten Einblick in die stadtrömische Gesellschaft der Kaiserzeit, wenn Martial über Ehebrecher, Erbschleicher, Ärzte, Dichter, Prostituierte, Homosexuelle u. a. m. schreibt.

Die meisten Bücher Martials waren unter Kaiser Domitian entstanden. Dieser ließ sich als Herr und Gott (**dominus et deus**) verehren und galt als Tyrann, schickte er doch viele Kritiker und Intellektuelle, darunter Dichter und Philosophen, in die Verbannung, wenn er sie nicht umbringen ließ. Dass Martial in einigen Texten diesem Kaiser huldigte, dürfte ihm spätestens nach dem Tod Domitians im Jahre 96 n. Chr. zahlreiche Sympathien gekostet haben.

Warum er im Jahr 98 n. Chr. in seine spanische Heimatstadt Bilbilis zurückging, weiß man nicht. In der ländlichen Provinz, abgeschnitten von der Großstadt Rom, in der er viele Erfolge gefeiert hatte, wurde er nicht recht glücklich. Im Jahre 104 n. Chr. starb er - nicht allerdings sein Nachruhm: Er war als der Neubegründer der Gattung des Epigramms in die Weltliteratur eingegangen.

Die Gattung des Epigramms

Das Wort Epigramm bedeutete im alten Griechenland zunächst „Aufschrift" auf Grabmälern, Standbildern und Weihegeschenken für eine Gottheit. Es handelte sich also ursprünglich um reine Gebrauchstexte, d. h. schriftliche Äußerungen, die für bestimmte Zwecke des alltäglichen Lebens bestimmt waren. Martials Buchtitel **Xenia** („Mitbringsel") und **Apophoreta** („Wegbringsel") lassen diese ursprüngliche Verwendung des Epigramms wiederaufleben, da in ihnen Aufschriften für Gastgeschenke gesammelt sind.

Im Laufe des 7. Jh.s v. Chr. erfuhr das Epigramm seine Verwandlung zu einer literarischen Gattung, d. h., es wurde nicht mehr nur als Aufschrift auf Gegenständen verwendet, sondern auch als Text vor Zuhörern vorgetragen - vor allem anlässlich großer Festessen. Damit öffnete sich das Epigramm für neue Themenfelder wie die Politik und Fragen des richtigen Verhaltens von Menschen untereinander. Um diese Zeit entstand auch die später am häufigsten gebrauchte äußere Form des Epigramms, das sog. elegische Distichon, d. h., dass auf einen Vers im Hexameter ein Vers im Pentameter folgt (→ Metrik, S. 168).

Das **römische Epigramm** durchlief eine ähnliche Entwicklung. Auch hier war das Epigramm zunächst Aufschrift auf Gräbern und Weihegaben und machte dann seinen Weg als eigenständige literarische Gattung. Ein frühes Beispiel dafür ist das Epigramm des berühmten römischen Dichters Ennius aus dem 2. Jh. v. Chr., mit dem er sich ein eigenes dichterisches Denkmal setzt:

Nemo me dacrumis decoret nec funera fletu
    faxit. Quor? Volito vivos per ora virom.

Niemand soll um mich unter Tränen trauern und mein Begräbnis mit Bittermiene begehen. Warum? Ich (d. h. meine Dichtung) lebe über die Lippen der Leute weiter.

An diesem frühen Epigramm zeigt sich bereits, was für die Gattung insgesamt typisch ist: Einmal die kunstvolle Gestaltung durch viele Stilmittel (hier die Häufung der Alliteration: **dacrumis decoret, funera fletu faxit, volito vivos per ora virom**) und die Verwendung des elegischen Distichons, zum anderen die inhaltliche Zweiteilung in einen Vordersatz und eine überraschende Wendung zum Schluss.

Catull sorgte für einen ersten Höhepunkt der römischen Epigrammatik; den Gipfelpunkt der Gattung aber stellt **Martial**, der sich auf Catull als Vorläufer beruft, im 1. Jh. n. Chr. dar.

Martial 1,32

Non amo te, Sabidi, nec possum dicere quare:
hoc tantum possum dicere, non amo te.

❶ Worin liegt der Witz und die überraschende Wendung des Epigramms?

❷ Auf welchen Text Catulls spielt dieser Zweizeiler an? Zeige die Parallelen und Unterschiede auf.

Der deutsche Dichter Gotthold Ephraim **Lessing** war es, der eine bis heute gültige Theorie der Epigramme Martials verfasste: Demnach lässt sich ein Epigramm oder Sinngedicht, wie Lessing es auch nennt, in zwei Teile gliedern, in die sog. „Erwartung", d.h. einen Vordersatz, der das Interesse und die Spannung des Lesers weckt, und den „Aufschluss", d.h. die überraschende Wendung im Schlusssatz, auch Pointe genannt.

Gut lässt sich dies Verfahren aufzeigen an Martials Epigramm 10,8:

Nubere Paula cupit nobis, ego ducere Paulam
nolo: anus est. Vellem, si ...

Paula begehrt mich zu heiraten, ich will Paula
nicht heiraten: Sie ist eine alte Frau. Ich wollte
schon, wenn ...

Die Pointe ist bewusst zunächst ausgelassen – auch Martial könnte beim Vorlesen an der Stelle eine Pause gemacht haben, um die Spannung zu steigern, eine „Erwartung" auzubauen. Der Hörer versucht zu ergänzen: Was könnte der Grund sein, warum das Ich zögert, Paula zu heiraten? Vielleicht ist sie zu alt oder zu wenig ansehnlich? Dann kommt die überraschende Pointe: **Vellem, si *magis* esset *anus*.** Ich wollte schon, wenn sie *noch älter* wäre.

Das ist eine überraschende Wendung: Weshalb sollte sich das Ich nun eine noch ältere Lebenspartnerin wünschen? Hier beginnt das Nachdenken, und plötzlich platzt der Knoten, entsteht der „Aufschluss": Das Ich wünscht sich eine alte Lebenspartnerin, weil er auf deren baldiges Ableben hofft und dann Anspruch auf ihr Erbe hat – der Text handelt also von einem kalt berechnenden Erbschleicher.

I 16 **Gotthold Ephraim Lessing: Das Epigramm**

„Ich sage nämlich: Das Sinngedicht ist ein Gedicht, in welchem, nach Art der eigentlichen Aufschrift, unsere Aufmerksamkeit und Neugierde auf irgendeinen einzelnen Gegenstand erregt, und mehr oder weniger hingehalten werden, um sie mit eins zu befriedigen. (...) Am schicklichsten werden sich also die Teile des Epigramms Erwartung und Aufschluss nennen lassen."

Martial hat die epigrammatische Technik so perfektioniert, dass er seit seiner Zeit als der Epigrammatiker schlechthin gilt – alle Epigrammatiker nach ihm haben sich auf sein Vorbild berufen.

Martials Epigramme

- Sachfeld Dichtung ⏭ libellus, recitāre, Mūsae
- Wortfeld Körper ⏭ auris, pēs, caput
- Grammatik Partizip Futur, Korrelativa ⏭ tot … quot Subjunktion ⏭ cum
- Stilmittel Alliteration, Paradoxon, Hyperbaton, Polysyndeton, Antithese, Parallelismus, Hyperbel

Martials dichterisches Programm

T21 Martial 10,33,9 f.

[1] **novēre** ~ **novērunt** [2] **persōna** *hier:* (namentlich fassbare) Person

Hunc servare modum nostri novere libelli:
Parcere personis, dicere de vitiis.

❶ Formuliere mit eigenen Worten das dichterische Programm Martials, wie es sich aus dem Text ergibt.

❷ Worin besteht der Unterschied zu Catulls spöttischem Dichten gegen Cicero, Cäsar und Mamurra (T10 – 12)?

I17 Martials Pseudonym-Technik

Anders als sein dichterisches Vorbild Catull nannte Martial niemals die Namen der von ihm kritisierten Personen, sondern verwendete Pseudonyme, also erfundene Namen – nach dem von ihm selbst aufgestellten Grundsatz **parcere personis, dicere de vitiis**. Zur Zeit der Republik konnte es Catull noch wagen, hochgestellte Persönlichkeiten wie Cicero und Cäsar namentlich anzugreifen. Martial wusste, dass diese Redefreiheit zu seiner Zeit gefährlich war. Das Spitzelwesen der Kaiserzeit hatte nämlich viele Kritik äußernde Zeitgenossen vor Gericht gebracht.

Epigramme zur Literaturkritik

T22 Martial 8,20

[1] **versus, ūs** *m* Vers **ducēnī** zweihundert auf einmal

Cum facias versus nulla non luce ducenos,
Vare, nihil recitas. Non sapis, atque sapis.

❶ Lies den Text langsam. An welcher Stelle bleibst du stecken? Versuche den Grund zu erklären.

❷ Erkläre, worin die Pointe liegt.

❸ Welche beiden Sinnrichtungen kann die Subjunktion **cum** hier haben?

❹ Um welche Stilfigur handelt es sich bei **nulla non luce**?

T23 Martial 4,41

[1] **vellus, eris** *n* Schal *(hier poet. Pl.)* **collum** Hals

Quid recitaturus circumdas vellera collo?
Conveniunt nostris auribus ista magis.

❶ Überlege vorab, was sich an einer Figur wie einem Dichter kritisieren lässt, und schreibe selbst ein Spottgedicht.

❷ Wozu trägt der Vortragende einen Schal? Welchen Witz erlaubt sich Martial damit?

T24 Martial 11,93

[1] **Pīerius** den Musen geweiht
vātēs, is Dichter **penātēs** *m Pl.* das Haus
[1–2] *Flamma penātēs Pīeriōs Theodōrī vātis abstulit*
[2] **Phoebus** Apoll *(als Anführer der Musen)*
[4] *quod: faktisches quod*

Pierios vatis Theodori flamma penates
abstulit. Hoc Musis et tibi, Phoebe, placet?
O scelus, o magnum facinus crimenque deorum,
non arsit pariter quod domus et dominus!

❶ Sammle alle griechischen Begriffe. Wozu verwendet Martial sie?

❷ Welchen Eindruck bekäme ein Hörer, wenn er nur die ersten drei Verse hörte?

❸ Worin liegt die witzige Pointe des Epigramms?

Menschliche Makel

T25 Martial 2,87

[1] **bellus** hübsch [2] **faciēs, ēī** Gesicht
natāre schwimmen

Dicis amore tui bellas ardere puellas,
qui faciem sub aqua, Sexte, natantis habes.

❶ Erkläre grammatikalisch den Ausdruck **amore tui**.

❷ Stell dir Vers 2 bildlich vor: Wie dürfte der Beschriebene ausgesehen haben?

❸ Welches der vier Naturelemente spielt im ersten Vers, welches im zweiten Vers die vorherrschende Rolle? Welche Rückschlüsse kannst du daraus für die Pointe ziehen?

I18 Martial und Ovid

Römische Dichtung lässt sich auf mehreren Verständnisebenen deuten. Martial könnte in **T25** auch auf einen berühmten Vers des römischen Dichters Ovid anspielen: **Quamvis sint sub aqua, sub aqua maledicere temptant.** (Wenn sie auch unter Wasser sind, versuchen sie auch unter Wasser weiterzuschimpfen.) Mit der Wiederholung **sub aqua, sub aqua** beschrieb Ovid lautmalerisch das Quaken der in Frösche verwandelten lykischen Bauern. Sie wurden dafür bestraft, der Göttin Latona und ihren neugeborenen Zwillingen Apoll und Diana in der Mittagshitze den Zugang zum erfrischenden Wasser eines Teiches verwehrt zu haben. Trifft die Vermutung zu, dass Martial mit dem Zitat **sub aqua** auf diese Ovid-Episode angespielt hat, würde das bedeuten, dass der mit Sextus Angesprochene von Martial als Froschgesicht verspottet wird.

T 26 Martial 2,35

[1] **crūs, ūris** *n* Unterschenkel **similent** ~ **simulent simulāre** nachahmen **lūna** Mond *Cum sint tibi crūra, quae cornua lūnae simulent*
[2] **rhythium** Trinkhorn **lavāre** waschen

Cum sint crura tibi similent quae cornua lunae,
in rhytio poteras, Phoebe, lavare pedes.

❶ Was ist mit **cornua lunae** gemeint? Versuche eine Skizze anzufertigen.
❷ Wie heißt die beschriebene körperliche Deformation im Deutschen?
❸ Erkläre den Witz, nachdem du dir das Bild des Rhytions angeschaut hast.

Trinkhorn, 6.–7. Jh. Gefunden in einem Grab bei Sutri, Viterbo, Italien. London, Britisches Museum.

T 27 Martial 5,43

[1] **niveus** schneeweiß **dēns, dentis** *m* Zahn

Thais habet nigros, niveos Laecania dentes.
Quae ratio est? Emptos haec habet, illa suos.

❶ Wer ist mit **haec**, wer mit **illa** gemeint?
❷ Welche bösartige Pointe ergibt sich daraus?
❸ Warum lässt Martial beide Adjektive im ersten Vers hart aufeinanderprallen? Nenne das zugrundeliegende Stilmittel.

T 28 Martial 1,19

[1] **dēns, dentis** *m* Zahn [2] **tussis, is** *f* Husten [3] **sēcūrus** sorglos, unbekümmert **tussīre** husten
[4] *agat: Potentialis*

Si memini, fuerant tibi quattuor, Aelia, dentes:
Expulit una duos tussis et una duos.
Iam secura potes totis tussire diebus:
Nil istic quod agat tertia tussis habet.

❶ Zähle alle vorkommenden Zahlen auf. Erkläre dann das Rechenspiel, das Martial anstellt.
❷ Inwiefern ist der Begriff **secura** in diesem Zusammenhang ironisch zu verstehen?
❸ Zeichne einen Comic zu diesem Epigramm.

T 29 Martial 12,88

[1] **nāsus** Nase

Tongilianus habet nasum; scio, non nego. Sed iam
nil praeter nasum Tongilianus habet.

❶ Inwiefern ist die Pointe des zweiten Verses doppelt vernichtend für den Verspotteten?
❷ Zeichne eine Karikatur des Tongilianus (vgl. **I8**).

T30 Martial 12,7

[1] **vertex, icis** *m* Scheitel, Kopf [2] **Līgeia:** *weibl. Name; auch der Name einer Sirene* (→ EV) **trīmus** dreijährig
[1–2] *Sī Līgeia tot annōs habet, quot capillōs tōtō vertice gerit, trīma est*

Toto vertice quot gerit capillos,
annos si tot habet Ligeia, trima est.

❶ Erschließe aus dem Text, wie alt „Ligeia" sein dürfte. Worin liegt dann der Witz der Pointe?

❷ Welche zusätzliche Boshaftigkeit verbirgt sich hinter dem Epigramm, wenn du **I19** berücksichtigst?

I19 Die Sirenen

Unter Sirenen verstand die Antike Fabelwesen mit einem Vogelkörper und dem Kopf einer hübschen, jungen Frau. Berühmt ist die Episode aus Homers Epos Odyssee, in der sich Odysseus von seinen Gefährten an den Schiffsmast binden und deren Ohren mit Wachs verstopfen lässt, damit die Mannschaft nicht vom betörenden Gesang der Sirenen an ihre Insel gelockt wird, wo schon viele Schiffe zerschellt waren. Ligeia bzw. Ligea ist der Name einer Sirene, deren besonderes Merkmal nach dem römischen Dichter Vergil ihre auf die Schultern herabfallende, glänzende Haarpracht gewesen sein soll.

John William Waterhouse: Odysseus und die Sirenen. 1891. National Gallery of Victoria, Melbourne.

T31 Martial 4,36

[1] **cānus** grau **barba** Bart **tingere** färben

Cana est barba tibi, nigra est coma: Tingere barbam
non potes – haec causa est – et potes, Ole, comam.

❶ Welchen Widerspruch im Äußeren entlarvt der erste Vers ?

❷ Erkläre, wie der Widerspruch aufgelöst wird und was an Olus kritisiert wird.

T 32 Martial 3,43

[1] **mentīrī** lügen **tingere** *(PPP* tīnctum*)* färben [2] **corvus** Rabe **cycnus** Schwan [3] **Prōserpina:** *die Herrscherin der Unterwelt* **cānus** grau [4] **persōna** Maske **dētrahere** herabziehen, wegziehen

Mentiris iuvenem tinctis, Laetine, capillis,
tam subito corvus, qui modo cycnus eras.
Non omnes fallis; scit te Proserpina canum:
Personam capiti detrahet illa tuo.

❶ Inwiefern ist Laetinus ein sprechender Name?

❷ Was ist mit den Bezeichnungen **corvus** und **cycnus** im Zusammenhang dieses Textes gemeint?

M 13

Arnfrid Astel

Kein neuer Martial (1978)

Kein neuer Martial
sei ich, schreibst du
in deinem Feuilleton.
Kennst du den alten?

Arnfrid Astel: Neues (& altes) vom Rechtsstaat & von mir, Frankfurt am Main (Zweitausendeins) 1978

Parcere personis – dicere de vitiis

Martials Maxime,
die Schweinereien aufzugreifen,
aber die Schweine zu schonen,
wird gewöhnlich als Vornehmheit gedeutet,
manchmal als Feigheit,
obwohl die Angst
vor diesen einflußreichen Persönlichkeiten
durchaus berechtigt war;
aber er wollte die Schweine
ganz einfach nicht verewigen,
diesen wie hieß er doch gleich
Kaiser etwa, strotzend
vor Dummheit & Brutalität.

❶ Wer dürfte mit „du" gemeint sein?
❷ Welche Rolle spielt Martial im Text? Was ist mit „alter" und „neuer" Martial gemeint?
❸ Welchen unausgesprochenen Vorwurf macht Astel dem mit „du" Angesprochenen?

❶ Welche möglichen Gründe führt Astel dafür an, dass Martial Pseudonyme verwendete?
❷ Erschließe aus **I17** und **I20**, weshalb Astel Probleme mit Martials Verwendung von Pseudonymen hat.

I 20 Arnfrid Astel (* 1933)

Arnfrid Astel arbeitete nach seinem Studium seit 1967 als Literaturredakteur beim Saarländischen Rundfunk. Nachdem er 1971 selbstverfasste politische Epigramme über den Sender veröffentlicht hatte, wurde er vom Intendanten fristlos gekündigt, konnte aber seine Stelle nach längerem Rechtsstreit wieder einnehmen. Heute ist er als freier Schriftsteller tätig.

M 14 Gotthold Ephraim Lessing (1729–1781)
Auf den Cytharist

Jahraus, jahrein reimt Cytharist
Zweihundert Vers' an einem Tage;
Doch drucken lässt er nichts. Entscheidet mir die Frage,
Ob er mehr klug, mehr unklug ist.

❶ Weshalb nennt Lessing den Dichter „Cytharist"?

❷ Vergleiche den Text mit Martials Epigramm 8,20 (**T22**). Worin liegen die Unterschiede?

M 15 Andreas Gryphius (1616–1664)
An Celer

Du machst dreyhundert vers eh als ich drei gemacht.
Ein Lorberbaum wächst spätt / ein kürbs in einer nacht.

❶ Deute die Spottverse des Gryphius, indem du **I21** miteinbeziehst.

❷ Vergleiche **M15** mit Martials Epigramm 8,20 (**T22**). Welchen Text findest du gelungener? Begründe deine Ansicht.

I 21 Lorbeer und Kürbis

Der Lorbeer (**laurea**) war eine dem Apoll geweihte Pflanze. Da Apoll als Anführer der Musen und Gott der Dichtung galt, erkannte man bedeutenden Dichtern die Ehrung durch eine Lorbeerbekränzung zu – der Dichter galt ab da als sog. **poeta laureatus.** Der Kürbis dagegen hatte in der Römerzeit nicht das beste Image. So wird in einer boshaften Satire Kaiser Claudius nach seinem Tod nicht zum Gott erhoben, sondern zum Kürbis gemacht.

M 16 Martial 14,142

Si recitaturus dedero tibi forte libellum,
hoc focale tuas asserat auriculas.

2 **fōcāle, is** *n* Halstuch **asserat ~ adserat adserere** *hier:* schützen **auricula** Öhrchen

❶ Woran wird formal und inhaltlich deutlich, dass Martial sich selbst (**T23**) zitiert?

❷ Worin liegt der Unterschied zwischen **T23** und **M16**?

I 22 Martials Buch der Apophoreta

Das Epigramm 14,142 (**M16**) stammt aus dem Buch, das den Titel **Apophoreta** („Wegbringsel") trägt: Dabei handelt es sich um Aufschriften für kleine Gaben, die beim Fest der Saturnalien ausgetauscht wurden, hier ein Schal (**focale**). An diesem jährlich am 17. Dezember gefeierten Fest wurde des goldenen Zeitalters unter dem Gott Saturn gedacht, in dem alle Menschen gleich waren. Deshalb wurden am Saturnalienfest die Rollen vertauscht: Die Sklaven durften einen Tag lang die Herren spielen und umgekehrt.

M17

John Owen (um 1564–1622)

Ad calvum

[0] **calvus** kahl, glatzköpfig [1] **grāmen, inis** *n* Gras, Wiese [2] **frōns, ndis** Laub
rediēre ~ rediērunt

Arboribus redeunt crines, et gramina campis,
    at capiti frondes non rediere tuo.

❶ Worin liegt ein formaler Unterschied zu **T32**?
❷ Was wird im ersten Vers beschrieben?
❸ Was bedeutet **frondes** im Zusammenhang des zweiten Verses? Wieso verwendet Owen dieses Wort?

M18

Robert Gernhardt (1937–2006)

Maskenmenschen

❶ Vergleiche den Cartoon von Gernhardt mit **T32**. Finde alle Gemeinsamkeiten und Unterschiede heraus.

Christliche Wurzeln Europas – die Vulgata

Die lateinische Bibel

Die Bibel hat wie kein anderes Buch die Kultur Europas geprägt und tut dies noch: Künstler haben sich von ihr anregen lassen, Denker haben sich auf sie berufen, sie hat die Sprachen Europas beeinflusst.

Ihre große Wirkung vermochte sie nur zu entfalten, weil sie gelesen und verstanden werden konnte. Das

Jan van Eyck: Der heilige Hieronymus im Gehäuse. Um 1440. Detroit, The Detroit Institute of Arts.

aber war nicht ohne Weiteres möglich; denn das Alte Testament ist auf Hebräisch und das Neue Testament auf Griechisch verfasst. In Rom und Westeuropa verstanden allerdings bereits in der Spätantike nur wenige gebildete Menschen Griechisch oder gar Hebräisch; Latein war die verbreitete Sprache. Mit der Ausbreitung des Christentums in Europa wurde es daher immer dringlicher, die biblischen Texte ins Lateinische zu übertragen.

Dies wurde zunächst nicht planmäßig umgesetzt: Unabhängig voneinander entstanden in verschiedenen christlichen Gemeinden des Römischen Reiches teils wörtliche, teils freie Übersetzungen einzelner biblischer Bücher und bald auch der ganzen Bibel; sie alle werden heute mit dem Sammelbegriff *Vetus Latina* bezeichnet.

Da verschiedene Übersetzungen kursierten und Streit über das richtige Verständnis von Textstellen auslösten, fasste Papst Damasus I. im Jahr 382 den Entschluss, die im Umlauf befindlichen Übersetzungen zu vereinheitlichen. Mit dieser Aufgabe betraute er seinen Sekretär Hieronymus (347 – 420), einen der bedeutendsten Gelehrten seiner Zeit, der wegen seiner Sprachkunst auch als *Cicero Christianus* bezeichnet wurde.

Hieronymus begann seine Arbeit mit dem Neuen Testament: Er nahm sich die bestehenden lateinischen Übersetzungen der Evangelien vor und korrigierte sie nach dem griechischen Original. Das Alte Testament stellte eine besondere Herausforderung dar: Bislang existierte keine Übersetzung aus dem hebräischen Urtext, sondern es gab nur solche aus dessen griechischer Übersetzung, der so genannten *Septuaginta*, die ihren Namen nach ihren angeblich 70 Übersetzern hat. Hieronymus nahm die Herausforderung an und ging vom hebräischen Text aus. Im Jahr 404 – nach vielen Jahren Arbeit – konnte er sein Werk abschließen: Das Neue und das Alte Testament waren nun einheitlich ins Lateinische übersetzt.

Das Latein, das Hieronymus verwendete, unterscheidet sich spürbar vom Latein Ciceros und Caesars: Dem biblischen Grundtext entsprechend sind die Sätze selten lang und kompliziert; die grammatische Eigenheiten der Ausgangssprachen fließen ebenso ein wie Elemente der römischen Volkssprache (vgl. **I1**).

Anders als geplant setzte sich die Übersetzung des Hieronymus nicht sogleich durch: Die älteren Versionen hielten sich bis ins 9. Jahrhundert. Erst dann wurde der Text des Hieronymus zum maßgeblichen Bibel-Text Westeuropas. Im 13. Jahrhundert erhielt er wegen sei-

ner großen Verbreitung die bis heute gängige Bezeichnung *Vulgata* (die im Volk [**vulgus**] verbreitete Schrift). Ihre große Bedeutung und Verbreitung in Europa behielt die *Vulgata* bis ins 16. Jahrhundert. Mit der Reformation und Martin Luthers Bibelübersetzung ins Deutsche (1522 und 1534) gewannen jedoch nationalsprachliche Übersetzungen größeres Gewicht. Die *Vulgata* blieb in der katholischen Kirche bis 1979 gültig und wurde dann von der so genannten *Nova Vulgata* abgelöst, einer genaueren Übersetzung, die auf der Grundlage des Hieronymus-Textes erstellt wurde.
Die folgenden Texte sind der alten Hieronymus-Übersetzung entnommen, wie sie über 1000 Jahre auf die europäische Zivilisation gewirkt hat.

I 1 **Besonderheiten des biblischen Lateins**

1. Eigennamen sind oft indeklinabel, d.h. sie zeigen nicht den Kasus an: **familia David** (die Familie Davids).
2. Der v-Perfektstamm wird gern verkürzt: **labōrāstī** statt **labōrāvistī; audīerant** statt **audīverant.**
3. Anstelle verschachtelter Nebensätze stehen Hauptsätze, die durch **et** verbunden sind.
4. Der *AcI* wird oft durch Nebensätze ersetzt, die mit **quod** und **quia** eingeleitet werden und mit Indikativ oder Konjunktiv stehen können.
5. Sehr oft steht das *Participium coniunctum.* Dabei kann das PPA auch Vorzeitigkeit ausdrücken.

Jesus – Leben, Sterben, Leben

Gibt es jemanden, der den Namen Jesus nicht kennt? Weltweit betrachtet ist Jesus wohl die bekannteste Person überhaupt. Anders verhält es sich, wenn man die Menschen fragt, was sie über Jesus wissen. Und anders auch, wenn man sie fragt, was sie von Jesus halten.
Es kann als historisch gesichert gelten, dass Jesus um die Zeitenwende in Nazareth in einfachen Verhältnissen geboren wurde, Geschwister hatte, Anhänger des jüdischen Glaubens war, als Wanderprediger im Norden Israels umhergezogen ist, eine Anhängerschaft von Frauen und Männern um sich versammelt und von einem gütigen Gott gepredigt hat, dem es nicht vorrangig um die Einhaltung von religiösen Vorschriften geht; dass er außerdem entgegen der vorherrschenden Moral mit sozialen Außenseitern wie z.B. Zöllnern verkehrt hat, Anstoß erregt hat bei gesetzesstrengen Juden, im Alter von etwas über 30 Jahren in Jerusalem von den herrschenden Römern als Aufrührer verhaftet und am Kreuz hingerichtet worden ist. Über sein Aussehen wissen wir nichts, auch wenn sich über all die Jahrhunderte eine bestimmte Vorstellung herausgebildet hat, wie sie die Abbildung auf dieser Seite veranschaulicht.
Das Besondere an Jesus ist nun, dass er von vielen als der königliche Erlöser seines Volkes und der Menschheit verstanden wurde und wird: als Messias, wie es auf Hebräisch heißt, oder als Christus, wie dieser Titel auf Griechisch lautet. Diese Sichtweise zeigen schon die Evangelien: Sie wollen keine nüchternen Biographien sein, sondern engagierte Bekenntnisschriften. Die Verfasser dieser Texte, die Evangelisten Matthäus (**Mt**), Markus (**Mc**), Lukas (**Lc**) und Johannes (**Joh**), über die man als Personen nichts weiß, möchten schildern, was man sieht, wenn man nicht nur auf den historischen Jesus blickt, sondern in ihm den Erlöser erkennt.

Szenenbild aus dem Spielfilm „Jesus von Nazareth" von Franco Zeffirelli. Italien 1977.

- Sachfeld Reisen ⏭ abīre, discēdere, exīre, īre, redīre, regiō, revertī, trānsīre, via
- Sachfeld Geburt ⏭ familia, fīlius, gaudēre, gaudium, mūnus, nāscī, parere
- Grammatik Ablativus absolutus, Participium coniunctum

T1 Das göttliche Kind

Lc 2 ⏭ 1 Factum est autem in diebus illis: Exiit edictum a
Caesare Augusto, ut describeretur universus orbis. 2 Haec
descriptio prima facta est praeside Syriae Cyrino. 3 Et ibant
omnes, ut profiterentur, singuli in suam civitatem. 4 Ascendit
autem et Ioseph a Galilaea de civitate Nazareth in Iudaeam
in civitatem David, quae vocatur Bethleem, eo, quod esset de
domo et familia David, 5 ut profiteretur cum Maria despon-
sata sibi, uxore praegnate. 6 Factum est autem, cum essent
ibi: Impleti sunt dies, ut pareret. 7 Et peperit filium suum
primogenitum. Et pannis eum involvit et reclinavit eum in
praesepio, quia non erat eis locus in diversorio.
8 Et pastores erant in regione eadem vigilantes et custodientes
vigilias noctis supra gregem suum. 9 Et ecce, angelus Domini
stetit iuxta illos et claritas Dei circumfulsit illos et timuerunt
timore magno. 10 Et dixit illis angelus: „Nolite timere! Ecce,
enim evangelizo vobis gaudium magnum, quod erit omni
populo, 11 quia natus est vobis hodie salvator, qui est Christus
Dominus, in civitate David. 12 Et hoc vobis signum: Invenie-
tis infantem pannis involutum et positum in praesepio.“ 13
Et subito facta est cum angelo multitudo militiae caelestis
laudantium Deum et dicentium: 14 „Gloria in altissimis Deo
et in terra pax in hominibus bonae voluntatis!“ 15 Et factum
est, ut discesserunt ab eis angeli in caelum. Pastores loque-
bantur ad invicem: „Transeamus usque Bethleem et videamus
hoc verbum, quod factum est, quod fecit Dominus et ostendit
nobis!“ 16 Et venerunt festinantes et invenerunt Mariam et
Ioseph et infantem positum in praesepio. 17 Videntes autem

[1] **ēdictum** Verordnung **Caesar** Kaiser **Augustus** (→ EV) **dēscrībere** *(in Listen)* eintragen *(für eine Volkszählung)*
[2] **dēscrīptiō** *f* Zählung **praeses, sidis** Statthalter **Syria** Syrien **Cyrīnus** Quirīnius (→ EV)
praeside Syriae Cyrīnō (Abl. abs.)
[3] **profitērī** sich registrieren lassen
[4] **Iōsēph** Joseph (→ EV) **Galilaea** Galiläa (→ EV) **Nāzareth** (→ EV) **Iūdaea** Judäa (→ EV) **Dāvīd:** *hier: Gen.* (→ EV) **Bēthlēēm** (→ EV)
… eō, quod <Iōsēph> esset …
[5] **Maria** (→ EV) **dēsponsāre** *m. Dat.* verloben mit **uxor** *hier:* Braut **praegnās, ātis** schwanger [6] **diēs** *Pl. hier:* Tage der Schwangerschaft **implērī** *(Part. Perf.* **implētum***)* zum Ende kommen
[7] **prīmōgenitus** erstgeboren **pannus** (ärmliches) Tuch **in-volvere** *(Perf.* **involvī***)* einwickeln **reclināre** hinlegen **praesepium** (Futter-)Krippe **dīversōrium** Herberge [8] **vigilāre** wach sein **custōdīre vigiliās noctis** Nachtwache halten **suprā** *m. Akk.* über **grex, gregis** *m* Herde [9] **clāritās** Glanz **circumfulgēre** *(Perf.* **circumfulsī***)* umstrahlen [10] **evangelizāre** verkünden
[11] **salvātor** Retter **Chrīstus** (→ EV)
[12] *Et hoc vōbīs signum <erit>*
īnfāns, antis *m* Säugling **in-volvere** *(PPP* **involūtum***)* [13] **fierī** *hier:* da sein **mīlitia** Heer **caelestis, e** himmlisch
mīlitiae caelestis laudantium … et dīcentium ~ mīlitiae caelestis laudantis … et dīcentis
[14] **altissima** *n Pl.* die Höhe [15] **ad invicem** zueinander [16] **festīnāre** sich beeilen

[17] **cōgnōscere** *hier:* berichten [18] **et** *hier:* und zwar [20] **reversī sunt** ~ **revertē-runt** **glōrificāre** rühmen

cognoverunt de verbo, quod dictum erat illis de puero hoc. 18
Et omnes, qui audierunt, mirati sunt – et de his, quae dicta
erant a pastoribus ad ipsos. 19 Maria autem conservabat
omnia verba haec conferens in corde suo. 20 Et reversi sunt
pastores glorificantes et laudantes Deum in omnibus, quae
audierant et viderant sicut dictum est ad illos.

[1] **Iēsūs** (→ EV) **in Bēthlēēm Iudaeae** in Bethlehem (→ EV), das in Judäa (→ EV) liegt **Hērōdēs, is** (→ EV) **magus** Magier **oriēns, entis:** *vgl. Fw.* **Hierosolyma** Jerusalem (→ EV)
[2] *Ubi est rēx Iūdaeōrum, quī nātus est | ... vēnimus adōrāre eum.* ~ *... vēnimus, ut eum adōrēmus*
[4] **congregāre** versammeln **scrība** *m* Schriftgelehrter *(d. h. Theologe und Jurist)* **scīscitārī** zu erfahren suchen **Chrīstus** (→ EV) [5] **prophēta** *m* Prophet [6] **Iūdā** (→ EV) **nēquāquam** keineswegs **prīnceps** *hier:* führende Stadt **Isrāhēl** Israel (→ EV) [7] **clam** heimlich **appārēre** *(Perf.* appāruī*)* erscheinen **tempus stēllae, quae appāruit eīs** der Zeitpunkt der Erscheinung des Sterns [8] **inter-rogāre dē** forschen nach **re-nūntiāre**

Mt 2 ⏭ 1 Cum natus esset Iesus in Bethleem Iudaeae in diebus
Herodis regis, ecce, magi ab oriente venerunt Hierosolymam
2 dicentes: „Ubi est, qui natus est, rex Iudaeorum? Vidimus
enim stellam eius in oriente et venimus adorare eum.“
3 Audiens autem Herodes rex turbatus est et omnis Hieroso-
lyma cum illo. 4 Et congregans omnes principes sacerdotum
et scribas populi sciscitabatur ab eis, ubi Christus nasceretur.
5 At illi dixerunt ei: „In Bethleem Iudaeae. Sic enim scriptum
est per prophetam: 6 ‚Et tu Bethleem, terra Iuda, nequaquam
minima es in principibus Iuda. Ex te enim exiet dux, qui
reget populum meum Israhel.‘“ 7 Tunc Herodes – clam vocatis
magis – diligenter didicit ab eis tempus stellae, quae appa-
ruit eis, 8 et mittens illos in Bethleem dixit: „Ite et interrogate
diligenter de puero! Et cum inveneritis, renuntiate mihi, ut et
ego veniens adorem eum.

[9] **antecēdere** ~ cēdere ante **ūsque dum** bis **venīre** *hier:* ankommen
[11] **Maria** (→ EV) [12] **thēsaurus** Schatzkasten **tūs** *n* Weihrauch **murra** Myrrhe
[12] **respōnsum** Anweisung

9 Qui cum audissent regem, abierunt et, ecce, stella, quam
viderant in oriente, antecedebat eos, usque dum veniens
staret supra, ubi erat puer. 10 Videntes autem stellam gavisi
sunt gaudio magno valde. 11 Et intrantes domum invenerunt
puerum cum Maria, matre eius, et procidentes adoraverunt
eum. 12 Et apertis thesauris suis obtulerunt ei munera: aurum,
tus et murram. Et responso accepto in somnis, ne redirent ad
Herodem, per aliam viam reversi sunt in regionem suam.

M1 Drei Übersetzungen von Lc 2, 1 – 7

Giotto: Die Geburt Christi. Detail aus einem Freskenzyklus mit Szenen aus dem Leben Christi und Mariä. Um 1303. Padua, Arenakapelle.

1 In jenen Tagen erließ Kaiser Augustus den Befehl, alle Bewohner des Reiches in Steuerlisten einzutragen. 2 Dies geschah zum ersten Mal; damals war Quirinius Statthalter von Syrien. 3 Da ging jeder in seine Stadt, um sich eintragen zu lassen. 4 So zog auch Josef von der Stadt Nazaret in Galiläa hinauf nach Judäa in die Stadt Davids, die Betlehem heißt; denn er war aus dem Haus und Geschlecht Davids. 5 Er wollte sich eintragen lassen mit Maria, seiner Verlobten, die ein Kind erwartete. 6 Als sie dort waren, kam für Maria die Zeit ihrer Niederkunft, 7 und sie gebar ihren Sohn, den Erstgeborenen. Sie wickelte ihn in Windeln und legte ihn in eine Krippe, weil in der Herberge kein Platz für sie war. *Die Bibel. Einheitsübersetzung der Heiligen Schrift. Gesamtausgabe, © Katholische Bibelanstalt, Stuttgart ⁵2005*

1 Es begab sich aber zu der Zeit, dass ein Gebot von dem Kaiser Augustus ausging, dass alle Welt geschätzt würde. 2 Und diese Schätzung war die allererste und geschah zur Zeit, da Quirinius Statthalter in Syrien war. 3 Und jedermann ging, dass er sich schätzen ließe, ein jeder in seine Stadt. 4 Da machte sich auf auch Josef aus Galiläa, aus der Stadt Nazareth, in das jüdische Land zur Stadt Davids, die da heißt Bethlehem, weil er aus dem Hause und Geschlechte Davids war, 5 damit er sich schätzen ließe mit Maria, seinem vertrauten Weibe; die war schwanger. 6 Und als sie dort waren, kam die Zeit, dass sie gebären sollte. 7 Und sie gebar ihren ersten Sohn und wickelte ihn in Windeln und legte ihn in eine Krippe; denn sie hatten sonst keinen Raum in der Herberge. *Lutherbibel 1984*

1 Es begab sich aber in jenen Tagen, als Johannes [der Täufer] geboren war, daß ein Gebot von dem Kaiser Augustus ausging, daß alle Provinzen des Reiches eine Steuer zu zahlen hätten. 2 Diese Steuer war neu, und zum erstenmal wurden die Völker in Listen erfasst in der Zeit, in der Quirinius Statthalter des Kaisers in Syrien war, 3 und jedermann machte sich auf den Weg, denn in der Stadt, aus der seine Väter stammten, sollte er sich eintragen lassen. ... 4 Da wanderte auch Joseph aus Galiläa, aus der Stadt Nazareth, nach Judäa in die Stadt der Familie Davids, nach Bethlehem. Denn er gehörte zur Familie und zum Stamme Davids. 5 Und er ließ sich in die Listen des Kaisers mit Maria zusammen, seiner Verlobten, eintragen. Maria aber war schwanger. 6 Als sie in Bethlehem waren, kam die Zeit für sie, zu gebären. 7 Und sie gebar ihren ersten Sohn, wickelte ihn in Windeln und legte ihn in eine Krippe. Denn in der Karawanserei war kein Platz für sie außer in den Ställen der Tiere.

Das Neue Testament, übertragen von Jörg Zink, © Kreuz Verlag, Stuttgart 1969

❶ Trage, bevor du auf **T1** schaust, alles zusammen, was deiner Erinnerung nach in der biblischen Weihnachtsgeschichte vorkommt. Überfliege dann den Text und die Vokabelhilfen: Welche deiner Erinnerungen findet eine Bestätigung?

❷ Was macht eine gelungene Übersetzung aus? Stellt in Gruppenarbeit Kriterien auf und überprüft dann, welche der Übersetzungen von Lc 2,1–7 diese am besten erfüllen (**M1**). (Die Übersetzungen orientieren sich zwar am griechischen Originaltext, aber Hieronymus hat diesen so genau ins Lateinische übertragen, dass man den Unterschied nicht merkt.)

❸ Die Erzählungen von Lukas und Matthäus sind Legenden, die nicht nach den Gesetzen historischer Wahrscheinlichkeit fragen.

a) Erläutere, wodurch die Texte erreichen, dass sie zunächst wie historische Berichte wirken.

b) Zitiere die Stellen, an denen der legendenhafte Charakter deutlich wird.

c) Legenden und Mythen vermögen etwas auszusagen, was realistische Erzählungen nicht vermitteln können. Worin besteht die Aussage im vorliegenden Fall?

❹ Die Erzählungen von Lukas und Matthäus werden oft miteinander verbunden, obwohl Matthäus die lukanische Geschichte von der Geburt im Stall und Lukas die matthäische Geschichte von den Magiern aus dem Morgenland gar nicht kennen. Außerdem hat sich im Laufe der Jahrhunderte die Vorstellung von den Magiern verändert und konkretisiert.

a) Untersuche die Krippe (unten) auf lukanische bzw. matthäische Elemente.

b) Was erfährt man aus dem Text über die Magier? Was fügt das Bild hinzu?

Gipskrippe aus Gütersloh, um 1900.

- Sachfeld **viel** ⏭ multitūdō, multō, multus
- Wortfeld **Aufstehen und Beginnen** ⏭ surgere, incipere, proficīscī
- Grammatik **Imperative**

T 2 Der Wunderheiler

Mc 10 ⏭ 46 Et veniunt Hierichum. Et proficiscente eo de
Hiericho et discipulis eius et plurima multitudine filius
Timei, Bartimeus, caecus, sedebat iuxta viam mendicans.
47 Qui cum audisset, quia Iesus Nazarenus est, coepit
clamare et dicere: „Fili David, Iesu, miserere mei!“ 48 Et
comminabantur illi multi, ut taceret. At ille multo magis
clamabat: „Fili David, miserere mei!“ 49 Et stans Iesus prae-
cepit illum vocari. Et vocant caecum dicentes ei: „Anim-
aequior esto! Surge! Vocat te.“ 50 Qui proiecto vestimento
suo exiliens venit ad eum. 51 Et respondens illi Iesus dixit:
„Quid vis, tibi faciam?“ Caecus autem dixit ei: „Rabboni,
ut videam.“ 52 Iesus autem ait illi: „Vade! Fides tua te sal-
vum fecit.“ Et confestim vidit et sequebatur eum in via.

46 **Hierichus** Jericho (→ EV)
Et <Iēsūs et sociī suī> veniunt Hierichum
eō/eius: *gemeint ist Jesus* **discipulus** Jünger **plūrimus** sehr groß
proficīscente eō ... et discipulīs <proficīscentibus> et plūrimā multitūdine (Abl. abs.)
Tīmēus: *heute nicht mehr bekannte Person* **Bartimēus** (→ EV) **caecus** Blinder **mendīcāre** betteln 47 **Nāzarēnus** aus Nazareth (→ EV) **fīlī:** *Vok. zu* fīlius **Dāvīd** *hier: Gen.* (→ EV) **Iēsū:** *Vok. zu* Iēsūs **meī:** *Gen. zu* egō 48 **comminārī** *m. Dat.* jdn. zurechtweisen 49 **stāre** *hier:* stehen bleiben **animaequus** guten Mutes **esto** ~ es 50 **prōicere** *(PPP* prōiectum*)* abwerfen **exsilīre** aufspringen
51 *Quid vīs, <ut> tibi faciam*
Rabbōnī: *hebräischer Ausdruck für „Meister“*
Rabbōnī, <volō, ut faciās,> ut videam
52 **cōnfestim** sogleich

Kees de Kort: Bartimäus ruft, 1987.

❶ Bestimme, bevor du übersetzt, folgende Formen: sedēbat (V. 46), audī<vi>sset (V. 47), coepit (V. 47), miserēre (V. 47 f.), tacēret (V. 48), praecēpit (V. 49), surge (V. 49), vēnit (V. 50), vīs (V. 51), faciam (V. 51), fēcit (V. 52), sequebātur (V. 52).

❷ Wissenschaftler haben durch einen genauen Vergleich der Evangelien festgestellt, dass der Markus-Text sowohl Matthäus als auch Lukas vorlag und beide ihn in ihrem Sinne bearbeitet haben. In **M2** und **M3** erzählen Matthäus und Lukas die Geschichte von der Heilung des Bartimäus auf ihre Weise.

a) Übersetze die Texte von Matthäus und Lukas und vergleiche sie mit dem von Markus.

b) Erläutere, was die Veränderungen bewirken.

c) Welche Variante der Erzählung gefällt dir am besten? Begründe deine Antwort.

M2 Die Heilungsgeschichte nach Matthäus

30 **secus** *m. Akk.* nahe an **trānsīre** *hier:* vorbeigehen **nostrī:** *Gen. zu* nōs
31 **increpāre** anfahren

Mt 20 ⏭ 29 Et egredientibus eis ab Hiericho secuta est eum
turba multa. 30 Et ecce, duo caeci sedentes secus viam audie-
runt, quia Iesus transiret, et clamaverunt dicentes: „Domine,
miserere nostri, fili David!“ 31 Turba autem increpabat eos, ut
tacerent. At illi magis clamabant dicentes: „Domine, miserere
nostri, fili David!“ 32 Et stetit Iesus et vocavit eos et ait: „Quid
vultis, ut faciam vobis?“ 33 Dicunt illi: „Domine, ut aperian-
tur oculi nostri.“ 34 Misertus autem eorum Iesus tetigit oculos
eorum et confestim viderunt et secuti sunt eum.

M3 Die Heilungsgeschichte nach Lukas

35 **adpropinquāre** sich nähern **secus** *m. Akk.* nahe an 37 **trānsīre** *hier:* vorbeigehen 39 **prae(ter)ībant** | **increpāre** anfahren 42 **respicere** *hier:* wieder sehen (können) 43 **magnificāre** rühmen

Lc 18 ⏭ 35 Factum est autem, cum adpropinquaret Hiericho,
caecus quidam sedebat secus viam mendicans. 36 Et cum
audiret turbam praetereuntem, interrogabat, quid hoc esset.
37 Dixerunt autem ei, quod Iesus Nazarenus transiret. 38 Et
clamavit dicens: „Iesu, fili David, miserere mei!“ 39 Et qui
praeibant, increpabant eum, ut taceret. Ipse vero multo magis
clamabat: „Fili David, miserere mei!“ 40 Stans autem Iesus
iussit illum adduci ad se. Et cum adpropinquasset, interrogavit
illum 41 dicens: „Quid tibi vis, faciam?“ At ille dixit: „Domine,
ut videam.“ 42 Et Iesus dixit illi: „Respice! Fides tua te salvum
fecit.“ 43 Et confestim vidit et sequebatur illum magnificans
Deum. Et omnis plebs, ut vidit, dedit laudem Deo.

❸ Sind die Wunder Jesu wirklich geschehen? Der Theologe F. M. Fiederlein schreibt: „Menschen sind in der Begegnung mit Jesus … von Krankeiten und ‚Besessenheit‘ befreit worden. Jesu therapeutische und exorzistische Wirksamkeit ist ein historisches Faktum. Es wird in der Exegese heute nicht mehr bestritten. Anders sieht es bezüglich der sog. Naturwunder (Sturmstillung, Seewandel, Speisungen, …) aus. … Bei der Frage nach der Historizität gilt es immer zu bedenken: Die (Heil-)Wundererzählungen haben insgesamt einen Mehrwert an Theologie gegenüber der puren Historie …“ (Die Wunder Jesu und die Wundererzählungen der Urkirche, © Don Bosco Verlag, München 1988, S. 64.)

a) Erläutere das Zitat; kläre alle Fremdwörter mithilfe deiner Lateinkenntnisse und eines Lexikons.

b) Was bedeuten Fiederleins Gedanken für den Bartimäus-Text?

- Sachfeld Anzahl und Gesamtheit ⏭ centum, decem, mīlle, omnis, ūniversus, ūnus
- Wortfeld Bringen und Geben ⏭ offerre, reddere, trādere
- Grammatik Substantivierung ⏭ dēbitum, omnia, ūnus

T3 Der Geschichtenerzähler

Mt 18 ⏭ 22 Dicit ... Iesus: 23 „... adsimilatum est regnum
caelorum homini regi, qui voluit rationem ponere cum ser-
vis suis. 24 Et cum coepisset rationem ponere, oblatus est ei
unus, qui debebat decem milia talenta. 25 Cum autem non
haberet, unde redderet, iussit eum dominus venundari et
uxorem eius et filios et omnia, quae habebat, et reddi.
26 Procidens autem servus ille orabat eum dicens: „Patien-
tiam habe in me et omnia reddam tibi." 27 Misertus autem
dominus servi illius dimisit eum et debitum dimisit ei.

[23] **adsimilatum est** ~ simile est **caelōrum** ~ caelī **hominī rēgī** ~ rēgī **ratiōnem pōnere cum** eine Abrechnung machen bei [24] **talentum** ein Talent *(größte Geldeinheit in der Antike; ca. 2500 €)* [25] **vēnundāre** verkaufen *... et <omnia> reddī* [26] **patientia** Geduld **in** *hier:* gegenüber [27] **dīmittere** *hier:* 1. gehen lassen, 2. erlassen

28 Egressus autem servus ille invenit unum de conservis
suis, qui debebat ei centum denarios. Et tenens suffocabat
eum dicens: „Redde, quod debes!" 29 Et procidens conservus
eius rogabat eum dicens: „Patientiam habe in me et omnia
reddam tibi." 30 Ille autem noluit, sed abiit et misit eum in
carcerem, donec redderet debitum.

[28] **dēnārius** ein Denar *(kleine Münze; ca. 2 €)* **suffōcāre** würgen *Redde <id>, quod dēbēs* [30] **carcer, eris** Kerker **dōnec** *Subj.* bis

31 Videntes autem conservi eius, quae fiebant, contristati
sunt valde et venerunt et narraverunt domino suo omnia,
quae facta erant. 32 Tunc vocavit illum dominus suus et ait
illi: „Serve nequam, omne debitum dimisi tibi, quoniam
rogasti me. 33 Non ergo oportuit et te misereri conservi tui
sicut et ego tui misertus sum?" 34 Et iratus dominus eius
tradidit eum tortoribus, quoadusque redderet universum
debitum.

[31] *Videntēs autem cōnservī eius <ea,> quae fīēbant* **contrīstāre** betrüben [32] **nēquam** *Adj. indekl.* nichtswürdig [34] **tortor, ōris** Folterknecht **quoadūsque** bis

❶ Jesus erzählt eine bildhafte Geschichte, ein Gleichnis. Suche vor der Übersetzung für jeden der drei Absätze die handelnden oder sprechenden Personen heraus. Stelle auf dieser Grundlage eine Vermutung auf, worum es in diesem Gleichnis gehen wird.
❷ Finde für jede Szene eine Überschrift.
❸ Lege ein Beziehungsdiagramm an, in das du alle wichtigen Aussagen des Textes über die Beziehungen der Beteiligten zueinander auf Lateinisch einträgst.
❹ Die Gleichniserzählungen Jesu zeichnen sich dadurch aus, dass etwas Unerwartetes eintritt. Worin besteht es in dieser Erzählung? Suche die entscheidende Textstelle heraus und begründe deine Wahl.
❺ Mit dem Gleichnis spricht Jesus bildhaft vom Verhältnis zwischen Gott und Mensch und von der Beziehung der Menschen untereinander. Nicht jedes Detail darf dabei übertragen werden; es kommt auf die Gesamtaussage an. Arbeite heraus, worin sie besteht.

- Wortfeld Trennung und Distanz ⏭ **dīvidere, dēscendere, ēdūcere, ēmittere, praeterīre**
- Sachfeld Zeit ⏭ **diēs, hōra, postquam, simul**
- Grammatik historisches Präsens

T4 Der Gekreuzigte

Mc 15 ⏭ 16 Milites autem duxerunt eum intro in atrium
praetorii et convocant totam cohortem. 17 Et induunt eum
purpuram et inponunt ei plectentes spineam coronam
18 et coeperunt salutare eum: „Have, rex Iudaeorum!“ 19 et
percutiebant caput eius harundine et conspuebant eum et
ponentes genua adorabant eum. 20 Et postquam inluserunt
ei, exuerunt illum purpuram et induerunt eum vestimentis
suis. Et educunt illum, ut crucifigerent eum.

21 Et angariaverunt praetereuntem quempiam, Simonem
Cyreneum venientem de villa, patrem Alexandri et Rufi, ut
tolleret crucem eius.

22 Et perducunt illum in Golgatha locum, quod est interpre-
tatum: „calvariae locus“. 23 Et dabant ei bibere murratum
vinum. Et non accepit. 24 Et crucifigentes eum diviserunt
vestimenta eius mittentes sortem super eis, quis quid tolle-
ret. 25 Erat autem hora tertia et crucifixerunt eum. 26 Et erat
titulus causae eius inscriptus: REX IUDAEORUM.

16 **intrō** hinein **ātrium** Hof **praetōrium** Amtsgebäude **cohors, tis** *f* Kohorte *(600 Soldaten)* 17 **purpura** purpurner Mantel **plectere** flechten **spīneus** Dornen- **corōna** Krone *impōnunt eī plectentēs spīneam corōnam ~ plectunt spīneam corōnam et impōnunt eī*
18 **salūtāre** grüßen **have** sei gegrüßt
19 **percutere** schlagen **harundō, inis** Stock **cōnspuere** anspucken **pōnere genua** niederknien 20 **inlūdere** *(Perf.* **inlūsī***)* *m. Dat.* jdn. verhöhnen **exuere** *(Perf.* **exuī***)* *m. dopp. Akk.* jdm. etw. ausziehen 21 **angariāre** zwingen **quispiam** (*Akk.* quempiam) irgendjemand **Simōn, ōnis** (→ EV) **Cyrēneus** aus Kyrene (→ EV) **villa** *hier:* Landgut **Alexander/Rufus:** *heute nicht mehr bekannte Personen* 22 **(per)dūcere** | **Golgatha** (→ EV) **interpretāre** übersetzen **calvāria** Schädel **murrātus** mit Myrrhe gewürzt *(gemeint: schmerzlindernd)* **accipere** *hier:* annehmen
24 **mittere sortem** das Los werfen
26 **titulus** Bezeichnung **causa** *hier:* Schuld **īnscrībere** *(PPP* **īnscrīptum***)* (auf einer Tafel) aufschreiben

27 **latrō, ōnis** *m* Räuber **ā dextrīs** auf der rechten Seite 28 **adimplēre** *(PPP* adimplētum*)* erfüllen **scriptūra** die Schrift *(gemeint ist das Alte Testament)* **reputāre cum** zählen zu **iniquus** Übeltäter 29 **blas-phēmāre** verspotten **va!** ach! **dēstruere** einreißen **templum:** *gemeint ist der Tempel in Jerusalem* *Quī dēstruit templum et in tribus diēbus aedificat, salvum fac tēmet ipsum* ~ *<Tū,> quī dēstruis templum et in trībus diēbus aedificās, salvum fac tēmet ipsum*
30 **tēmet** ~ tē 31 **lūdere** scherzen **ad alterutrum** untereinander **scrība** *m* Schriftgelehrter *(d. h. Theologe und Jurist)*
32 **Isrāhēl** Israel (→ EV) **convīciārī** *m. Dat.* lästern über 33 **sextus** der sechste **nōnus** der neunte **ex-clāmāre**
34 **Heloi, Heloi, lama sabacthani:** *aramäischer Satz* **ut quid** ~ cūr **(dē)relinquere** 35 **circum-stāre** **Hēlīās, ae** *m* Elija (→ EV) *(gemeint: ein himmlischer Nothelfer)*
36 **implēre** ~ complēre **spongia** Schwamm **acētum** (ungenießbarer) Essig **circum-pōnere** | **calamus** Rohrstab **pōtus, ūs** *m* Trank **sinere** *m. Konj.* etw. tun lassen **dēpōnere** *hier:* herabholen
37 **exspīrāre** sterben
38 **vēlum** Vorhang (*vor dem Allerheiligsten)* **scindere** *(PPP* scissum*)* zerreißen **sūrsum** oben **deorsum** unten
39 **centuriō** Hauptmann **ex adversō** gegenüber 40 **dē longē** von weitem **aspicere** *hier:* zusehen **Maria Magdalēnē** Maria aus Magdala (→ EV) **Ioseph:** *hier Gen.* **Maria/Iācōbus/Iōsēph/Salomē:** *heute nicht mehr bekannte Personen* **minor** *hier:* der Jüngere 41 **Galilaea** Galiläa (→ EV) *et cum <Iēsūs> esset in Galilaeā* **ministrāre** dienen **ascendere** *(Perf.* ascendī*) m. Akk. hier:* hinaufsteigen nach **Hierosolyma** *n Pl.* Jerusalem (→ EV)

27 Et cum eo crucifigunt duos latrones, unum a dextris et
alium a sinistris eius. 28 Et adimpleta est scriptura, quae
dicit: „Et cum iniquis reputatus est." 29 Et praetereuntes
blasphemabant eum moventes capita sua et dicentes:
„Va! Qui destruit templum et in tribus diebus aedificat, 30
salvum fac temet ipsum descendens de cruce!" 31 Similiter
et summi sacerdotes ludentes ad alterutrum cum scribis
dicebant: „Alios salvos fecit. Se ipsum non potest salvum
facere. 32 Christus, rex Israhel, descendat nunc de cruce,
ut videamus et credamus!" Et qui cum eo crucifixi erant,
conviciabantur ei.

33 Et facta hora sexta tenebrae factae sunt per totam ter-
ram usque in horam nonam. 34 Et hora nona exclamavit
Iesus voce magna dicens: „Heloi, Heloi, lama sabacthani?"
quod est interpretatum: „Deus meus, Deus meus, ut quid
dereliquisti me?" 35 Et quidam de circumstantibus audi-
entes dicebant: „Ecce, Heliam vocat." 36 Currens autem
unus et implens spongiam aceto circumponensque calamo
potum dabat ei dicens: „Sinite, videamus, si veniat Helias
ad deponendum eum!" 37 Iesus autem emissa voce magna
exspiravit. 38 Et velum templi scissum est in duo a sursum
usque deorsum.

39 Videns autem centurio, qui ex adverso stabat, quia sic
clamans exspirasset, ait: „Vere, homo hic Filius Dei erat."
40 Erant autem et mulieres de longe aspicientes, inter quas
et Maria Magdalene et Maria, Iacobi minoris et Ioseph
mater, et Salome 41 – et cum esset in Galilaea, sequebantur
eum et ministrabant ei – et aliae multae, quae simul cum
eo ascenderant Hierosolyma.

❶ Suche, bevor du übersetzt, alle Wörter aus dem Text und den Vokabelhilfen heraus, die verbale oder körperliche Gewalt beschreiben. Was folgerst du aus dem Ergebnis?

❷ Jesus wird von den Römern gekreuzigt. Sammle Informationen darüber, welche Geschichte diese Art der Hinrichtung hat, wie sie von den Römern durchgeführt wurde und wer sie erleiden musste. Bereite eine kurze Präsentation vor.

❸ Jesus stand dem Tempel von Jerusalem und den Priestern des Tempels kritisch gegenüber. Welche Stellen des Textes nehmen darauf Bezug? Erläutere sie.

❹ In V. 34 spricht Jesus die Worte: *„Heloi, Heloi, lama sabacthani?"* Er zitiert damit den Anfang des 22. Psalms aus dem Alten Testaments und verweist – als wenn er eine Überschrift nennt – so auf den Inhalt des Psalms. Der Verfasser des Psalms lässt in seinem Text zunächst einen leidenden Menschen bitterlich klagen, gibt dessen Worten dann aber eine neue Wendung.

a) Beschreibe, welche Haltung des Leidenden im Auszug aus Psalm 22 (**M4**) zum Ausdruck kommt.

b) Erläutere, was dies für das richtige Verständnis von V. 34 bei Markus bedeutet.

❺ Vergleiche das Bild von Hieronymus Bosch (unten) mit der Schilderung von Markus.

M4 Psalm 22,20–25

20 Du aber, Herr, halte dich nicht fern!
Du, meine Stärke, eil mir zu Hilfe!
21 Entreiße mein Leben dem Schwert,
mein einziges Gut aus der Gewalt der Hunde!
22 Rette mich vor dem Rachen des Löwen,
vor den Hörnern der Büffel rette mich Armen!
23 Ich will deinen Namen meinen Brüdern verkünden,
inmitten der Gemeinde dich preisen.
24 Die ihr den Herrn fürchtet, preist ihn,
ihr alle vom Stamm Jakobs, rühmt ihn;
erschauert alle vor ihm, ihr Nachkommen Israels!
25 Denn er hat nicht verachtet,
nicht verabscheut das Elend des Armen.
Er verbirgt sein Gesicht nicht vor ihm;
er hat auf sein Schreien gehört.

Die Bibel. Einheitsübersetzung der Heiligen Schrift. Gesamtausgabe, © Katholische Bibelanstalt, Stuttgart 1980

Hieronymus Bosch: Die Kreuztragung Christi. 1515–1516. Gent, Museum voor Schoone Kunsten.

- Sachfeld **Körper und Berührung** ⏭ caput, corpus, pēs, tangere
- Wortfeld **Unsicherheit und Trauer** ⏭ flēre, nescīre, quaerere
- Grammatik **Verneinung des Imperativs** ⏭ Nōlī mē tangere!

T 5 Der Auferstandene

Joh 20 ⏭ 1 Am ersten Tag der Woche kam Maria von
Magdala frühmorgens, als es noch dunkel war, zum
Grab und sah, dass der Stein vom Grab weggenom-
men war. 2 Da lief sie schnell zu Simon Petrus und
dem Jünger, den Jesus liebte, und sagte zu ihnen:
Man hat den Herrn aus dem Grab weggenommen und
wir wissen nicht, wohin man ihn gelegt hat. 3 Da gin-
gen Petrus und der andere Jünger hinaus und kamen
zum Grab; 4 sie liefen beide zusammen dorthin, aber
weil der andere Jünger schneller war als Petrus, kam
er als erster ans Grab. 5 Er beugte sich vor und sah die
Leinenbinden liegen, ging aber nicht hinein. 6 Da kam
auch Simon Petrus, der ihm gefolgt war, und ging
in das Grab hinein. Er sah die Leinenbinden liegen
7 und das Schweißtuch, das auf dem Kopf Jesu gele-
gen hatte; es lag aber nicht bei den Leinenbinden,
sondern zusammengebunden daneben an einer be-
sonderen Stelle. 8 Da ging auch der andere Jünger,
der zuerst an das Grab gekommen war, hinein; er sah
und glaubte. 9 Denn sie wussten noch nicht aus der
Schrift, dass er von den Toten auferstehen musste.
10 Dann kehrten die Jünger wieder nach Hause zurück.

Die Bibel. Einheitsübersetzung der Heiligen Schrift. Gesamtausgabe, © Katholische Bibelanstalt, Stuttgart 1980

[11] **Maria** Maria aus Magdala (→ EV) **monumentum** *hier:* Grab(mal) **plōrāre** laut weinen, wehklagen **inclīnāre** beugen **prōspicere** *hier:* blicken
[12] **alba** weißes Gewand **positum fuerat** ~ positum erat **Iēsū:** *griech. Gen. zu* Iēsūs (→ EV) [13] **quid** *hier:* warum **ferre** *hier:* forttragen **Dominus:** *gemeint ist Jesus* [14] **convertī** *(Part. Perf.* conversus*)* sich wenden **retrōrsum** rückwärts
[15] **hortulānus** Gärtner **dīcitō** ~ **dīc** **tollere** *hier:* holen [16] **Rabbōnī:** *hebräischer Ausdruck* **magister** Meister
[17] **frātrēs:** *gemeint sind die Jünger*
[18] **Magdalēnē** aus Magdala **(ad) nūntiāre** | **discipulus** Jünger **quia:** *bleibt unübersetzt*

Joh 20 ⏭ 11 Maria autem stabat ad monumentum foris plo-
rans. Dum ergo fleret, inclinavit se et prospexit in monu-
mentum. 12 Et vidit duos angelos in albis sedentes, unum
ad caput et unum ad pedes, ubi positum fuerat corpus Iesu.
13 Dicunt ei illi: „Mulier, quid ploras?“ Dicit eis: „Quia tul-
erunt Dominum meum et nescio, ubi posuerunt eum.“
14 Haec cum dixisset, conversa est retrorsum et videt
Iesum stantem. Et non sciebat, quia Iesus est. 15 Dicit
ei Iesus: „Mulier, quid ploras? Quem quaeris?“ Illa
existimans, quia hortulanus esset, dicit ei: „Domine, si
tu sustulisti eum, dicito mihi, ubi posuisti eum, et ego
eum tollam!“ 16 Dicit ei Iesus: „Maria!“ Conversa illa dicit
ei: „Rabboni!“, quod dicitur „Magister!“. 17 Dicit ei Iesus:
„Noli me tangere! Nondum enim ascendi ad Patrem
meum. Vade autem ad fratres meos et dic eis: Ascendo ad
Patrem meum et Patrem vestrum et Deum meum et Deum
vestrum.“ 18 Venit Maria Magdalene adnuntians discipulis,
quia „Vidi Dominum et haec dixit mihi.“

❶ Der Evangelist Johannes und der Maler Hans Holbein (Bild unten) beschreiben dasselbe Geschehen.
a) *Vor der Lektüre:* 1. Betrachte das Bild von Holbein und beschreibe es genau. 2. Stelle Vermutungen an, was dargestellt ist, und 3. formuliere Fragen, die das Bild aufwirft und der Text des Johannes-Evangeliums beantworten könnte.
b) *Nach der Lektüre:* 4. Kläre, welche Fragen beantwortet sind, welche offen bleiben (zum Gefäß in der Hand von Maria vgl. Mc 16,1), welche sich neu aufgetan haben. 5. Bewerte das Bild: Wie gut stellt es den Text dar? 6. Überlege dir, wie ein alternatives Bild aussehen könnte oder recherchiere im Internet (z.B. unter dem Stichwort „Noli me tangere!") nach weiteren Darstellungen.
❷ Im lateinischen Text kommen bestimmte Wörter besonders häufig vor. Suche alle Verben (außer dīcere) heraus: Welche sind „Leitwörter" und durchziehen den Text wie ein roter Faden?

❸ Johannes erzählt das Osterereignis spannungsreich. Entwirf in einem Koordinatenkreuz eine Spannungskurve und trage wichtige Zitate in die Grafik ein.
❹ Vers 17 ist in der Forschung umstritten. Welcher Meinung kannst du dich anschließen?
a) Ein Verbot, den Auferstandenen zu berühren, findet sich in keinem anderen Auferstehungsbericht – im Gegenteil! Außerdem will die nachfolgende Begründung nicht zum Verbot passen. Daraus folgt: Der Text ist unverständlich; wahrscheinlich ist etwas in der Überlieferung ausgefallen.
b) Der Text ist so, wie er dasteht, gut verständlich: Maria darf Jesus nicht berühren, weil er sich unmittelbar nach der Auferstehung in einem besonderen Zustand befindet. Dass er sich später berühren lässt, ist ein Ausnahmefall.
c) Es geht im Text weniger darum, dass Maria Jesus berührt – als Beweis seiner Auferstehung; vielmehr will Jesus nicht länger verweilen und aufgehalten werden, um seinen Weg zu vollenden.

Hans Holbein d. J.: Noli me tangere. (1524).

Erbe für Europa – das römische Recht

Kaiser Justinian mit seinem Gefolge. Byzantinisches Mosaik. 547 n. Chr. Ravenna, San Vitale.

Die vielleicht wichtigste, in jedem Fall aber am deutlichsten spürbare Hinterlassenschaft der Römer ist das römische Recht. Nahezu alle heute geltenden Rechtsordnungen sind von ihm stark beeinflusst, vor allem die des europäischen Kontinents und Lateinamerikas. Auch das deutsche Recht, vor allem das Bürgerliche Gesetzbuch (BGB), ist ohne das römische Recht nicht denkbar.

Kernstück des römischen Rechts ist das **Corpus Iuris Civilis**, eine Sammlung von Gesetzen, Verordnungen und Fallbeispielen aus den Schriften bedeutender Juristen, die unter dem oströmischen Kaiser Justinian zwischen 530 und 533 n. Chr. erstellt wurde. Unter der Leitung Tribonians, des Justizministers Justinians, sichtete eine Kommission aus Anwälten und Professoren die vorliegende juristische Literatur und wählte aus, was in das *Corpus* aufgenommen wurde. Den umfangreichsten Teil des *Corpus Iuris Civilis* bilden die sog. **Digesta** (lat. „geordnete Darstellung, Geordnetes"). Die *Digesten* sind eine Sammlung von Auszügen aus den Schriften bedeutender römischer Juristen. Ihnen entstammen die folgenden lateinischen Textstücke.

Lex est, quod populus iubet atque constituit. „Gesetz ist, was das Volk anordnet und beschließt". Legt man diese Definition des Juristen Gajus (2. Jh. n. Chr.) zugrunde, konnte die Expertengruppe Justinians auf eine fast 1000-jährige römische Rechtsgeschichte zurückgreifen:

Seit den **Zwölftafelgesetzen**, die angeblich zwischen 451 und 449 v. Chr. formuliert worden waren, gab es in Rom ein schriftlich festgelegtes Recht. Diese Zwölftafelgesetze waren eine Folge der Ständekämpfe. Sie schufen eine allgemein akzeptierte Grundlage für alle

Rechtsstreitigkeiten und boten damit den Angehörigen der **plebs** Schutz vor der Willkür der Patrizier. Angeblich wurde eine Gesandtschaft aus römischen Adligen nach Athen geschickt, die dort die Gesetze Solons studieren sollten, wahrscheinlicher ist jedoch, dass sich die Römer bei der Abfassung ihrer Zwölftafelgesetze von den Gesetzen der umliegenden Städte in Unteritalien leiten ließen.

Die Zwölftafelgesetze wurden zwar immer wieder durch aktuelle Beschlüsse der Magistrate, des Senats oder der Volksversammlung ergänzt, galten jedoch bis zum Ende der Republik als juristische Grundlage des römischen Lebens. Der römische Historiker Livius bezeichnete sie als „Quelle des gesamten öffentlichen und privaten Rechts" (**fons omnis publici privatique iuris**, Liv. 3, 34, 6). Noch zu Ciceros Zeit mussten die Kinder in der Schule das Zwölftafelgesetz auswendig lernen, auch wenn sie den altlateinischen Wortlaut der sperrigen, schwerverständlichen Sätze teilweise nicht mehr erfassten: SI IN IUS VOCAT, ITO. NI IT, ANTESTAMINO. IGITUR: EM CAPITO. „Wenn (ein Kläger einen Angeklagten) vor Gericht ruft, soll er gehen. Wenn er nicht geht, soll er zur Aussage gezwungen werden. Deshalb soll (der Kläger) ihn ergreifen". So lautet z. B. die berühmte erste Bestimmung der ersten Tafel.

Da die römische Oberschicht an traditionellen Werten und Gesetzen der Frühzeit festhielt (die Sitten und Gesetze der Vorfahren waren die Richtschnur in allen offenen Fragen), wurden schon in der Frühzeit der Republik Rechtsgelehrte benötigt, die in der Lage waren, die Gesetze richtig zu erläutern. Römische Beamte waren meist keine ausgebildeten Juristen, sie mussten daher häufig den professionellen Rat eines **iuris consultus** (Rechtsgelehrten) einholen. Seit der Zeit Ciceros schufen Juristen neben Gesetzeskommentaren auch zusammenfassende Rechtsdarstellungen.

Seit Beginn der Kaiserzeit wurde die Rechtskunde in Auseinandersetzung mit der Philosophie theoretischer und wissenschaftlicher. Außerdem versuchte man, das Recht zu vereinfachen und in Lehrbüchern zusammenzufassen. Damit waren die Voraussetzungen dafür geschaffen, dass im 2. Jh. n. Chr. die bedeutendste Phase der Jurisprudenz einsetzen konnte, die neben der Rhetorik zur wichtigsten Disziplin wurde. Dazu trug auch bei, dass es seit Kaiser Hadrian immer üblicher wurde, wichtige Beamtenstellen mit ausgebildeten Juristen zu besetzen. Eine juristische Ausbildung wurde damit zum Sprungbrett für eine politische Karriere.

Die Juristen des 2. und 3. Jahrhunderts waren entscheidend daran beteiligt, aus der Jurisprudenz eine neue Literaturgattung zu machen. Für ihre juristischen Lehrbücher und Kommentare, in denen sie schwierige Fälle erläuterten, schufen sie ein eigenes Juristenlatein. Verwickelte Sachverhalte und Gedankengänge wurden in einfacher und präziser Sprache dargestellt, ohne Emotionen und rhetorische Ausschmückung. Die Argumentation war immer nach dem gleichen Schema aufgebaut; denn es galt, eine objektive Entscheidung zu treffen, unabhängig von der Person des einzelnen Richters. Die allgemeine Rechtsregel, die dem Fall zu Grunde lag, wurde meist nicht explizit benannt. Die präzise Sprache der Juristen spiegelte ihre klaren Analysen der behandelten Fälle. Da Sprache und Inhalt so gut zueinander passen, hat auch heute die „trockene" Sprache der römischen Juristen durchaus noch ihren Reiz.

Nachbildung der ersten Tafel des Zwölftafelgesetzes. Museo della Civiltà Romana, Rom.

Was ist Recht?

• Sachfeld Recht und Gerechtigkeit ⏭ aequus ↔ inīquus, bonus, iūs, iūstitia, laedere, magistrātus, metus, poena, praemium, publicus, tribuere, ūtilis

T1 Ars boni et aequi

Ulpian (um 170–223 n. Chr.) ist der römische Jurist, der in den *Digesten* am häufigsten zitiert wird. Seine Aussagen füllen mehr als ein Drittel des Gesamtwerks. Der folgende Text stammt vermutlich aus dem Anfang eines Lehrbuches, das Ulpian für den Rechtsunterricht verfasste. Er gibt einen Überblick über die Einteilung und die Aufgaben der Rechtspflege:

Iuri operam daturum prius nosse oportet, unde nomen iuris descendat. Est autem a iustitia appellatum. Nam, ut eleganter Celsus definit: „Ius est ars boni et aequi.“ Cuius merito quis nos sacerdotes appellet. Iustitiam namque colimus et boni et aequi notitiam profitemur, aequum ab iniquo separantes, licitum ab illicito discernentes, bonos non solum metu poenarum, verum etiam praemiorum quoque exhortatione efficere cupientes, veram (nisi fallor) philosophiam, non simulatam affectantes.

Huius studii duae sunt positiones, publicum et privatum. Publicum ius est, quod ad statum rei Romanae spectat, privatum, quod ad singulorum utilitatem. Sunt enim quaedam publica utilia, quaedam privatim. Publicum ius in sacris, in sacerdotibus, in magistratibus consistit. Privatum ius tripertitum est: Collectum etenim est ex naturalibus praeceptis aut gentium aut civilibus.

Ius naturale est, quod natura omnia animalia docuit. Nam ius istud non humani generis proprium, sed omnium animalium, quae in terra, quae in mari nascuntur, avium quoque commune est. Hinc descendit maris atque feminae coniunctio, quam nos matrimonium appellamus, hinc liberorum procreatio, hinc educatio. Videmus etenim

[1] **operam dāre** *m. Dat.* etw. studieren *Oportet <hominem> iuri operam daturum prius no<vi>sse, unde* [2] **dēscendere** *hier:* herrühren **iūstitia** Gerechtigkeit [3] **ēlegāns, antis** geschickt, treffend **Celsus:** P. Iuventius Celsus (→ EV) **dēfīnīre** definieren **cūius meritō** deshalb [5] **nōtitia** Kenntnis **profitērī** öffentlich lehren [6] **sēparāre** trennen **licitum** das Erlaubte **illicitum** das Unerlaubte **discernere** unterscheiden [8] **exhortātiō, ōnis** Motivation, Ansporn [9] **philosophia** Weisheit, Philosophie **simulātus** scheinbar **affectāre** erstreben [10] **positiō, ōnis** *f* Aufgabenbereich [11] **spectāre ad** sich beziehen auf **status, ūs** Zustand **rēs <pūblica>** [12] **ūtilitās, ātis:** *Subst.* zu ūtilis, e [13] **prīvātim:** *Adv. zu* prīvātus [14] **cōnsistere** *hier:* gelten [15] **tripertītus** dreigeteilt **colligī** *(Perf.* **collectum)** bestehen aus **etenim** nämlich [16] **nātūrālis, e** natürlich **praeceptum** Vorschrift **cīvīlis, e** *hier:* zum Zivilrecht gehörend [17] **iūs nātūrāle** Naturrecht **animal, is** *n* Lebewesen [19] **avis, is** Vogel [20] **mās, maris** Mann [21] **coniūnctiō** Verbindung [22] **prōcreātiō** Zeugung **ēducātiō** Erziehung

[23] **perītia** Kenntnis [25] **recēdere** *hier:* abweichen

cetera quoque animalia, feras etiam, istius iuris peritia censeri. Ius gentium est, quo gentes humanae utuntur. Quod a naturali recedere facile intellegere licet, quia illud omnibus animalibus, hoc solis hominibus inter se commune sit. [...]

[28] **cōnstāns, antis** unwandelbar
[30] **prūdentia** Kenntnis [32] **scientia** Wissen **in-iustus**

Iustitia est constans et perpetua voluntas ius suum cuique tribuendi. Iuris praecepta sunt haec: Honeste vivere, alterum non laedere, suum cuique tribuere. Iuris prudentia est divinarum atque humanarum rerum notitia, iusti atque iniusti scientia.

Digesten 1,1,pr. – 4; 10

I1 Öffentliches Recht und Privatrecht

Zum öffentlichen Recht gehören im deutschen Recht Gesetze, Verordnungen oder andere Bestimmungen, die sich ausschließlich an den Staat oder einen anderen Träger hoheitlicher Gewalt richten. Das Privatrecht (oder Zivilrecht) hingegen ist der Teil des Rechts, der die Beziehungen zwischen einzelnen rechtlich gleichgestellten Mitgliedern der Gemeinschaft regelt.

Das Strafrecht ist ein methodisch eigenständiger Teil des öffentlichen Rechts, der im Strafgesetzbuch (StGB) geregelt ist. Im Strafrecht wird jedem schuldhaft begangenen Unrecht eine Sanktion zugeordnet, z. B. eine Freiheitsstrafe. Im Strafrecht werden die Straftaten grundsätzlich von öffentlicher Seite, also von der Staatsanwaltschaft, verfolgt und angeklagt. Lediglich für einige leichtere Vergehen, wie Hausfriedensbruch oder Beleidigung, ist ein Strafantrag für die Verfolgung erforderlich. Im Privatrecht hingegen entscheiden die Parteien selbst, ob sie ein Gerichtsverfahren anstrengen und Klage erheben. Ein und derselbe Vorgang vermag sowohl privatrechtliche als auch öffentlich-rechtliche Folgen auszulösen. So kann z. B. ein Straftäter strafrechtlich verurteilt werden und auch noch zusätzlich privatrechtlich dazu verurteilt werden, dem Geschädigten Schadensersatz oder Schmerzensgeld zu leisten.

Im antiken Rom fielen nur solche Verbrechen unter das öffentliche Strafrecht, die sich direkt gegen den Staat richteten und seinen Bestand gefährdeten, z. B. Landesverrat, Religionsfrevel, Mord und Gewalttaten. Die gesamte mittlere und kleine Kriminalität (z. B. Diebstahl, Körperverletzung, Sachbeschädigung, Betrug) gehörte nach römischer Auffassung zum Privatrecht. Der Geschädigte musste selbst entscheiden, ob er Klage erhebt.

❶ An welchen Stellen des Textes verfällt Ulpian in eine gehobene, feierliche Sprache, an welchen ist die Sprache nüchtern und sachlich? Du kannst die feierlichen Passagen schon vor der Übersetzung erkennen, wenn du den **T1** laut vorliest und dabei auf Satzbau und Stilmittel, besonders auf Parallelismen, Anaphern und Metaphern, achtest.

❷ Verdeutliche die Einteilung des Rechts, die Ulpian vornimmt, in einem Schaubild.

❸ Fast alle modernen Rechtssysteme haben die von Ulpian gemachte Unterscheidung zwischen öffentlichem Recht und Privatrecht übernommen. Stellt die Vor- und Nachteile der antiken römischen und der modernen deutschen Rechtsauffassung unter Berücksichtigung von **I1** gegenüber.

T2 Allgemeine Rechtsgrundsätze

Viele Grundsätze des römischen Rechts sind knapp zusammengefasst in kurzen, einprägsamen, manchmal auch rhythmischen oder gereimten Formulierungen. Teilweise finden sich diese Formulierungen schon in den *Digesten*, die meisten aber stammen aus dem Rechtsunterricht des Mittelalters, der vor der Erfindung des Buchdrucks mündlich und durch Auswendiglernen stattfand. Gerade weil sie so prägnant sind, werden sie aber auch heute noch vielfach von Juristen benutzt.

Übersetze die folgenden lateinischen Rechtsregeln und ordne sie den modernen Entsprechungen zu. In welchen Fällen stimmt die moderne Regel nicht genau mit dem lateinischen Vorbild überein?

a) Semper specialia generalibus insunt.
b) Nulla poena sine lege.
c) Graviore culpa gravior poena.
d) Ne bis in idem.
e) Pacta sunt servanda.
f) Omnes homines aequales sunt.
g) Audiatur et altera pars.
h) Arma in armatos sumere iura sinunt.
i) In dubio pro reo (iudicandum est).
j) Nemo tenetur se ipsum accusare.
k) Cuius est commodum, eius est periculum.
l) Ignorantia legis non excusat.

1. Alle Menschen sind vor dem Gesetz gleich. (Art. 3 Abs. 1 GG)
2. Die Schuld des Täters ist Grundlage für die Zumessung der Strafe. (§ 46 Abs. 1 S. 1 StGB)
3. Das besondere Gesetz verdrängt das allgemeine.
4. Fehlt dem Täter bei Begehung der Tat die Einsicht, Unrecht zu tun, so handelt er ohne Schuld, wenn er diesen Irrtum nicht vermeiden konnte. (§ 17 S. 1 StGB)
5. Vor Gericht hat jedermann Anspruch auf rechtliches Gehör. (Art. 103 Abs. 1 GG)
6. Wer eine Tat begeht, die durch Notwehr geboten ist, handelt nicht rechtswidrig. (§ 32 Abs. 1 StGB)
7. Verträge müssen eingehalten werden.
8. Jede Person, die einer Straftat angeklagt ist, gilt bis zum gesetzlichen Beweis ihrer Schuld als unschuldig. (Art. 6 Abs. 2 MRK)
9. Er (der Beschuldigte) ist darauf hinzuweisen, dass es ihm nach dem Gesetz freistehe, sich zu der Beschuldigung zu äußern oder nicht zur Sache auszusagen. (§ 136 Abs. 1 S. 2 1. Hs StPO).
10. Keine Strafe ohne Gesetz (§ 1 StGB, Art. 103 Abs. 2 GG).
11. Von der Übergabe an gebühren dem Käufer die Nutzungen und trägt er die Lasten der Sache. (§ 446 S. 2 BGB)
12. Niemand darf wegen derselben Tat auf Grund der allgemeinen Strafgesetze mehrmals bestraft werden. (Art. 103 Abs. 3 GG)

I2 Die Juristen und die Philosophie

Bei seiner Definition von „Recht" stellt Ulpian eine Verbindung her zwischen dem Recht, das versucht, das Leben der Menschen durch Regelungen zu ordnen, und der Gerechtigkeit. Damit bringt er die Rechtssprechung in einen höheren, philosophischen Zusammenhang.

In der Tat sind die Grundprobleme der Rechtssprechung philosophische Fragen: Was ist gerecht? Welche Strafe ist angemessen? Wie kann überhaupt Schuld gesühnt werden? Wenn auch diese Grundfragen philosophischer Art sind, so finden doch die Juristen, anders als die Philosophen, einfache, lebensnahe und nachvollziehbare Antworten.

Bewusst sachlich und überraschend einfach definiert Ulpian: Ius est ars boni et aequi. An anderer Stelle prägt er die bis heute gängige Formulierung: „Gerechtigkeit ist der dauerhafte und unwandelbare Wille, jedem das zu geben, was ihm zusteht."

Nachbarschaftsrecht

T3 Geruchsimmission

Auch auf fremden Grundstücken können jedem bestimmte Rechte zustehen, z. B. das Recht, ein fremdes Grundstück zu überqueren, wenn ein öffentlicher Weg darüber führt. Im römischen Recht heißen diese Rechte servitutes („Dienstbarkeiten"). Der folgende Text gibt eine Diskussion der Juristen Aristo, Cerellius Vitalis und Alfenus wieder, die darüber nachdenken, welche servitutes es gibt:

Aristo Cerellio Vitali respondit non putare se ex taberna casearia fumum in superiora aedificia iure immitti posse, nisi ei rei servitutem talem admittit. Idemque ait: Et ex superiore in inferiora non aquam, non quid aliud immitti licet. In suo enim alii hactenus facere licet, quatenus nihil in alienum immittat. Fumi autem sicut aquae esse immissionem. Posse igitur superiorem cum inferiore agere ius illi non esse id ita facere. Alfenum denique scribere ait posse ita agi ius illi non esse in suo lapidem caedere, ut in meum fundum fragmenta cadant. Dicit igitur Aristo eum, qui tabernam caseariam a Minturnensibus conduxit, a superiore prohiberi posse fumum immittere, sed Minturnenses ei ex conducto teneri. Agique sic posse dicit cum eo, qui eum fumum immittat, ius ei non esse fumum immittere.

Digesten 8,5,8,5

[1] **taberna caseāria** Käserei [2] **fūmus** Dampf **immittere** hineinleiten
[3] *nisī <aliquis> eī reī servitūtem tālem admittit*
[4] **superiōre:** *erg.* aedificiō **īnferiōra** *(erg.* aedificia*)* tiefer gelegene Gebäude **(ali)quid** [5] **hāctenus ... quātenus** insoweit ... wie [7] **immissiō, ōnis** Hineinleitung **superior** *hier:* Eigentümer des oberen Gebäudes **īnferior, ōris** *hier:* Eigentümer des unteren Gebäudes **agere** *hier:* vor Gericht klagen [9] **lapidem caedere** einen Stein zertrümmern [10] **fragmentum** Bruchstück [13] **Minturnēnsēs** *m Pl.* Einwohner von Minturnae (→ EV) **conductum** Pachtvertrag **tenērī** verpflichtet sein, haften

❶ Versuche an Hand des Vokabulars zu erschließen, worum es in dem Text geht.

❷ Vergleiche den antiken Fall mit folgenden modernen Fällen. Sind die modernen Fälle und die getroffenen Entscheidungen mit den antiken vergleichbar?

a) In einem Dorf bei Augsburg schwelte jahrelang ein Rechtsstreit: Eine alteingesessene Bäuerin und eine zugezogene Städterin hatten sich über die Frage entzweit, ob eine Kuh und ihr Kalb eine Kuhglocke tragen und mit dieser auch läuten dürfen. Die Städterin meinte nein, denn sie fühlte sich in ihrer Nachtruhe gestört. Vor dem Landgericht Augsburg kam es dann zu einem Vergleich: Demnach dürfen die Kühe ihre Glocken behalten, müssen in Zukunft nachts jedoch mindestens 120 Meter Abstand vom Nachbargrundstück halten. Garantieren muss das die Bäuerin mit Hilfe eines Weidezauns.

b) Eine Frau verklagte ihren rauchenden Nachbarn, weil er seinem Laster auf dem Balkon nachging. Rauchen auf dem Balkon ist aber erlaubt, stellte das Amtsgericht Bonn fest. Selbst gesundheitliche Schädigungen habe die Frau hinzunehmen, da in einem Wohngebiet der Tabakkonsum nicht gänzlich untersagt werden könne, so die Richter in ihrer Urteilsbegründung.

I3

Der römische Prozess

Von den Zwölftafelgesetzen bis zu den Justinianischen Digesten wandelte sich das römische Prozessrecht erheblich. In republikanischer Zeit liefen Zivilprozesse (vgl. I1) in zwei Phasen ab: Wenn ein Geschädigter bei einem Prätor Anklage erhob, prüfte dieser den Fall, entschied, ob es zum Prozess kommen solle, und bestimmte dann den Richter. Als Richter kamen auch Privatpersonen in Frage. In der zweiten Phase trugen beide Seiten in einem nichtöffentlichen Verfahren ihre Sichtweisen und Argumente dem Richter vor, der den Fall dann entschied.

Strafprozesse (vgl. I1) wurden zunächst nur auf Antrag eines Magistrats geführt und von der Volksversammlung entschieden. Dieses Verfahren erwies sich als zu umständlich, da sich die Verfahren häuften und nicht immer Volksversammlungen einberufen werden konnten. Daher wurden ständige Gerichtshöfe geschaffen (quaestiones), die aus Senatoren und Rittern bestanden und von einem Prätor geleitet wurden. Sie waren auf bestimmte Verbrechen spezialisiert, z. B. Tötungsdelikte, Wahlbestechung, Ausplündern von Provinzen, und traten auf Antrag eines Klägers zusammen. Als Ankläger und Verteidiger traten die Beteiligten oder bezahlte Anwälte auf, die Zeugen benannten und diese in einem Kreuzverhör scharf befragten. Die Geschworenen hörten zu und fällten dann das Urteil.

In der Kaiserzeit wurden diese komplizierten Verfahren vereinfacht durch die Einführung der cognitio, die im Zivil- und Strafrecht angewandt wurde. Dabei erfolgten Untersuchung und Urteilsfindung in einem einzigen Prozess, der von einem erfahrenen Richter (z. B. einem Prätor, Stadtpräfekten, Provinzstatthalter oder, in schweren Fällen, vom Kaiser selbst) geleitet wurde. Das Verfahren wurde von einem privaten Kläger in Gang gesetzt, eine öffentliche Instanz, ähnlich der heutigen Staatsanwaltschaft, die darauf achtete, dass Verbrechen verfolgt wurden, gab es nur in Ansätzen. Sie war aber angesichts der großen Zahl begangener Verbrechen völlig überlastet.

Gerichtsszene und Blattranke. Ausschnitt aus einer Wanddekoration. Rom, Trastevere, römische Villa bei der Villa Farnesina. Um 20 v. Chr.

Sachbeschädigung

T4 Sklaven und Tiere

Die von dem Volkstribun Aquilius vermutlich 286 v. Chr. eingebrachte **lex Aquilia** regelte fast alle Fälle, in denen jemandem widerrechtlich Schaden zugefügt wurde. Dieser Schaden reichte von Sachbeschädigung über Verletzungen bis hin zu Todesfällen. Die **lex Aquilia** beginnt mit Bestimmungen für den Tod eines Sklaven:

Lege Aquilia capite primo cavetur: „Ut qui servum servamve alienum alienamve quadrupedem vel pecudem iniuria occiderit, quanti id in eo anno plurimi fuit, tantum aes dare domino damnas esto.“ Et infra deinde cavetur, ut adversus infitiantem in duplum actio esset.

Ut igitur apparet, servis nostris exaequat quadrupedes, quae pecudum numero sunt et gregatim habentur, veluti oves, caprae, boves, equi, muli, asini. Sed an sues pecudum appellatione continentur, quaeritur. Et recte Labeoni placet contineri. Sed canis inter pecudes non est. Longe magis bestiae in eo numero non sunt, veluti ursi, leones, pantherae. Elephanti autem et cameli quasi mixti sunt (nam et iumentorum operam praestant et natura eorum fera est), et ideo primo capite contineri eas oportet.

Digesten 9,2,2

[1] **caput** *hier*: Absatz **cavēre** *hier*: festsetzen **ut** *m. Konj.* wenn etwa **quī** jemand [2] **quadrupēs, pedis** *f* vierfüßiges Tier, Pferd **pecus, pecūdis** ein Stück Kleinvieh [3] **quantī id plūrimī fuit** wie viel es maximal wert war [4] **damnās** *indekl.* verpflichtet **estō** er soll sein **īnfrā** später [5] **īnfitiārī** leugnen **duplum** das Doppelte **āctiō** *hier:* Klage [6] **exaequāre** auf eine Stufe stellen [7] **numerus** *hier:* Wert, Rang **gregātim** in Herden [8] **ovis, is** Schaf **capra** Ziege **mūlus** Maultier **asinus** Esel **sūs, suis** Schwein [9] **appellātiō, ōnis** Begriff **Q. Antistius Labeo** (→ EV) [11] **bēstia** Raubtier **ursus** Bär [12] **panthēra:** *vgl. Fw.* **elephantus:** *vgl. Fw.* **camēlus:** *vgl. Fw.* [13] **iūmentum** Nutztier [14] **ideō** deshalb

❶ Welche Auffassung vom Wert eines Sklaven lässt sich aus diesem Text ableiten? Berücksichtige bei deiner Antwort auch das, was du in **I3** erfahren hast.

I4 Recht als Spiegelbild der Gesellschaft

Ein Rechtssystem spiegelt immer die Gesellschaft wider, die es geschaffen hat.
Auch das römische Recht lässt Rückschlüsse auf die römische Gesellschaft zu: Die Ehegesetze verbieten „Heiraten nach unten“ und zeigen damit, wie genau die Römer darauf bedacht waren, die Standesgrenzen nicht zu verwischen. Das Strafrecht bemisst das Strafmaß auch nach der sozialen Stellung des Täters. Es sieht zudem eine besonders harte Strafe vor für den Vatermord, dabei auch unabhängig von der Herkunft des Täters. In diesem Bestreben, die Autorität des **pater familias** und die sozialen Schranken zu wahren, zeigt sich, wie stark die römische Gesellschaft auf Machtverhältnissen (z. B. der **patria potestas** oder dem Unterschied zwischen Reich und Arm) aufgebaut war.

Latein für Europa – Erasmus von Rotterdam

Wenn du dich heute irgendwo auf der Welt verständigen möchtest, in welcher Sprache versuchst du es dann zuerst? Englisch ist heute die am weitesten verbreitete Sprache der Welt, die von allen Schülern gelernt wird und die auch in der Wissenschaft und Forschung vorherrscht. Das war nicht immer so. Im 14. Jh. entstand von Italien ausgehend eine Bildungsbewegung, die für den europäischen Sprachraum Latein zur gemeinsamen Sprache Europas machen wollte. Die Humanisten, die sich nach dem lateinischen Wort **humanitas** benannten, erhoben das antike Latein Ciceros zu ihrem Maßstab und stellten die antike Bildung in den Mittelpunkt. Es erfolgte eine Abkehr vom Latein des Mittelalters als Sprache der Kirche. Auch Griechisch und Hebräisch gehörten zum Sprachschatz der Humanisten. Diese Bewegung entstand und entfaltete sich in der Zeit der Renaissance (franz.: Wiedergeburt), einer Erneuerungsbewegung, die eine Wiedergeburt der Antike zum Ziel hatte. Antikes Gedankengut, antike Literatur und Sprache, antike Kunst und Architektur sollten wieder aufleben. Die Kombination beider Bewegungen gibt der Epoche ihren Namen: Renaissance-Humanismus.

Dem Ziel der breiten Vermittlung der Antike und ihrer Literatur kam Johannes Gutenbergs (ca. 1400 – 1468) Erfindung des Buchdrucks zugute, die es den Humanisten ermöglichte, Druckausgaben antiker Handschriften und ihrer eigenen Werke in großer Anzahl herzustellen. Die abgebildeten Seiten sind dem *Orbis sensualium pictus oder die sichtbare Welt,* dem bebilderten Unterrichtswerk des Johann Amos Comenius (1592 – 1670) entnommen, das größte Popularität und viele Nachahmer fand.

❶ Betrachte die beiden Seiten aus dem *Orbis pictus* (rechts). Die Geräte und Personen des Bildes sind mit Zahlen gekennzeichnet. Die zugehörigen Begriffe findest du in der Vokabelliste. Was erfährst du über den Vorgang des Buchdrucks?

❷ Sammle – mit Hilfe eines Lexikons oder des Internets – weitere Informationen über den Buchdruck.

❸ Erläutere, was das Neuartige an Gutenbergs Erfindung war?

(190)

XCIII.

Typographia. Die Buchdruckerey.

Typographus	Der Buchdrucker
habet	hat
æneos *Typos*,	ehrne Buchstabē (schrift)
magno numero,	in grosser Mänge/
distributos	so ausgetheilet sind
per *Loculamenta*. 5	in die Schrifftkasten. 5
Typotheta 1	Der Schrifftsetzer 1
eximit illos	nimt dieselben
singulatim,	einen nach dem andern/
& componit	und setzet
(secundùm *Exemplar*,	(nach der Vorschrifft/
quod	welche
Retinaculo 2	auf dem Tenakel [Halter]
sibi præfixum habet)	vor ihm stecket) (2

Verba,

(191)

Verba,	Wörter/
Gnomone, 3	in den Winkelhaken/ 3
donec fiat	biß es wird
Versus;	eine Zeile;
hos indit	die hebet er
Forma, 4	in das Schiff/ 4
donec fiat	biß es wird
Pagina; 6	eine Columm (Seite;) 6
has iterum	diese wiederum
tabulæ *compositoriæ*, 7	auf das Formbret/ 7
eosq; coarctat	und fasset sie
Marginibus ferreis, 8	mit der Form-Ram/8(9
ope *Cochlearum*, 9	durch die Formschraubē/
ne dilabantur;	daß sie nicht voneinander
ac subjicit	und hebet sie ein (fallen;
Prelo. 10	unter die Presse. 10
Tum *Impressor*,	Alsdann der Drucker/
ope *Pilarum*, 11	mit Hülff der Ballen/ 11
illinit	träget auf
Atramento impressorio;	die Farbe;
superimponit,	leget darauf
inditas *Operculo* 12	die in den Deckel 12 ge-
Chartas,	Bögen/ (fasste
quas,	welche er/
in *Tigello* 13	auf dem Tigel 13
subditas	geschoben
Trochleæ, 14	unter die Spindel/ 14
& *Suculâ* 15	und mit dem Pengel 15
impressas,	gedrucket/
facit	machet
typos imbibere.	die Schrifft trinken.

Biblio-

Johann Amos Comenius: Orbis sensualium pictus. Erstausgabe Nürnberg 1654.

❹ Recherchiere, wie groß Buchauflagen zu dieser Zeit waren.

❺ Der Renaissance-Humanismus ist aufgrund seiner Entwicklungen im künstlerischen, wissenschaftlichen und gesellschaftlichen Bereich ein überaus bedeutendes Zeitalter bis in unsere Gegenwart. Für ein umfassendes Bild dieser Epoche informiert euch in Gruppen über die folgenden Aspekte und präsentiert eure Ergebnisse in angemessener Form. Die Stichworte in Klammern geben euch erste Anhaltspunkte:

- Was ist Renaissance-Humanismus? (Menschenbild; Bildungsideal; Antikenrezeption; Bedeutung der lateinischen Sprache)
- Historische Ereignisse (Konflikte in Europa: Franz I., Karl V., Osmanisches Reich; Entdeckung der neuen Welt)
- Kulturgeschichte (Johannes Gutenberg; Leonardo da Vinci; Entdeckung der neuen Welt; Michelangelo; Nikolaus Kopernikus; Hans Holbein; Albrecht Dürer; Thomas Morus; Heinrich VIII.)
- Bedeutung der Kirche (Papsttum; Mönchtum; Reformation; Martin Luther)

❻ Erläutere, welche Bedeutung der Aufruf Ad fontes! („Zu den Quellen!") hatte.

Erasmus von Rotterdam – Vertreter des Renaissance-Humanismus

Der Niederländer Erasmus von Rotterdam (ca. 1466–1536) nutzte die Erfindung des Buchdrucks für die europaweite Verbreitung seines umfangreichen Werkes und wurde der wichtigste Vertreter des Renaissance-Humanismus nördlich der Alpen. Berühmt war er für seine Sammlung antiker Sprichwörter und Zitate. Er gab verschiedene bis dahin unbekannte antike Handschriften neu heraus, verfasste eine Ausgabe des griechischen Neuen Testaments, die zur Grundlage für Martin Luthers Bibelübersetzung wurde. Die zentralen Themen seiner Schriften sind die Vermittlung der Antike, Frieden in Europa und eine möglichst breite Bildung insbesondere in lateinischer und griechischer Sprache.

Der Kupferstich von Albrecht Dürer (1471–1528) aus dem Jahr 1526 zeigt Erasmus von Rotterdam an einem Pult stehend in der typischen Darstellung mit großer Kappe, mit der er sich stets porträtieren ließ, um seine Kopfform zu verbergen, die sehr flach war und ihm nicht gefiel, wie seine Selbstkarikaturen zeigen. Erasmus trägt ein weites Gewand. Darunter ist der Kragen eines weiteren Kleidungsstückes zu erkennen. Erasmus soll häufig krank gewesen sein und viel gefroren haben.

Albrecht Dürer: Porträt des Humanisten Eramus von Rotterdam. Kupferstich von 1526.

❶ Betrachte das Erasmus-Porträt von Albrecht Dürer genauer. Der lateinische und griechische Text, der einen großen Teil des Bildes einnimmt, lautet in deutscher Übersetzung: „Bild des Erasmus von Rotterdam von Albrecht Dürer vom lebenden Modell abgezeichnet – umso besser als dieses (Bild) werden ihn seine Schriften zeigen."

a) Lege dar, was Dürer zu dieser Inschrift veranlasst haben könnte.

b) Betrachte die einzelnen Gegenstände der Abbildung genauer. Welche Funktion könnten sie haben?

c) Erläutere, was Erasmus als Humanisten ausweist?

d) Erasmus selbst hat das Bildnis nicht gefallen. Woran könnte er Anstoß genommen haben?

Erasmus von Rotterdam: Colloquium Abbatis et eruditae

Die Dialog-Sammlung *Colloquia familiaria* entstand während der Studienzeit des Erasmus in Paris und sollte ursprünglich seinen Lateinschülern geeignete Unterrichtsstoffe liefern, um die lateinische Sprache in alltäglichen Situationen zu erlernen und gebrauchen zu können. So beginnen viele *Colloquia* mit einfachen Begrüßungsformeln wie z. B. salve pater, salve mater ... Während Erasmus' Lebzeiten erschienen mehr als 50 Auflagen dieser Sammlung, die er ständig erweiterte. Die Dialoge wurden mit der Zeit immer umfangreicher und auch die Themen veränderten sich. In dem *Colloquium Abbatis et eruditae* (1524) äußert sich Erasmus zur Bedeutung der lateinischen Sprache und Literatur.

- Grammatik Fragewörter ⏭ quā? quamobrem? quō? quālis? quis? quid? cūr? quandō? unde? quantum?
- Grammatik direkte und indirekte Wort- und Satzfragen ⏭ -ne, nōnne, num, an

T1

Der Abt Antronius ist bei der gebildeten Magdalia zu Besuch und wundert sich:

ANT. Quam hic ego supellectilem video?

MAG. An non elegantem?

ANT. Nescio quam elegantem; certe parum decoram et puellae et matronae.

MAG. Quamobrem?

ANT. Quia librorum plena sunt omnia.

MAG. Tu tantus natu, tum abbas et aulicus, numquam vidisti libros in aedibus heroinarum?

ANT. Vidi, sed Gallice scriptos, hic video Graecos et Latinos.

MAG. An soli Gallice scripti libri docent sapientiam?

ANT. Sed decet hoc heroinas, ut habeant, quo delectent otium.

MAG. An solis heroinis licet sapere et suaviter vivere?

ANT. Male connectis sapere et suaviter vivere, non est muliebre sapere, heroinarum est suaviter vivere.

MAG. Nonne omnium est bene vivere?

ANT. Opinor.

[1] **supellex, ectilis** *f* Hausrat
Quam supellectilem egō hīc videō
[2] **an** etwa **elegāns, ntis** geschmackvoll
[3] **nescio quam** irgendwie [4] **mātrōna** vornehme Dame
[7] **tantus nātū** so alt **aulicus** Höfling
[9] **Gallicē** auf Französisch
[12] **decēre** *m. Akk.* sich schicken für jdn. **dēlectāre** *m. Akk.* sich etw. versüßen
Sed decet hoc hērōīnās, ut habeant <aliquid>, quō dēlectent ōtium
[15] **connectere** verbinden

MAG. Qui potest autem suaviter vivere, qui non vivat bene?

ANT. Immo qui potest suaviter vivere, qui vivat bene?

MAG. Ergo tu probas eos, qui vivunt male, modo suaviter.

ANT. Arbitror illos bene vivere, qui vivunt suaviter.

MAG. Sed ista suavitas unde proficiscitur, e rebus extrariis an ex animo?

ANT. E rebus extrariis.

MAG. O subtilem abbatem, sed crassum Philosophum!

22 **modo** *Subj.* wenn nur

25 **suāvitās:** *Subst. zu* suāvis, e **prōficīscī** entstehen, herrühren

26 **extrārius:** *Adj. zu* extrā **an** oder

28 **subtīlis, e** fein(sinnig) **crassus** grob, hausbacken

❶ Bevor du den Anfang von **T1** übersetzt, untersuche den Text auf sich wiederholende Formulierungen. Stelle eine Vermutung über das Thema des Gesprächs auf.
❷ Nenne den Auslöser für das Gespräch zwischen Antronius und Magdalia.
❸ Paraphrasiere, mit welcher Literatur und zu welchem Zweck sich Frauen nach Ansicht von Magdalia und Antronius mit Literatur beschäftigen sollen. Belege deine Aussage am lateinischen Text.
❹ Welche Vorstellungen von **bene vivere** und **male vivere** werden bei Magdalia und Antronius deutlich?
❺ In diesem Dialog lernst du Latein als gesprochene Sprache kennen. Analysiere, woran der Gesprächscharakter im Lateinischen deutlich wird.

Hans Baldung-Grien: Allegorische Frauengestalt I. Frau mit Notenbuch, Gambe und Katze. 1529.

• Grammatik Konjunktiv im Hauptsatz, si-Sätze

T2

Antronius und Magdalia sind sich nicht einig, worin ein angenehmes Leben („suaviter vivere") besteht. Magdalia fragt genauer nach.

MAG. Dic mihi, quibus rebus tu metiris suavitatem?

ANT. Somno, conviviis, libertate faciendi quae velis, pecunia, honoribus.

MAG. Verum, si istis rebus Deus addiderit sapientiam, num vives suaviter?

ANT. Quid appellas sapientiam?

MAG. Hoc est, si intelligeres hominem non esse felicem, nisi bonis animi; opes, honores, genus neque feliciorem reddere neque meliorem.

ANT. Valeat ista quidem sapientia.

MAG. Quid si mihi suavius sit legere bonum auctorem, quam tibi venari, potare aut ludere aleam, non videbor tibi suaviter vivere?

ANT. Ego non viverem.

MAG. Non quaero, quid tibi sit suavissimum, sed quid deberet esse suave.

ANT. Ego nolim meos monachos frequentes esse in libris.

MAG. At meus maritus hoc maxime probat. Sed quamobrem tandem non probas hoc in monachis tuis?

ANT. Quoniam experior illos minus morigeros: responsant ex decretis, ex decretalibus, ex Petro, ex Paulo.

MAG. Imperas igitur, quae pugnant cum Petro et Paulo?

ANT. Quid illi doceant, nescio. Sed tamen non amo

---

[1] **suāvitās:** *Subst zu* suāvis, e **mētīrī** messen, beurteilen

[8] **bona, ōrum** *n Pl.* Güter

[7–9] *Hoc est, sī intelligerēs [...] opēs, honōrēs, genus neque fēlīciōrem <hominem> reddere neque meliōrem <hominem>*

[10] **Valeat ...!** Fort mit ...! [11] **auctor** *hier:* Schriftsteller

[12] **vēnārī** jagen **pōtāre** trinken **lūdere** spielen **ālea** Würfel

[14] *Ego <ita> nōn vīverem*

[21] **mōrigerus** willfährig, brav, gehorsam

[22] **respōnsāre** antworten **dēcrētum** Anordnung **dēcrētālēs, ium** *Pl.* päpstliche Erlasse **Petrus/Paulus:** *Nicht die Apostel, sondern Petrus Baldus und Paulus de Castro sind gemeint, die Erläuterungen zum Kirchenrecht verfasst haben.*

[24] **pūgnāre cum** jdm. widersprechen *Imperās igitur <ea>, quae pūgnant cum Petrō et Paulō*

26 **monachus respōnsātor** ein Mönch, der immer widerspricht

33 **vacāre** Zeit haben

36 **obstāre** im Weg stehen

37 **prōlixus** langwierig **vēnātus** Jagd

38 **cultus aulae** Dienst am Fürstenhof

40 **ūsū venīre** wirklich vorkommen

monachum responsatorem, neque velim quemquam meorum plus sapere, quam ego sapiam.

MAG. Istud ita vitari possit, si tu des operam, ut quam plurimum sapias.

ANT. Non est otium.

MAG. Qui sic?

ANT. Quia non vacat.

MAG. Non vacat sapere?

ANT. Non.

MAG. Quid obstat?

ANT. Prolixae preces, cura rei domesticae, venatus, equi, cultus aulae.

MAG. Itane ista tibi sunt potiora sapientia?

ANT. Nobis sic usu venit.

❶ Im weiteren Verlauf des Gesprächs werden Magdalia und Antronius sich darüber unterhalten, wie sie sich ein angenehmes, lohnenswertes Leben vorstellen. Bevor du mit der Übersetzung beginnst, überlege dir, wie für dich ein solches Leben aussieht.

❷ Wie definieren Magdalia und Antronius **suaviter vivere** bzw. **suavitas**? Wo liegen die Unterschiede?

❸ Magdalia und Antronius führen beide Mitmenschen an, mit denen sie viel Kontakt haben. Untersuche, welche Funktion sie der Bildung im sozialen Umgang geben.

❹ Untersuche den Gesprächsabschnitt auf stilistische Merkmale. Welche Unterschiede bzw. Gemeinsamkeiten zum ersten Teil stellst du fest?

I1 Frauenbildung in der frühen Neuzeit

Dass Mädchen in der Schule Latein lernen können, erscheint uns heute selbstverständlich. Das war es jedoch nicht schon immer. Erst seit etwas mehr als 100 Jahren haben Mädchen diese Möglichkeit. Und bis in die sechziger Jahre des letzten Jahrhunderts war das Studium der klassischen Philologie, also der lateinischen und griechischen Sprache und Literatur, ein „Männerstudium".

In der frühen Neuzeit, also zu Lebzeiten des Erasmus, waren die höheren Schulen und Universitäten den Mädchen und Frauen verschlossen. Nur ganz wenigen, privilegierten Mädchen und Frauen der mittleren und höheren Schichten war der Zugang zur lateinischen Sprache entweder durch Privatunterricht zu Hause – wie es das Beispiel der Magaret Roper, der Tochter des Humanisten Thomas Morus, der sie in der lateinischen Sprache unterrichtete, zeigt – oder in Nonnenklöstern möglich. Einen Anspruch auf eine humanistische Bildung hatten Frauen nicht.

Die wichtigste soziale Funktion der Frau in der frühen Neuzeit war die der Hausfrau. Sie war die von ihrem Mann eingesetzte Herrin und Verwalterin des ganzen Hauses, die die Verantwortung für Nahrung und Kleidung hatte. Dies war eine große Aufgabe, wenn man berücksichtigt, dass vieles noch zu Hause gefertigt wurde. Weiterhin war sie für die Kindererziehung zuständig, arbeitete auf dem Hof, in der Werkstatt oder dem Laden mit und vertrat ihren Mann in dessen Abwesenheit.

T3 Magdalia greift nun den Anlass des Gesprächs, ihr Bücherregal mit griechischen und lateinischen Büchern, wieder auf, und Antronius äußert sich genauer dazu, was ihn daran stört.

[1] **displicēre** missfallen **supellex** *f* Hausrat [2] **fūsus** Spindel **colus** Spinnfaden

[3] *<officium> mātrōnae est* **administrāre** verwalten [4] **ērudīre** unterrichten

[11] **cubiculum** Mönchszelle [12] **prōspicere** *(PPP* **prōspectum***) m. Dat.* sorgen für

[14] **quāpropter** weswegen [15] **convenīre** *m. Dat.* zu jdm. passen

[17] **facere ad** beitragen zu **pudīcitia** Keuschheit [18] **nugāx, ācis** lächerlich **librī Gallicē scrīptī:** *Erasmus denkt hier wohl an französische Unterhaltungsliteratur oder auch an die zu seiner Zeit beliebten Ritterromane.*

[23] **istinc** von eurer Seite *minimum est perīculī ~ perīculum minimum est*
[24] **quandōquidem** da nun einmal **sēdulō** *Adv.* eifrig [25] **īn-solitus** ungewöhnlich

MAG. Sed cur haec displicet supellex?
ANT. Quia fusus et colus sunt arma muliebria.
MAG. Nonne matronae est administrare rem domesticam, erudire liberos?
ANT. Est.
MAG. An rem tantam existimas administrari posse sine sapientia?
ANT. Non arbitror.
MAG. At hanc sapientiam docent me libri.
ANT. Ego domi habeo sexaginta duos monachos, tamen nullum librum reperies in meo cubiculo.
MAG. Bene itaque prospectum est monachis illis.
ANT. Feram libros, non fero Latinos.
MAG. Quapropter?
ANT. Quia non convenit ea lingua feminis.
MAG. Exspecto causam.
ANT. Quia parum facit ad tuendam illarum pudicitiam.
MAG. Ergo nugacissimis fabulis pleni libri Gallice scripti faciunt ad pudicitiam?
ANT. Aliud est.
MAG. Dic istud, quidquid est, aperte.
ANT. Tutiores sunt a sacerdotibus, si nesciant Latine.
MAG. Immo istinc minimum est periculi vestra opera. Quandoquidem hoc agitis sedulo, ne sciatis Latine.
ANT. Vulgus ita sentit, quia rarum et insolitum est, feminam scire Latine.

MAG. Quid mihi citas vulgum, pessimum bene gerendae rei auctorem? Quid mihi consuetudinem, omnium malarum rerum magistram? Optimis assuescendum: ita fiet solitum, quod erat insolitum; et suave fiet, quod erat insuave; fiet decorum, quod videbatur indecorum.

ANT. Audio.

MAG. Nonne decorum est feminam in Germania natam discere Gallice?

ANT. Maxime.

MAG. Quamobrem?

ANT. Ut loquatur cum his, qui sciunt Gallice.

MAG. Et mihi putas indecorum, si discam Latine, ut quotidie confabuler cum tot auctoribus, tam facundis, tam eruditis, tam sapientibus, tam fidis consultoribus.

ANT. Libri adimunt multum cerebri feminis, cum alioqui parum illis supersit.

MAG. Quantum vobis supersit, nescio; certe mihi quantulumcunque est, malim in bonis studiis consumere, quam in precibus sine mente dictis, in pernoctibus conviviis, in exhauriendis capacibus pateris.

ANT. Librorum familiaritas parit insaniam.

MAG. An colloquia combibonum, scurrarum et sannionum tibi non pariunt insaniam?

ANT. Immo depellunt taedium.

MAG. Qui fiat igitur, ut tam amoeni confabulones mihi pariant insaniam?

ANT. Sic aiunt.

---

[27] **citāre** zitieren
[27–28] *bene gerendae reī ~ bonae rēs gestae*
[28] *Quid mihi <citās> cōnsuētūdinem*

[30] **assuēscere** ~ cōnsuēscere
[31] **in-suāvis, e** [32] **in-decōrus**

[40] **con-fābulārī** vertraulich plaudern
[41] **fācundus** redegewandt **ērudītus:** *Adj. zu* ērudītiō **sapiēns, entis:** *Adj. zu* sapientia **fīdus** treu [42] **cōnsultor, ōris** Berater [43] **adīmere** wegnehmen **cerebrum** Gehirn [44] **aliōquī** *Adv.* ohnehin, überhaupt

[45] **certē** allerdings
[46] **quantulumcunque** wie wenig auch immer

[48] **pernox, ctis** nächtlich **exhaurīre** austrinken **capāx, ācis** viel fassend
[49] **patera** Becher [50] **familiāritās:** *Subst. zu* familiāris

[51] **conbibō, ōnis** Saufkumpan **scurra** *m* Narr [52] **sanniō, ōnis** Hanswurst
[53] **taedium** Langeweile

[54] **amoenus** angenehm **con-fābulō, ōnis** *m* vertrauliches Gespräch

Mag. At aliud ipsa loquitur res. Quanto plures videmus, quibus immodica potatio et intempestiva convivia, quibus temulenta pervigilia, quibus impotentes affectus pepererunt insaniam?

Mag. Mihi quidem iam nunc ridere libet.

Ant. Ego sane nollem uxorem doctam.

Mag. At ego mihi gratulor, cui contigerit maritus tui dissimilis. Nam et illum mihi et me illi cariorem reddit eruditio.

Ant. Immensis laboribus comparatur eruditio, ac post moriendum est.

Mag. Dic mihi, vir egregie, si cras tibi moriendum esset, utrum malles mori stultior an sapientior?

Ant. Si citra laborem contingeret sapientia.

Mag. Sed nihil homini citra laborem contingit in hac vita, et tamen quicquid paratum est, quantisvis laboribus comparatum est, hic relinquendum est: cur pigeat nos in re omnium pretiosissima sumere laboris aliquid, cuius fructus nos in alteram quoque vitam comitatur?

Ant. Frequenter audivi vulgo dici, feminam sapientem bis stultam esse.

Mag. Istuc quidem dici solet, sed a stultis. Femina quae vere sapit, non videtur sibi sapere; contra quae cum nihil sapiat, sibi videtur sapere, ea demum bis stulta est.

Ant. Nescio quomodo fit, ut quemadmodum clitellae non conveniunt bovi, ita nec litterae mulieri.

Mag. Atqui negare non potes, quin magis quadrent clitellae bovi quam mitra asino aut sui.

[58] **pōtātiō** *f* Besäufnis **immodicus** maßlos **intempestīvus** unzeitig [59] **tēmulentus** betrunken **pervigilium** die ganze Nacht andauernde Feier

[60] **impotēns, entis** zügellos **affectus, ūs** *m* Leidenschaft [62] **sānē** gewiss

[63] **sibi grātulārī** sich beglückwünschen

[66] **immēnsus** unermesslich (groß) **(com)parāre** [68] **crās** morgen

[70] **citrā** *m. Akk.* ohne

[72] **quantus-vīs** wie groß auch immer [74] **piget** es betrübt **pretiōsus:** *Adj. zu* pretium

[76] **comitārī** begleiten

[78] **bis** zweimal [79] **istūc** dort [80] **sibi vidērī** sich etwas darauf einbilden

[83] **clītella** Sattel

[84] **litterae** *Pl. hier:* Bücher [85] **atquī** jedoch **quadrāre** passen [86] **mitra** Bischofsmütze **asinus** Esel **sūs, suis** Schwein

❶ Das lateinische Wort **eruditio** ist ableitbar von **erudire**. Schlage die Bedeutung dieses Verbs im Wörterbuch nach. Welche Wirkung wird der **eruditio** entsprechend der Grundbedeutung zugeschrieben?
❷ Wen meint Magdalia mit den **auctores facundi, eruditi et sapientes** und den **fidi consultatores** (Z. 40 – 42)?
❸ Stellt in arbeitsteiliger Gruppenarbeit tabellarisch Antronius' Argumente, warum Frauen die lateinische Sprache nicht lernen sollen, sowie Magdalias Antworten darauf zusammen.

Warum sollen Frauen die lateinische Sprache nicht lernen?	
Argumente des Antronius	Widerlegung durch Magdalia
?	?
?	?

Ordne Antronius' Aussagen nach Argumenten, die moralisch, theologisch oder mit in der Gesellschaft vorhandenen Ansichten begründet sind.
Welches Verständnis von Bildung liegt bei den beiden Gesprächspartnern vor? Welche der beiden Perspektiven vertritt Erasmus und woran wird dies deutlich?
❹ Untersuche den Abschnitt des Gesprächs auf Stilmittel. Welcher Zusammenhang besteht zwischen Redeanteil und Gesprächsführung?

T4

Magdalia führt zur Bekräftigung ihres Standpunktes drei Beispiele gelehrter Frauen an, die ebenfalls lateinisch verfasste Gebete, ja sogar Bücher der Kirche gelesen haben. Antronius hält dagegen, dass es sich bei diesen um seltene Ausnahmen handelt.

ANT. Verum istuc nunc rarum est.

MAG. Sic olim rara avis erat Abbas indoctus, nunc nihil vulgatius: olim Principes et Caesares eruditione non minus quam imperio praeminebant. Neque tamen usquam adeo rarum est, quam tu putas: sunt in Hispania, sunt in Italia non paucae mulieres adprime nobiles, quae cum quovis viro queant contendere: sunt in Anglia Moricae, sunt in Germania Bilibaldicae et Blaurericae. Quod nisi caveritis vos, res eo tandem evadet, ut nos praesideamus in scholis Theologicis, ut contionemur in templis; occupabimus mitras vestras.

ANT. Ista Deus avertat.

MAG. Immo vestrum erit hoc avertere. Quod si pergetis ut coepistis, citius anseres contionaturi sint, quam

[1] **istūc** dort [2] **avis** *f* Vogel **indoctus** ungelehrt

[3] **vulgātus** bekannt, gewöhnlich
[5] **praeminēre** sich auszeichnen **neque usquam** ~ et nusquam und nirgends

[7] **adprīmē** besonders [8] **quī-vīs** jeder beliebige **quīre** *(1. Pers. Sg.* queō*)* können

[9/10] **Moricae/Bilibaldicae et Blaurericae** „Frauen wie ...“; → I2 [10/11] **rēs eō tandem ēvādet, ut** die Sache wird schließlich dahin kommen, dass
[11] **praesidēre** leiten, den Vorsitz haben
[12] **contiōnārī** predigen **templum** *hier:* Kirche [13] **mitra** Bischofsmütze

[16] **ānser, eris** *m* Gans

[17] **mūtus** stumm **pāstor, ōris** *m* Pfarrer [17/18] **invertere mundī scaenam** die Bühne der Welt umstürzen [18] **persōna** (Theater-)Maske [19] **partēs agere** eine Rolle spielen [20] **unde** weshalb? **incidere in** *m. Akk.* jdm. begegnen [21] **accipere** *hier*: aufnehmen [23] **saltāre** tanzen **affrātim** reichlich

vos mutos pastores ferant. Videtis iam inverti mundi scaenam: aut deponenda est persona, aut agendae sunt suae cuique partes.

ANT. Unde incidi in hanc feminam? Si quando vises nos, ego te suavius accipiam.

MAG. Quibus modis?

ANT. Saltabimus, bibemus affratim, venabimur, ludemus, ridebimus.

MAG. Mihi quidem iam nunc ridere libet.

I2 Gelehrte Frauen der frühen Neuzeit (um 1524)

Erasmus lässt Magdalia „feminae Moricae, Bilibaldicae et Blaureicae“ aufzählen, also Frauen wie diese drei:

Magaret Roper (1505–1544), geb. Morus, Tochter von Thomas Morus, des engsten Freundes von Erasmus von Rotterdam, wurde auf Veranlassung des Vaters in vielen Fächern unterrichtet, was Erasmus in diversen Briefen lobend erwähnt.

Caritas Pirckheimer (1467–1532), die Schwester des berühmten Humanisten Willibald Pirckheimer (auch Bilibald genannt), Äbtissin des Nürnberger Klosters St. Clara, stand im Briefwechsel mit ihrem Bruder, mit dem Dichter Conrad Celtis und dem Maler Albrecht Dürer. Neben dieser Briefsammlung ist von ihr eine Chronik der Ereignisse der Jahre 1524–1528 erhalten, in denen sie für den Erhalt ihres Klosters beim Einzug der Reformation in Nürnberg kämpfte.

Magareta Blarer (1493–1541), begründete einen Armenverein christlicher Frauen und Jungfrauen, widmete sich in Konstanz der Versorgung alter und kranker Menschen und war humanistisch gebildet. Sie starb 1541 durch die Pest.

Simone Schulz: Krone der Schöpfung will allein der Mann sein.

❶ Magdalia zählt verschiedene gebildete Frauen ihrer Zeit auf. Informationen über diese Frauen findest du in **I2**. Warum lässt Erasmus Magdalia diese Beispiele anführen? Welche Prophezeiung schließt sich im Gespräch daran an?
❷ Auch wenn es Magdalia gelingt, einige Beispiele gebildeter Frauen anzuführen, ist es in der frühen Neuzeit doch eher eine Seltenheit, dass Frauen der lateinischen und griechischen Sprache mächtig sind bzw. lateinische Literatur lesen. Informiere dich anhand von **I1** über die Frauenbildung in der frühen Neuzeit.
❸ Begründe, warum Erasmus ausgerechnet eine Frau für die Beschäftigung mit der lateinischen Sprache und Literatur plädieren lässt?
❹ Stelle anhand des Dialogs eine Liste mit den wichtigsten Eigenschaften des Idealtypus einer **femina docta et erudita** zusammen. Berücksichtige dabei Interessen, Aufgaben, Pflichten. Welche Bedeutung misst Erasmus hier der Antike und den antiken Autoren zu?
❺ Charakterisiere beide Gesprächspartner zu Beginn, im Verlauf und am Ende des Gesprächs. Sprecht den Dialog dann in verteilten Rollen. Achtet dabei auf ein situationsgemäßes Sprechtempo und Betonung.
❻ Finde geeignete Überschriften für die vier Abschnitte des ganzen Gesprächs.
❼ Viele Schriften des Erasmus wurden von der Kirche kritisiert, einige sogar auf den *Index librorum prohibitorum*, eine Liste verbotener Bücher, gesetzt. Woran könnte die Kirche in diesem *Colloquium* Anstoß genommen haben?
❽ In einer (fiktiven!) Tageszeitung findet sich ein Artikel über eine Podiumsdiskussion (**M1**). Schreibe zu diesem Zeitungsartikel einen Leserbrief, in dem du die verschiedenen Positionen bewertest und deine persönliche Meinung vertrittst.
❾ Informiere dich über die weitere Geschichte der lateinischen Literatur, ausgehend von Erasmus und seinen Zeitgenossen bis heute. Welche Bedeutung hatte die lateinische Sprache in der Wissenschaft bis zum Ende des 19. Jh.s?
❿ Interpretiere die Zeichnung S. 138. Stelle dabei konkrete Bezüge zum Gespräch zwischen Magdalia und dem Abt her (Zeilenangaben!).

M1 Wozu Bildung?

Bei der gestrigen öffentlichen Podiumsdiskussion zum Thema „Bildung – was sollen unsere Schülerinnen und Schüler heute lernen und wozu?" mit Vertretern aus Schule, Wirtschaft, Politik und Wissenschaft sowie Elternvertretern kamen die verschiedensten Ansichten zur Sprache.
Die Bildung, die Schüler während ihrer Schulzeit erwerben, sollte sie auf ihr späteres Leben vorbereiten. Was sie in Zukunft brauchen sind Sprachkenntnisse, Fertigkeiten im Umgang mit neuen Medien und die Kompetenz, sich Wissen selbst anzueignen, also alles, was ein Mensch in unserer modernen Gesellschaft braucht, um sich zurechtzufinden.
Gegen diese auf den konkreten Nutzen ausgerichtete Sichtweise wurden Stimmen laut, dass Schüler an Beispielen und Problemstellungen das Denken lernen sollen. Nur dann könnten sie die Aufgaben der Zukunft meistern. Bildung habe das Ziel, kritische und selbstständig denkende Menschen zu schaffen.
Entscheidend sei – wurde wiederum von anderer Seite betont – unabhängig von der späteren Berufswahl und Lebensgestaltung die Vermittlung von und Auseinandersetzung mit verschiedenen Kulturen und Wertvorstellungen. Für großen Gesprächsbedarf sorgte auch die Aussage, dass das wichtigste an der Schulzeit nicht die Unterrichtsstoffe seien, sondern es vielmehr um die Sozialkompetenz der Schülerinnen und Schüler gehe, die durch das gemeinsame Arbeiten entstehe.
Weder über die Frage, welchen Zweck Bildung erfüllen soll, noch über die Auswahl der dafür geeigneten Lerninhalte konnte ein endgültiger Konsens erreicht werden.

Eine prägende Persönlichkeit – Kaiser Augustus

Vorbemerkung

Das folgende Kapitel ist als **Projekt** angelegt; das bedeutet, dass (1) fächerübergreifend gearbeitet werden soll, dass (2) die Benutzer unter mehreren Angeboten auswählen können, welches Thema sie bearbeiten wollen, und dass (3) am Ende ein „Produkt" stehen soll, in dem die Ergebnisse festgehalten werden.

Die Texte **T1** und **T2** sind grundlegend und verbindlich, da sie die Leistungen des Augustus und seine Bedeutung für die Zeitgenossen zeigen. Die darauffolgenden Texte und Materialien beleuchten drei voneinander unabhängige, unterschiedliche Facetten der schillernden Gestalt Augustus. Hier werden z. T. keine Texte präsentiert, sondern Bilder, Bauwerke und andere archäologische Quellen, deren Interpretation durch Methoden erfolgt, die aus dem Geschichts- oder Kunstunterricht bekannt sind.

Der Ablauf der Unterrichtseinheit lässt sich schematisch so darstellen:

1. Einführungs- und Planungsphase (in der gesamten Klasse)
- Lesen des Einleitungstextes zur Einführung in das Thema
- Erarbeitung von **T1** und **T2**
- Organisation der Gruppenarbeit: Wahl des Themas, Einteilung der Gruppen, Absprachen über den Zeitbedarf, über mögliche Präsentationsformen etc.

2. Erarbeitung der Themen in Gruppenarbeit (ein Thema kann auch von mehreren Gruppen bearbeitet werden):

a) Ideologische Überhöhung des Augustus in Architektur und Kunst (S. 149 – 152)

b) Ideologische Überhöhung des Augustus in der Literatur (S. 153 – 156)

c) Napoleon – ein neuer Augustus (S. 157 – 162)

Arbeitsverteilung in den Gruppen, Festlegen der Präsentationsform (Referat, Gestaltung einer Ausstellung, Collage, Power-Point-Präsentation u. a.).

3. Präsentation der Arbeitsergebnisse
- Jedes Gruppenmitglied präsentiert einen Teil.
- Ein Handout mit den wichtigsten Arbeitsergebnissen für die Mitschüler wird erstellt.

4. Rückschau und Bewertung der Unterrichtseinheit
- Vergleich Augustus – Napoleon; mögliche Aspekte: Selbstdarstellung, Einsatz von Propaganda, Bautätigkeiten u. a.
- Auswertung eines Fragebogens zu Ablauf und Ergebnis des Projekts

Büste des Kaisers Augustus, bekränzt mit der Bürgerkrone aus Eichenlaub. 40–50 n. Chr. München, Staatliche Antikensammlung und Glyptothek.

Als **Gaius Octavius** am 23. September 63 v. Chr. geboren wurde, deutete nichts darauf hin, dass er zum ersten römischen Kaiser werden sollte. Seine Familie war wohlhabend, gehörte aber nicht der engeren Führungsschicht Roms an. Der junge Octavius war ein Großneffe Cäsars: Octavius' Mutter Atia war eine Tochter der Julia, der Schwester Cäsars.

Der Aufstieg des jungen Octavius begann, als **Cäsar**, der selbst kinderlos war, seinen Großneffen an sich band. Er begleitete ihn zu den Schauplätzen des Bürgerkriegs, während Cäsar selbst bemüht war, das Ansehen des Octavius zu erhöhen. So ließ er ihn z.B. durch einen Senatsbeschluss in den Stand der Patrizier erheben. Schließlich setzte er Octavius ohne dessen Kenntnis zu seinem Haupterben ein.

Dies wurde bedeutsam, als Cäsar am 15. März 44 v. Chr. ermordet wurde. Octavius befand sich zu diesem Zeitpunkt in Griechenland und schiffte sich nach Erhalt der Nachricht von der Ermordung Cäsars sofort Richtung Rom ein. Auf dem Weg erfuhr er von seiner Einsetzung als Erbe und zögerte nicht, die Erbschaft anzutreten, obwohl sie ihn in unüberschaubare Auseinandersetzungen verwickeln musste. Es gelang ihm aber rasch, eine beträchtliche Anhängerschaft und Truppen für sich zu gewinnen. Dabei kam ihm sein neues Ansehen als Erbe Cäsars – von nun an nannte er selbst sich auch Gaius Caesar – zugute, aber auch das gewaltige Vermögen Cäsars, das er nach einer Testamentsbestimmung dazu nutzte, beträchtliche Geldspenden an die römischen Bürger zu verteilen. In der Folgezeit bewegte er sich mit einem Geschick, das für einen knapp 20-jährigen, politisch unerfahrenen Mann erstaunlich ist, zwischen den beiden Parteien der früheren Anhänger Cäsars bzw. der Anhänger der Republik und stand schließlich auf der Seite der Sieger. Es kam zu einem Übereinkommen mit den beiden anderen mächtigen Führern der ehemaligen Partei Cäsars (**Marcus Antonius** und **Marcus Aemilius Lepidus**), dem die Anhänger der Republik wenig entgegenzusetzen hatten. Inhalt dieses Bündnisses, des sog. **Zweiten Triumvirats**, war eine Verteilung der römischen Provinzen unter den drei Beteiligten und eine Vereinbarung darüber, ihre politischen Gegner zu verfolgen bzw. zu töten (Proskriptionen). Diese Machtstellung ließen sie sich durch ein Gesetz bestätigen, das sie im November 43 v. Chr. zu **tresviri rei publicae constituendae** („Dreimänner zur Konsolidierung des Staates"; also Triumvirn) ernannte.

Nachdem Marcus Iunius Brutus und Gaius Cassius Longinus, die letzten der führenden Republikaner, in Griechenland in der **Schlacht bei Philippi (42 v. Chr.)** besiegt waren, war der militärische Widerstand der republikanischen Partei endgültig gebrochen.

Nach der Schlacht bei Philippi wurden der junge Cäsar und Marcus Antonius zu den entscheidenden Machthabern und damit zu Kontrahenten um die Macht: Lepidus wurde bereits 40 v. Chr. bei einer Neuverteilung der Provinzen unter den Triumvirn, bei der Octavius der Westen des römischen Reiches, Antonius der Osten zufiel, mit der Provinz Afrika „abgespeist" und schließlich im Jahre 36 v. Chr. völlig entmachtet.

Die Differenzen zwischen Octavius und Antonius, die durch die Heirat des Antonius mit der Schwester des Octavius über längere Zeit noch mühsam überbrückt wurden, traten immer deutlicher hervor. Dies lag auch daran, dass sich Antonius der ägyptischen Königin

Kleopatra zuwandte und schließlich im Jahre 32 v. Chr. seine Frau verstieß.

31 v. Chr. kam es zur endgültigen Entscheidung um die Macht. In der **Seeschlacht bei Aktium** besiegte er Antonius und Kleopatra, die einige Zeit später in Ägypten Selbstmord begingen.

Octavius besaß nun die unumschränkte Macht im Reich, stand damit aber auch vor der Frage, wie er seine Machtposition ausgestalten sollte. Warnend stand ihm das Beispiel Cäsars vor Augen, der ermordet worden war, weil er zu offen und rücksichtslos die republikanischen Traditionen missachtet hatte und als Alleinherrscher aufgetreten war. Die Lösung bestand darin, scheinbar zum alten republikanischen System zurückzukehren, ohne aber tatsächlich die Macht aus den Händen zu geben. Gleichzeitig mussten die Menschen durch entsprechende Propaganda von der Größe und Bedeutung seiner Person und von seinem segensreichen Wirken für den Staat überzeugt werden.

Die **scheinbare Rückkehr zur Republik** konnte zunächst dadurch propagiert werden, dass er alle außerordentlichen Befugnisse zurückgab. In zwei geschickt inszenierten Senatssitzungen am 13. und 16. Januar des Jahres 27 v. Chr. wurde dieser Schritt vollzogen. Für diesen „großherzigen Verzicht" verlieh ihm der Senat den Titel **„Augustus"**. Gleichzeitig wurde aber von den Senatoren an ihn die Bitte geäußert, weiterhin dem Staate zur Verfügung zu stehen, eine Bitte, der Augustus selbstverständlich nachkam, indem er bis zum Jahre 23 v. Chr. fortlaufend das Konsulat bekleidete. Ähnlich verfuhr er mit anderen Ämtern bzw. Amtsbefugnissen.

Anders als Cäsar war Augustus bei dem Bemühen, seine militärischen Erfolge in eine gesicherte Machtposition zu verwandeln, erfolgreich. Hierbei half ihm die tiefe Sehnsucht der Menschen nach Frieden. Die Jahrzehnte der Bürgerkriege und eine Zeit permanenter innerer Unruhen lagen hinter den Menschen, die nun auch bereit waren, grundlegende politische Veränderungen zu akzeptieren, wenn nur ein dauerhafter Frieden und innere Sicherheit herrschten. Gleichzeitig war Augustus aber auch erfolgreich mit der von ihm propagierten **„Wiederherstellung der Republik"** und der **ideologischen Überhöhung seiner Herrschaft**. Hinzu kamen großzügige Spenden an das Volk und eine rege Bautätigkeit, mit der er ebenfalls die Herzen des Volkes gewann.

So gelang es ihm, seiner Herrschaft Dauer und Stabilität zu verleihen, womit er zum Begründer des römischen Kaisertums wurde. Anders als Cäsar wurde er nicht ermordet, sondern wurde zum weithin verehrten **pater patriae** („Vater des Vaterlandes") – so der Ehrentitel, der ihm im Jahre 2 v. Chr. verliehen wurde. Als er schließlich im Jahre **14 n. Chr. starb**, kannte die offizielle Trauer kaum Grenzen.

Das von Augustus geschaffene neue Herrschaftssystem hatte über seinen Tod hinaus Bestand. Als **Begründer des römischen Kaisertums, des Prinzipats**, ging er in die Geschichte ein und wurde durch die Art seiner Herrschaftsausübung zugleich zum Vor- und Leitbild, an dem spätere Kaiser gemessen wurden. Kritische Stimmen finden sich in der Antike selten, und auch über die Antike hinaus wurden er selbst, das von ihm geschaffene System und die Mittel seiner Herrschaftsausübung immer wieder als Vorbild herangezogen.

Das vorliegende Kapitel versucht, alle genannten Aspekte darzustellen: Die Taten und Leistungen des Augustus, die Darstellung und Glorifizierung dieser Taten durch die zeitgenössische Propaganda und die Vorbildfunktion des Augustus für verschiedenste europäische Herrscher während der letzten 2000 Jahre. Hierfür bieten sich viele Herrscher an, z. B. Karl der Große (768 – 814), der sich ausdrücklich als Nachfolger des Augustus verstand. Hier wurde der französische Kaiser Napoleon I. (1769 – 1821) ausgewählt, da er beweist, wie groß die Faszination des Augustus auch noch 1800 Jahre nach seinem Tod war.

Zeittafel zum Leben des C. Octavius (ab 44 v. Chr.: Octavian, ab 27 v. Chr.: Augustus)

Vorgeschichte	
23.9.63	Gaius Octavius wird als Großneffe Cäsars in Rom geboren.
58–50	Cäsars Krieg in Gallien
49–48	Bürgerkrieg zwischen Cäsar und Pompejus; Sieg Cäsars
September 45	Cäsar setzt in seinem Testament C. Octavius als Haupterben ein.
44	Cäsars Ernennung zum Diktator auf Lebenszeit (dictator perpetuus)
Cäsars Tod und die Rache an den Cäsarmördern	
15.3.44	Ermordung Cäsars
Mai 44	Octavius nimmt das Testament Cäsars an.
Juli 44	Versöhnung zwischen Octavian und Antonius
Frühjahr 43	Spannungen zwischen Antonius und Octavian
August 43	Octavian marschiert auf Rom, erpresst den Senat und wird Konsul.
27.11.43	Sog. Zweites Triumvirat (Antonius, Octavian und Lepidus); Beschlüsse: Tötung führender Gegner (z.B. Ciceros) und Krieg gegen die Cäsarmörder
Oktober 42:	Schlacht bei Philippi (Griechenland); Tod der Cäsarmörder
Antonius und Octavian: Teilung der Macht und zunehmende Spannungen	
41	Begegnung des Antonius mit Kleopatra, der Königin von Ägypten
Herbst 40	Vertrag von Brundisium: Antonius erhält den Osten, Octavian den Westen.
40	Geburt der Zwillinge des Antonius und der Kleopatra
32–30	Bürgerkrieg zwischen Antonius und Octavian; Sieg Octavians bei Actium (2.9.31), Einnahme Alexandrias, Antonius' und Kleopatras Selbstmord (1.8.30)
Begründung und Sicherung der Herrschaft	
Sommer 29	Octavian kehrt im Triumph aus Ägypten zurück nach Rom.
Januar 27	Octavian gibt alle außerordentlichen Befugnisse aus der Bürgerkriegszeit ab; der Senat verleiht ihm den Ehrennamen „Augustus".
27–19	Augustus führt Kriege in Arabien, Spanien und im Osten gegen die Parther; die Einigung mit den Parthern (20) wird von der Propaganda groß gefeiert (vgl. S. 150 f.).
ab 27	Übertragung zahlreicher Ämter auf Augustus (vgl. I2).
23	Augustus erkrankt schwer; Aufdeckung einer Verschwörung gegen ihn
Sommer 17	glanzvolle Feier der Säkularspiele als Symbol für die erfolgreiche Neuorganisation des Staates
Imperium sine fine: das Ende einer Epoche	
16–9	Feldzüge in Gallien und Germanien bis zu den Alpen; zahlreiche Ehrungen, z.B.: Einweihung der ara Pacis („Altar des Friedens"), Umbenennung des Monats Sextilis in Augustus, Verleihung des Titels pater patriae
9 n. Chr.	Vernichtung der drei Legionen des Varus durch germanische Stämme
19.8. 14 n. Chr.	Tod des Augustus in Nola
17.9. 14 n. Chr.:	Erhebung des Augustus unter die Götter

Die Herrschaft des Augustus

• Wortfeld Staatsrechtliche Begriffe ⏭ auctōritās, bellum, honor, imperātor, imperium, iūdicium, lēx, magistrātus, pāx, praetor, prīnceps, rēs publica, senātus

T1 Rückblick eines Augenzeugen

Der römische Historiker Velleius Paterculus (ca. 20 v. Chr. – ca. 30 n. Chr.) ist der einzige Geschichtsschreiber der frühen Kaiserzeit, dessen Werk erhalten ist. In seinem Werk ***Historia Romana*** fasst er die Leistungen des Augustus zusammen:

Nihil deinde optare a deis homines, nihil dei hominibus praestare possunt, nihil voto concipi, nihil felicitate consummari, quod non Augustus post reditum in urbem rei publicae populoque Romano terrarumque orbi repraesentaverit: Finita vicesimo anno bella civilia, sepulta externa, revocata pax, sopitus ubique armorum furor, restituta vis legibus, iudiciis auctoritas, senatui maiestas, imperium magistratuum ad pristinum redactum modum; tantummodo octo praetoribus adlecti duo. Prisca illa et antiqua rei publicae forma revocata, rediit cultus agris, sacris honos, securitas hominibus, certa cuique rerum suarum possessio; leges emendatae utiliter, latae salubriter, senatus sine asperitate nec sine severitate lectus. Principes viri, triumphisque et amplissimis honoribus functi, adhortatu principis ad ornandam urbem illecti sunt.

[1–5] *Nihil hominēs ... <possunt>, ... quod nōn Augustus ... repraesentāverit* [2] **vōtum** Gelübde **concipere** erstreben **fēlīcitās, ātis** Glück [3] **cōnsummāre** vollenden **reditus, ūs** Rückkehr (aus Ägypten) [5] **repraesentāre** gewähren [6] **fīnīre** beenden **vīcēsimus** der zwanzigste (*nach Augustus' Zählung begannen die Bürgerkriege mit der Ermordung Cäsars*) **sepelīre** (*PPP* **sepultum**) begraben [7] **sōpīre** (*PPP* **sōpītum**) zur Ruhe bringen [8] **māiestās** Würde [9] **redigere** (*PPP* **redāctum**) zurückführen [9/10] **tantummodo** nur [10] **ad-legere** (*PPP* **ad-lēctum**) hinzuwählen **prīscus** altehrwürdig [12] **sēcūritās** Sicherheit [13] **possessiō** *f* Besitz **ēmendāre** verbessern **ferre** *hier:* einbringen **salūbris, e** zum „Wohl" der Allgemeinheit [14] **asperitās, ātis** demütigendes Verhalten **sevēritās, ātis** Strenge **legere** *hier:* auswählen (*Augustus stieß Mitglieder aus dem Senat aus, ersparte diesen aber einen Gesichtsverlust.*) [15] **triumphus** Triumph(zug) **fungī** (*Perf.* **fūnctus sum**) *m. Abl.* innehaben [16] **adhortātus, ūs** Ermunterung **prīnceps** *hier:* „der Princeps" (→ I2) **illicere** (*PPP* **illectum**) veranlassen

17 **ūndecimus** der elfte
17–19 *<A Caesare> impetrārī potuit, ut cōnsulātūs (Akk. Pl.) tantummodo … continuāret, cum … repūgnāsset*
18 **continuāre** ohne Unterbrechung bekleiden **Caesar:** *gemeint ist Augustus* **obnītī** widerstreben **repūgnāre** sich widersetzen 19 **impetrāre** die Zustimmung erlangen **dictātūra** Diktatur (→ EV) **pertināx, ācis** hartnäckig
20 **dēferre** antragen **cōnstāns, antis** beharrlich 21 **pācāre** befrieden
21–24 *Bella … gesta pācātusque … orbis et tot opera extrā Italiam domīque scrīptōrem omne spatium aevī suī impēnsūrum … fatīgant*
22 **domī** zu Hause **aevum** Leben
23 **impendere** *(PPP* **impēnsum***)* **in** verwenden auf **scrīptor, ōris** Geschichtsschreiber 24 **fatīgāre** überfordern **professiō, ōnis** Ankündigung *(einer kurzen Darstellung der röm. Geschichte)* **ūniversus** allgemein 25 **prīncipātus, ūs** Herrschaft (→ **I2**) **subicere** *(Perf.* **subiēcī***)* geben

Consulatus tantummodo usque ad undecimum ut continuaret Caesar, cum saepe obnitens repugnasset, impetrari potuit: Nam dictaturam, quam pertinaciter ei deferebat populus, tam constanter reppulit. Bella sub imperatore gesta pacatusque victoriis terrarum orbis et tot extra Italiam domique opera omne aevi sui spatium impensurum in id solum opus scriptorem fatigant. Nos, memores professionis, universam imaginem principatus eius oculis animisque subiecimus.

Velleius Paterculus, Historia Romana 2,89,2–6

❶ In welche Abschnitte lässt sich der Text einteilen? Achte dabei vor allem auf den Satzbau, die Häufung verwendeter Stilmittel und sich wiederholende Motive.
❷ Durch welche besonderen Leistungen charakterisiert Velleius die Herrschaft des Augustus? Untersuche dazu besonders die verwendeten Verben (finita, sepulta, revocata, sopitus, restituta, redactum, revocata, rediit, emendatae).
❸ Ordne – soweit möglich – diese Leistungen übergeordneten Bereichen des öffentlichen Lebens zu.

I1

Res gestae

Augustus selbst verfasste am Ende seines Lebens einen Bericht seiner Taten, der seinem Testament beigefügt war, die *Res gestae Divi Augusti* („Taten des vergöttlichten Augustus"). Dieser Bericht wurde nach seinem Tod auf zwei Bronzetafeln an seinem Grabmal angebracht, Abschriften wurden in allen Provinzen des Reiches aufgestellt. Eine Abschrift mit griechischer Übersetzung ist erhalten an einer Wand des Tempels des Augustus und der Roma in Ancyra (heute Ankara), wo sie 1555 entdeckt wurde. Später tauchten an zwei weiteren Stätten noch Bruchstücke auf, aus denen ein weitgehend gesicherter Text erstellt werden konnte.

- Wortfeld Staatsrechtliche Begriffe ⏭ auctōritās, bellum, cīvis, cōnsul, iūdicium, ōrdō, potestās, rēs gestae, rēs publica, senātus
- Grammatik Zahlwörter

T2 Die eigene Sicht des Augustus

In den 35 Kapiteln der *Res gestae* gibt Augustus einen Rückblick auf seine politischen und militärischen Erfolge, dann in einer kurzen Zusammenfassung einen Überblick über seine Leistungen für den Staat:

Annos undeviginti natus exercitum privato consilio et privata impensa comparavi, per quem rem publicam a dominatione factionis oppressam in libertatem vindicavi. Eo nomine senatus decretis honorificis in ordinem suum me adlegit C. Pansa et A. Hirtio consulibus, consularem locum sententiae dicendae tribuens et imperium mihi dedit. Res publica, ne quid detrimenti caperet, me pro praetore simul cum consulibus providere iussit. Populus autem eodem anno me consulem, cum consul uterque in bello cecidisset, et triumvirum rei publicae constituendae creavit. Qui parentem meum necaverunt, eos in exilium expuli, iudiciis legitimis ultus eorum facinus, et postea bellum inferentes rei publicae vici bis acie.

Bella terra et mari civilia externaque toto in orbe terrarum saepe gessi, victorque omnibus veniam petentibus civibus peperci. Externas gentes, quibus tuto ignosci potuit, conservare quam excidere malui. Milia civium Romanorum sub sacramento meo fuerunt circiter quingenta. [...]

Bis ovans triumphavi et tres egi curules triumphos et appellatus sum viciens et semel imperator, decernente plures triumphos mihi senatu, quibus omnibus supersedi. Ob res a me aut per legatos meos auspiciis meis terra marique prospere gestas quinquagiens et quinquiens

[1] **annōs ūndēvīgintī nātus** im Alter von neunzehn Jahren [2] **impēnsa** Mittel **comparāre** *hier:* aufstellen [3] **dominātiō, ōnis** Zwangsherrschaft **factiō, ōnis** kleine Gruppe **in lībertātem vindicāre** befreien [4] **nōmen** *hier:* Grund **dēcrētum** Beschluss **honōrificus** ehrenvoll [5] **ad-legere** *(Perf.* ad-lēgī*)* aufnehmen **C. Pānsa / A. Hirtius:** *die Konsuln des Jahres 43 v. Chr.* [5/6] **cōnsulāris locus** Rang eines ehemaligen Konsuls [6] **sententiam dīcere** abstimmen *(Senatoren stimmten im Senat gestuft nach ihrem Rang ab.)* **imperium** Imperium *(hier: Fachbegriff, der die Amtsgewalt eines hohen Beamten bezeichnet)* [7] **dētrīmentum** Schaden [7/8] **prō praetōre** als Proprätor *(hohes Amt)* [10] **triumvir (, virī) r. p. c.:** → *S. 141, re. Sp.* [11] **creāre** *m. dopp. Akk.* jdn. wählen zu [12] **lēgitimus** rechtmäßig **ulcīscī** *(Perf.* ultus sum*)* rächen [13] **bis** zweimal **aciēs** *hier:* Schlacht [16] **tūtō** *Adv.* gefahrlos [17] **excīdere** vernichten [18] **sub meō sacrāmentō esse** mir den Fahneneid leisten **quīngentī** fünfhundert [19] **ovāns triumphāre / curūlem triumphum agere** mit einer ovātiō triumphieren / einen „kurulischen" Triumph feiern: *Man unterschied zwischen dem „kleinen" Triumph, der* ovātiō, *und dem bedeutenderen „kurulischen" Triumph.* [20] **vīciēns et semel** einundzwanzigmal **imperātor:** *Nach einem Sieg wurde der Feldherr durch die Soldaten zum Imperator ausgerufen.*

decrevit senatus supplicandum esse deis immortalibus. Dies autem, per quos ex senatus consulto supplicatum est, fuere DCCCLXXXX. In triumphis meis ducti sunt ante currum meum reges aut regum liberi novem. [...]
In consulatu sexto et septimo, postquam bella civilia exstinxeram, per consensum universorum potitus rerum omnium, rem publicam ex mea potestate in senatus populique Romani arbitrium transtuli. Quo pro merito meo senatus consulto Augustus appellatus sum et laureis postes aedium mearum vestiti publice coronaque civica super ianuam meam fixa est et clupeus aureus in curia Iulia positus, quem mihi senatum populumque Romanum dare virtutis clementiaeque et iustitiae et pietatis causa testatum est per eius clupei inscriptionem. Post id tempus auctoritate omnibus praestiti, potestatis autem nihilo amplius habui quam ceteri, qui mihi quoque in magistratu collegae fuerunt. Tertium decimum consulatum cum gerebam, senatus et equester ordo populusque Romanus universus appellavit me patrem patriae.

Res gestae divi Augusti 1-4, 34f.

21 **supersedēre** *(Perf.* supersēdī*) m. Dat.* zurückweisen **rēs** *hier:* Krieg 22 **lēgātus** *hier:* Feldherr **auspicia** *n Pl.* Oberbefehl 23 **prosper(us)** erfolgreich **quīnquāgiēns et quīnquiēns** fünfundfünfzigmal 24 **supplicāre** danken 25 **ex** *hier:* aufgrund **cōnsultum** Beschluss 26 **DCCCLXXXX** 890 27 **novem** *indekl.* neun 28 **sextus** der sechste **septimus** der siebte 29 **cōnsēnsus, ūs** Zustimmung **potīrī** *(Perf.* potītus sum*) m. Gen.* erlangen 29/30 **rēs omnēs** höchste Gewalt 31 **arbitrium** Verfügungsgewalt **trānsferre** *(Perf.* trānstulī*)* übergeben **meritum** Verdienst 32 **laureum** Lorbeer 33 **postis, is** *m* Türpfosten **vestīre** schmücken **pūblicē** *hier:* von Staats wegen **corōna cīvica** Bürgerkranz *(ein Kranz aus Eichenlaub, ursprünglich verliehen für die Rettung röm. Bürger im Kampf)* 34 **iānua** Tor **fīgere** *(PPP* fīxum*)* anbringen **clupeus** Schild 34/35 **cūria Iūlia:** *von Cäsar begonnenes, von Augustus vollendetes Sitzungsgebäude des Senats* 36 **clēmentia** Milde **iūstitia** Gerechtigkeit **pietās, ātis** Pflichtbewusstsein 37 **testātus** bezeugt **īnscrīptiō, ōnis** Inschrift 38/39 **nihilō amplius** (um) nichts mehr 40 **collēga** *m* Amtskollege *(Ämter wurden in Rom mindestens zweifach besetzt.)* **tertius decimus** der dreizehnte 41 **equester ōrdō** Ritterstand *(nach den Senatoren die zweithöchste Gruppe der röm. Gesellschaft)* **pater patriae:** → S. 142, re. Sp.

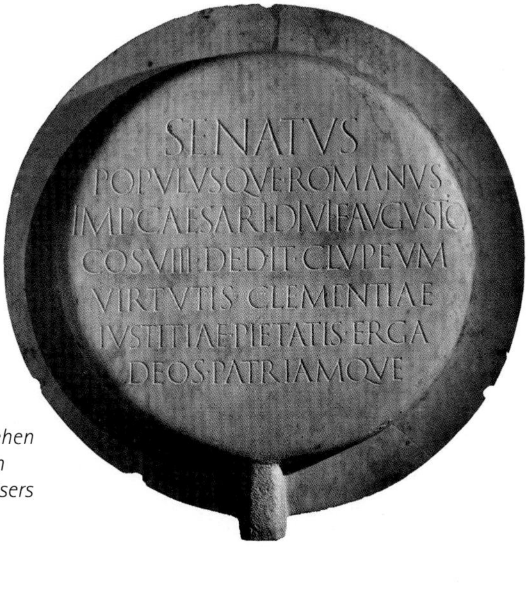

Marmorkopie des goldenen Ehrenschildes, den der Senat Augustus im Jahre 27 v. Chr. verliehen hat. Die Kopie wurde möglicherweise 26 v. Chr. in Arles gefertigt, anlässlich des Durchzugs des Kaisers nach Spanien. Arles, Musée Lapidaire.

❶ Finde Überschriften für die drei Abschnitte des Textes.
❷ Benenne die markanten stilistischen Merkmale des Textes. Inwiefern entsprechen sie der Intention und Kommunikationssituation des Textes?
❸ Zeige, dass auch in dem Text aus den **Res Gestae** die Idee des **princeps** eine entscheidende Rolle spielt (vgl. **I2**).
❹ Auf welche Aspekte seiner Herrschaft legt Augustus selbst besonderes Augenmerk? Inwiefern deckt sich diese Sicht der Dinge mit der Beschreibung des Velleius?

I2

Prinzipat

Die von Augustus eingeführte neue Staatsform wird in der Forschung meist mit dem Begriff Prinzipat (lat. **prīncipātus**) bezeichnet. Begrifflich hängt sie zusammen mit dem Wort **princeps** (der Erste, der führende Mann). Schon in der Zeit der Republik kannten die Römer **principes**. Hiermit bezeichneten sie Männer, denen aufgrund ihrer Herkunft, vor allem aber aufgrund der von ihnen bekleideten Ämter und der von ihnen für den Staat erbrachten Leistungen eine herausragende politische Position eingeräumt wurde. Auf dieses Konzept griff auch Augustus zurück. Gemessen an den genannten Kriterien, die einen **princeps** ausmachten, war er der **princeps** schlechthin und die ihm im Staat eingeräumte Vorrangstellung war so folglich auch keinem der früheren **principes** der Republik eingeräumt worden. Deutlich wird dies auch, wenn man die wichtigsten von Augustus ab dem Jahr 27 v. Chr. bekleideten Ämter bzw. die ihm übertragenen Amtsbefugnisse betrachtet:

- Konsulat: 27 – 23 v. Chr., 5 v. Chr., 2 v. Chr.
- **imperium consulare** (Amtsbefugnis eines Konsuln): ab 19 v. Chr. auf Lebenszeit
- **imperium proconsulare** (Befehlsgewalt über Provinzen mit starkem Militär): 27 v. Chr. bis zu seinem Lebensende (mehrfach über unterschiedlich lange Zeiträume verlängert)
- **tribunicia potestas** (Amtsbefugnis eines Volkstribunen, besonders das Vetorecht, mit dem Amtshandlungen anderer Beamten verhindert werden und sogar der Abbruch einer Senatssitzung herbeigeführt werden konnte.): ab 23 v. Chr. auf Lebenszeit

*Reproduktion der **Res gestae** an einer Außenwand des Museums der **Ara Pacis** in Rom.*

Die ideologische Überhöhung des Augustus in Architektur und Kunst

Neben seinem eigenen Tatenbericht findet sich eine Vielzahl anderer Zeugnisse, in denen die Herrschaft des Augustus gefeiert wird. Die unterschiedlichen Ehrungen und Huldigungen für Augustus wurden zu einem geschlossenen Gesamtprogramm „vernetzt".
Der Althistoriker Karl Christ formuliert dies so (Geschichte der römischen Kaiserzeit, S. 170): „Mit all dem knüpfte Augustus gewiss an traditionelle Normen der römischen Führungsschicht an, für die es durchaus üblich war, die eigenen Leistungen in einer für den modernen Menschen penetranten Weise zur Schau zu stellen (...). Völlig neuartig waren an der Methode des Augustus indessen die Intensität und die Kontinuität der Beeinflussung des Bewusstseins mit Hilfe der Ideologie sowie das faktische Monopol, das der **princeps** hier besaß."
Der Erfolg des Augustus beruhte darauf, dass allen Bevölkerungsschichten auf allen Gebieten (Architektur, Münzen, Statuen, Literatur, öffentlichen Veranstaltungen) immer wieder die gleichen Botschaften „eingehämmert" wurden. Dies waren vor allem: Wiederherstellung der Republik, Wiederbelebung religiöser Feste und Werte, moralische Erneuerung, Wohltaten für das Volk, Fruchtbarkeit und Fülle, Siege über alle Feinde, äußerer und innerer Frieden.
All diese Begriffe wurden zusammengefasst in dem Schlagwort der **aurea aetas** („Goldenes Zeitalter"), das angeblich mit Augustus begonnen habe. Der Archäologe Paul Zanker beschreibt diesen Mechanismus wie folgt: „Im Laufe der nächsten zwanzig Jahre entstand eine neue Bildersprache. Nicht nur die im engeren Sinne politischen Zeichen und Bilder, sondern auch das Stadtbild Roms, der Dekor und die Ausstattung der Häuser, ja sogar die Kleider der Leute änderten sich. Es ist erstaunlich, wie umfassend bald die gesamte visuelle Kommunikation im Dienst der neuen Sache stand, wie konsequent die Leitmotive und Parolen ineinander griffen. Dabei gab es auch hier keinen ausgeklügelten Plan, in dem so etwas wie ein Propagandafeldzug für die Erneuerung des Römertums abgesteckt gewesen wäre. Wie bei der Verbreitung der neuen Zeichen nach Aktium ergab sich vieles wie von selbst, nachdem der Princeps die Richtung angezeigt hatte und diese konsequent verfolgte." (Augustus und die Macht der Bilder, S. 107)
Im Folgenden wird an Beispielen gezeigt, mit welch unterschiedlichen Mitteln den Menschen die Größe der Herrschaft des Augustus nähergebracht wurde.

I3 Skulpturen, Münzen, Bilder und Bauwerke als Quellen

Nicht nur Texte sind historische Quellen, sondern auch Gegenstände. Besonders aussagekräftig sind sie, wenn sie bewusst geschaffen wurden, um eine bestimmte Botschaft zu vermitteln. In diesem Sinne können die Abbildungen eines Herrschers auf Münzen oder Statuen, aber auch Großbauten, wie z. B. das Forum Romanum oder das Kolosseum, als Zeichen gedeutet werden, die eine bestimmte Reaktion beim Betrachter auslösen sollen. Um die „Sprache" dieser Bilder zu entschlüsseln, bedarf es allerdings anderer Methoden als bei der Interpretation eines Textes.
Welche Schritte und Arbeitsmethoden bei der Interpretation von nicht-schriftlichen Quellen sinnvoll sind, soll hier beispielhaft an der Panzerstatue des „Augustus von Primaporta" gezeigt werden: Alle Überlegungen drehen sich um die Leitfrage: Welcher Eindruck wird dem Betrachter über Augustus vermittelt? Zur Beantwortung dieser Frage gehen wir in mehreren Schritten vor:

1. Schritt: Betrachtet die Quelle in ihrer Gesamtwirkung. Formuliert erste Eindrücke und Fragen.

2. Schritt: Beschreibt die Quelle möglichst genau. Beginnt mit den auffälligen Dingen, versucht dann Details zu erklären, z. B.: Warum hat Augustus nackte Füße? Warum trägt er eine Lanze?

3. Schritt: Deutet eure Beobachtungen: Wie ist Augustus dargestellt? Was sollen die einzelnen Details aussagen? Wie fügen sich die Einzelheiten zu einer Gesamtaussage? An wen ist diese Gesamtaussage / „Botschaft" gerichtet?

4. Schritt: Fasst eure Ergebnisse zusammen und formuliert ein Abschlussergebnis. War der im 1. Schritt formulierte Eindruck zutreffend oder seht ihr die Quelle jetzt anders als vorher?

M 1 Der „Augustus von Primaporta"

Eines der bekanntesten Kunstwerke aus der Zeit des Augustus ist der sog. „Augustus von Primaporta". Hierbei handelt es sich um eine 2,04 m hohe Statue, die 1863 in der Villa der Livia, der Frau des Augustus, bei Primaporta ca. 15 km nördlich von Rom, gefunden wurde. Sie wurde vermutlich anlässlich des Sieges über die Parther (20 v. Chr.) angefertigt. Die Statue ist in der heute erhaltenen Fassung farblos, aus geringen Farbresten ließ sich allerdings die ursprünglich farbige Bemalung rekonstruieren.

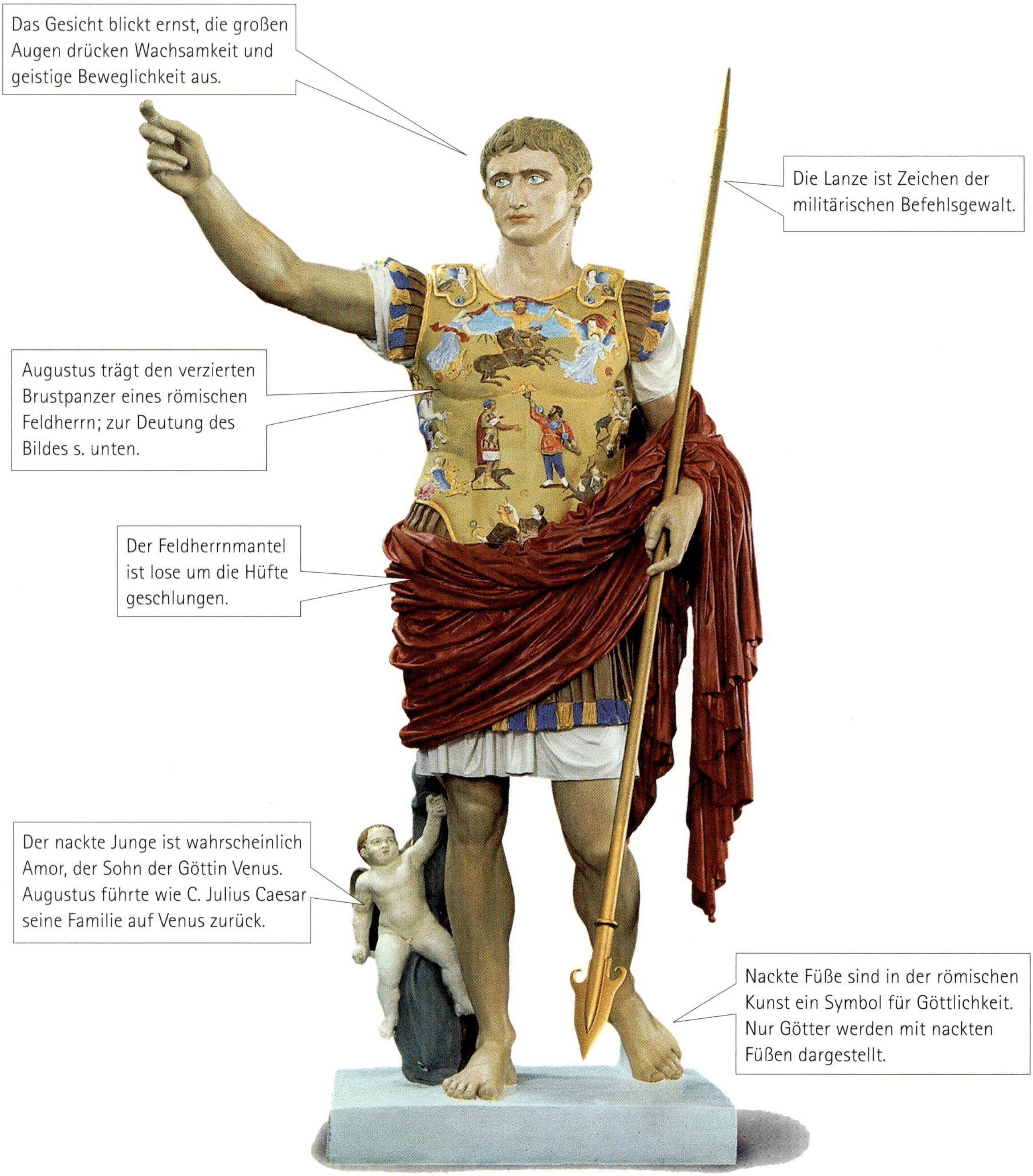

Details des Brustpanzers

1. Römischer Feldherr oder römischer Kriegsgott Mars.
2. König oder Kriegsgott der Parther, eines asiatischen Volks, mit dem die Römer häufig – und meist erfolglos – kämpften. Bei einem solchen Krieg hatten die Römer 53 v. Chr. Feldzeichen verloren, was als große Schande angesehen wurde. Im Jahre 20 v. Chr. wurden diese Feldzeichen ohne Kampf zurückgegeben. Augustus feierte dies als großen Erfolg.
3. Trauernde Frauengestalt mit ausgestrecktem Schwert: In Rom wurden Länder oder Völker in weiblicher Gestalt dargestellt. Hier handelt es sich wahrscheinlich um Hispania; Nordspanien war gerade von römischen Truppen endgültig erobert worden.
4. Trauernde Frauengestalt mit leerer Schwertscheide: Hier handelt es sich um Gallia, erobert von Cäsar, dem Adoptivvater des Augustus.
5. Apollo, dessen göttlichen Beistand Augustus bei seinem Sieg in der Schlacht von Aktium 31 v. Chr. gegen den Rivalen Antonius erbeten hatte. Apollo galt als Gott eines neuen goldenen Zeitalters.
6. Diana, die Schwester des Apollo, deren Unterstützung Augustus bei seinem Sieg in der Schlacht bei Naulochos gegen Sextus Pompeius 36 v. Chr. erbeten hatte.
7. Die Erdgöttin Tellus galt als die oberste Göttin des alten goldenen Zeitalters, dessen Wiederkehr die Römer erhofften (vgl. Abb. S. 154).
8. Der Sonnengott Sol im Viergespann, der den neuen Tag oder ein neues Zeitalter verkündete.
9. Göttinnen der Morgenröte (mit Fackel) und des Morgentaus (mit Krug), die der heraufsteigenden Sonne den Weg bereiteten und den neuen Tag oder das neue Zeitalter ankündigten.
10. Gott Saturnus (seinen Mantel als Himmel ausbreitend) war der oberste Gott des alten goldenen Zeitalters, das unter Augustus wiederkehren sollte.
11. Fabelwesen Sphinx, Bewacher des neuen Zeitalters oder Darstellung für Ägypten.

1 Formuliere mit eigenen Worten, welche Gesamtaussage dem Betrachter des „Augustus von Primaporta" mit dieser Gestaltung der Statue vermittelt werden sollte. Berücksichtige hierbei die in **I3** vorgestellten Schritte der Interpretation.

Die Bautätigkeit des Augustus

Nach der Aussage des Biographen Sueton (ca. 70 – ca. 130 n. Chr.) rühmte sich Augustus, dass er Rom als eine Stadt aus Lehmziegeln vorgefunden habe und nun als eine Stadt aus Marmor hinterlasse. Dies geschah natürlich nicht uneigennützig. Vielmehr hatte Augustus erkannt, dass auch eine rege Bautätigkeit seine Herrschaft sichern konnte. Die Bauwerke, die er selbst und seine Vertrauten in Rom errichten oder erneuern ließen, dienten unterschiedlichen Zwecken: Neben reinen Zweckbauten – z. B. bei der Wasserversorgung Roms – ließ er auch Tempel wiederherstellen. Der bekannteste von ihnen ist das Pantheon, das in seiner ursprünglichen Form durch den engsten Vertrauten des Augustus, M. Vipsanius Agrippa, errichtet wurde. Zugleich entstanden Bauwerke, die ausschließlich der Verherrlichung der Herrschaft des Augustus dienten. Allein diesem Zweck diente die Umgestaltung des **Marsfeldes**, die erst in den 80er Jahren des vorherigen Jahrhunderts weitgehend vollständig rekonstruiert wurde:
Die Abbildungen zeigen die Umgestaltung des Marsfeldes durch Augustus. Auf dem begehbaren Platz war in Bronze ein Liniensystem eingelassen, das gleichzeitig als Kalender und Uhr fungierte. Zeiger *(Gnomon)* dieser Sonnenuhr war der ägyptische Obelisk auf der Mitte des Platzes. Rechts findet sich die sog. **Ara Pacis Augustae** („Altar des augusteischen Friedens). Am Geburtstag des Augustus (23.09.), gleichzeitig der Tag der herbstlichen Tagundnachtgleiche, also der Tag, an dem Tag und Nacht genau gleich lang sind, warf die Spitze des Gnomon einen Schatten, der auf einer geraden Linie genau auf den Eingang der **Ara Pacis** zulief. Eingebettet in diesen Komplex war auch das Mausoleum des Augustus (→ Abb.).

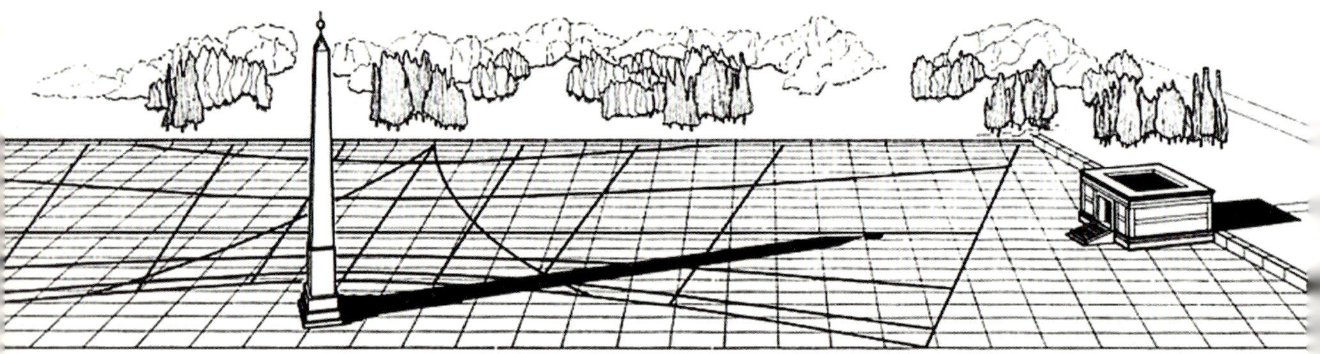

Marsfeld mit Sonnenuhr des Augustus, dem Obelisken als Zeiger und der Ara pacis.

❶ Überlegt, warum auch Bauwerke, die nicht direkt Augustus verherrlichten (z. B. Wasserleitungen, Brücken, aber auch das Pantheon), der Stabilisierung seiner Herrschaft dienten.

❷ Formuliert, ausgehend von den Erläuterungen zur baulichen Gestaltung des Marsfeldes, welche „Gesamtaussage" Augustus dem Betrachter des Marsfeldes mit dieser Gestaltung vermitteln wollte. Geht auch hier in den in I3 benannten Schritten vor.

Die Überhöhung des Augustus in der Literatur

Die Herrschaft des Augustus wurde auch in der zeitgenössischen Literatur gerühmt. So feiern die zwei bedeutendsten römischen Dichter **Vergil** (70–19 v. Chr.) und **Horaz** (65–8 v. Chr.), die mit Augustus auch persönlich gut bekannt waren, an mehreren Stellen ihres Werkes den princeps.

Der Dichter Vergil ist unter anderem der Verfasser eines Epos mit dem Titel „Aeneis". In diesem Epos beschreibt er die Irrfahrten seines Helden Äneas, der nach der Zerstörung seiner Vaterstadt Troja mit seinen Gefährten eine neue Heimat sucht. Nach dem Willen der Götter ist dies Italien, wo er zum Stammvater des römischen Volkes werden soll. An mehreren Stellen seines Werkes unterbricht Vergil die Schilderung der Abenteuer des Äneas und gibt Ausblicke auf die Zukunft, d.h. auf die Geschichte des römischen Volkes, wie sie durch das Schicksal (fatum) vorherbestimmt ist. Da diese Ausblicke in der Äneis-Handlung angesiedelt sind, ist diese „Zukunft" Vergil natürlich genau bekannt. Zu ihr gehört auch die Gegenwart Vergils, also die Zeit des Augustus.

Den ersten dieser Ausblicke gibt Vergil gleich am Beginn seines Werkes: In einer langen Rede verkündet Juppiter seiner Tochter Venus, die am Schicksal des Äneas und seiner Gefährten besonders interessiert ist, wie die Geschichte der Trojaner und ihrer Nachkommen weitergehen wird (M2). Einen weiteren Ausblick erhält der Leser, als Äneas im Verlauf seiner Irrfahrten in die Unterwelt hinabsteigt. Dort trifft er seinen verstorbenen Vater Anchises wieder, der Einblick in die Zukunft besitzt. Er gibt ihm ebenfalls eine Vorhersage auf die zukünftige, vom Schicksal vorherbestimmte Geschichte der Römer (M3).

Horaz verfasste neben anderen Werken vier Bücher Gedichte (Oden). Im vierten Buch ist ein Gedicht enthalten (M4), das Augustus bei seiner Rückkehr von einer längeren Reise im Jahre 13 v. Chr. feiert.

M2 Jupiters Prophezeiung

Zur Welt kommen wird aus edlem Stamm Cäsar, ein Trojaner, der das Reich bis zum Weltmeer, seinen Ruhm bis zu den Sternen ausdehnt, ein Julier, dessen Name vom großen Julus hergeleitet ist. Den wirst du dereinst im Himmel, beladen mit der Siegesbeute des Orients, von Sorgen befreit, empfangen; auch ihn wird man in Gebeten anrufen. Grimmige Zeiten werden dann nach dem Ende der Kriege friedlich werden.

Vergil, Äneis 1,286-291. Zitiert aus: E. und G. Binder: P. Vergilius Maro. Aeneis. 1. und 2. Buch. Lat./dt., © Philipp Reclam jun. Verlag GmbH, Ditzingen 1994

Gian Lorenzo Bernini: Äneas und Anchises (Äneas, Anchises und Ascanius fliehen aus Troja). 1618/19. Rom, Galleria Borghese.

M3 Die Prophezeiung des Anchises

Der hier, der ist der Held, der dir, so hörst du es oft, verheißen wird, Augustus Cäsar, Sohn eines Gottes: Goldene Zeiten wird er von neuem für Latium stiften in dem Land, wo Saturnus einst König war, über Garamanten und Inder hinaus wird er das Reich ausdehnen ... Andere werden atmende Statuen aus Erz geschmeidiger schmieden – glaube ich jedenfalls –, werden lebendige Züge in Marmor formen, vor Gericht besser plädieren, des Himmels Bahnen mit dem Stab beschreiben und den Aufgang der Gestirne ankündigen. Du, Römer, sollst, dessen sei dir bewusst, Völker unter deiner Hoheit lenken – dies werden die dir verliehenen Gaben sein – und Regeln verordnen dem Frieden: Schonung für den Unterlegenen, aber Kampf bis zum Ende gegen den widersetzlichen Feind.

Tu regere imperio populos, Romane, memento
hae tibi erunt artes, pacique imponere morem,
parcere subiectis et debellare superbos.

Vergil, Äneis 6,791-795, 847-853. Zitiert aus: E. und G. Binder: P. Vergilius Maro. Aeneis. 5. und 6. Buch. Lat./dt., S. 145, © Philipp Reclam jun. Verlag GmbH, Ditzingen 1998

Die Friedensgöttin Pax aus dem sog. „Tellusrelief" der Ara Pacis (9 v. Chr. eingeweiht).

M4 Sehnsucht nach Augustus

Sag, wo weilst du so lange, du Sohn gütiger Götter, bester Beschützer des Romulusvolkes? Du versprachst doch dem Rat der würdigen Väter baldige Heimkehr – so kehre denn heim! Gib, oh guter Herrscher, dem Heimatland das Licht zurück! Hat erst wieder dein Blick frühlingsgleich deinem Volke gelacht: froher vergeht dann der Tag, schöner strahlet der Sonne Glanz. Wie mit Sorgen den Sohn, den der Südwind verschlug und mit neidischem Hauch über das Jahr hinaus in Karpathiens Flut fern von der Heimat hält, von dem teuren Vaterhaus, mit Gebet und Gelübden flehend die Mutter ruft, von der gewundenen Küste niemals wendet den Blick: So sucht voll Treue und Sehnsucht nun das Vaterland seinen Cäsar. Nun schreitet der Stier sicher durchs Feld dahin. Ceres segnet wieder das Land mit reicher Saat. Friedlich schaukelt das Schiff durch das besänftigte Meer. Treu und Glauben sind neu erwacht. Nirgends befleckt Ehebruch die keuschen Häuser. Gesetz und Sitte halten schmutzige Gier im Zaum. Die Kinder, dem Vater gleich, dienen den Müttern als Zier. Strafe folgt der Schuld auf dem Fuße. Wer will jetzt noch die Parther fürchten, wer die Skythen aus dem kalten Norden und wer die Brut, die das raue Germanien hervorbringt? Wer sorgt sich noch um den Krieg im wilden Hiberien, jetzt, da Cäsar uns lebt?

Horaz, Ode 4,5,1-28

T3 Die Segnungen der römischen Zivilisation

Velleius Paterculus lobt die Regierung des Kaisers Tiberius (14 – 37 n. Chr.), des Nachfolgers des Augustus. Sein größtes Verdienst sei, dass er die Friedenspolitik seines Vorgängers (pax Augusta) fortgeführt habe. Dann preist Velleius die Leistungen des Augustus:

• Sachfeld Einfluss, Macht ⏭ exemplum, imperium, laetus, pāx, potēns, prīnceps, rēctus, virtūs

Honorantur recta, prava puniuntur, suspicit potentem humilis, non timet; antecedit, non contemnit humiliorem potens. Quando annona moderatior, quando pax laetior? Pax Augusta, diffusa in orientis occidentisque tractus et, quidquid meridiano aut septentrione finitur, per omnes terrarum orbis angulos a latrociniorum metu servat immunes. Fortuita non civium tantummodo, sed urbium damna principis munificentia vindicat. Restitutae urbes Asiae, vindicatae ab iniuriis magistratuum provinciae; honor dignis paratissimus, poena in malos sera, sed aliqua. Superatur aequitate gratia, ambitio virtute. Nam princeps optimus facere recte cives suos faciendo docet; cumque sit imperio maximus, exemplo maior est.

Velleius Paterculus, *Historia Romana* 2, 126, 3 – 5

1 **honōrāre** ehren **prāvus** schlecht **suspīcere** achten 2 **humilis, e** (gesellschaftlich) niedrig **antecēdere** übertreffen **contemnere** verachten 3 **annōna** Getreidepreis **moderātus** maßvoll
4 **diffūsus** verteilt **oriēns, entis** der Osten **occidēns, entis** der Westen **tractus, ūs** Gegend
4 – 5 *diffūsa in Orientis Occidentisque tractūs et <in omnem tractum>, quidquid*
7 *<hominēs> immūnēs*
5 **merīdiānus** der Süden **septentriō, ōnis** der Norden **fīnīre** begrenzen
6 **angulus** Winkel **latrōcinium** Räuberei
7 **immūnis, e** frei **fortuītus** unverschuldet **tantummodo** nur 8 **damnum** Schaden **mūnificentia** Großzügigkeit **vindicāre** *hier*: ersetzen
8 – 11 *Restitūtae <sunt> ... vindicātae <sunt> ... honor dīgnīs parātissimus <erat> usw.*
9 **urbēs Asiae:** *einige Städte Kleinasiens waren durch Erdbeben zerstört worden* **vindicāre** *hier*: schützen 11 **aequitās, ātis** Gleichheit (vor dem Gesetz) **gratia** *hier*: Einfluss **ambitiō** Ehrgeiz 13 **cum** *m. Konj. hier*: obwohl

❶ Untersuche, welche besonderen Leistungen dem Augustus in **M2–4** und in **T3** zugeschrieben werden. Erläutere, inwiefern diese Darstellung der Leistungen über die des Velleius (**T1**) bzw. über den Tatenbericht des Augustus (**T2**) hinausgeht.

❷ Sammelt die Elemente der augusteischen Ideologie, die sich in allen Text- und Bildquellen erkennen lassen.

❸ Diskutiert darüber, ob euch die Bewertung des Augustus, wie sie Velleius in **T1** und **T3** zum Ausdruck bringt, glaubwürdig erscheint oder ob ihr sie für überzogene Schmeichelei haltet. Bezieht andere Darstellungen aus dem Bereich der augusteischen Propaganda in eure Überlegungen ein.

❹ Augustus wurde zum Vorbild für viele Herrscher nach ihm. Was könnten sie an ihm bewundert haben? Welche Aspekte der augusteischen Propaganda könnten sie kopiert haben?

Wandmalerei aus der Villa der Livia. Auffällig ist besonders die fast schon neurotische Betonung der Idylle und Ordnung in der Natur. Dies lässt sich als Ausdruck der Sehnsucht nach Frieden interpretieren. Rom, Museo Nazionale Romano delle Terme.

Napoleon – ein neuer Augustus

Napoleon, der aus niederem Adel stammte, wurde am 15. August 1769 als Napoleone Buonaparte auf der zu Frankreich gehörenden Insel Korsika geboren. Die guten Beziehungen seines Vaters ermöglichten ihm eine Militärausbildung. Sein steiler Aufstieg begann in den Kriegen, die Frankreich im Gefolge der französischen Revolution gegen die europäischen Mächte führte. Napoleons militärische Begabung und seine Nähe zu der politischen Gruppierung der Jakobiner, die zwischenzeitlich die Politik bestimmte, führten dazu, dass er schon mit 24 Jahren zum Brigadegeneral befördert wurde. Diese Karriere wurde kurz unterbrochen durch den Sturz der Jakobiner 1794, doch gelang es ihm relativ schnell, von den neuen Machthabern, dem „Direktorium", mit weiteren militärischen Kommandos betraut zu werden, die ihm immense Popularität eintrugen. Zunächst erhielt er im März 1796 den Oberbefehl über die französischen Truppen in Norditalien und schlug dort die österreichischen Truppen. Daran schloss sich 1798 ein Feldzug in Ägypten an, der dem Ziel diente, England vom Zugang nach Indien abzuschließen. Insgesamt scheiterte dieses Unternehmen trotz einzelner Erfolge, dennoch vergrößerte auch der Ägyptenfeldzug das Prestige Napoleons.

Gestützt auf dieses Ansehen und in Absprache mit zwei Mitgliedern des Direktoriums gelang es ihm, in einem Staatsstreich am 9. November 1799 das bisherige Direktorium zu entmachten und drei „Konsuln" an die Spitze des Staates zu stellen. Als auf zehn Jahre gewählter „Erster Konsul" besaß Napoleon die bei weitem größte Macht und konnte schon faktisch als Alleinherrscher agieren. Er setzte eine neue Verfassung durch, die diese Machtposition festschrieb, und ließ sie durch ein Plebiszit bestätigen. Ebenfalls durch Plebiszite, die in gleicher Weise durch massive Einflussnahme mit überwältigender Mehrheit das gewünschte Ergebnis erzielten, ließ er sich die nächsten Schritte zum Ausbau seiner Machtposition bestätigen: 1802 erhielt Napoleon das Konsulat auf Lebenszeit, 1804 wurde ihm die erbliche Kaiserwürde übertragen.

Innenpolitisch war es das Bestreben Napoleons, Frankreich, das noch immer durch die Umwälzungen der Revolution zerrissen war, unter seiner Person zu einen. Hierbei war insbesondere die ihm ergebene Armee Stütze seiner Macht, deren Angehörigen vielfach eine bevorzugte Stellung eingeräumt wurde. Diesem Ziel diente auch eine Straffung der Verwaltung, die ausschließlich auf ihn ausgerichtet war. Gleichzeitig wurden auch die wirtschaftlichen Rahmenbedingungen verbessert und das Währungssystem stabilisiert. In diesen Zusammenhang gehören auch die Bemühungen um eine Verbesserung der Infrastruktur. Zudem wurde das Rechtswesen umfassend neu gestaltet, wobei insbesondere der „Code Civil", der das Zivilrecht regelte, über Frankreich hinaus wegweisend wurde.

Kaiser Napoleon I. Büste aus Sèvres-Porzellan. 1811. Paris, Musée du Louvre.

Außenpolitisch war die Herrschaft Napoleons geprägt durch eine nahezu ununterbrochene Reihe von Kriegen um die Vorherrschaft in Europa. Trotz einer Vielzahl von Erfolgen scheiterte Napoleon letztlich jedoch an einer Koalition der europäischen Großmächte. 1815 wurde er schließlich bei Waterloo endgültig besiegt und starb 1821 in der Verbannung.

❶ Erläutere, inwieweit die Biographien von Augustus und Napoleon und die politischen Rahmenbedingungen, in denen sie handelten, Gemeinsamkeiten aufweisen.

❷ Während der gesamten französischen Revolution griff man immer wieder auf die römische Geschichte als Vorbild zurück. Informiere dich darüber, in welcher Epoche der römischen Geschichte man diese Vorbilder suchte, und nenne Beispiele.

Antonio Canova: Napoleon. 1810. London, Wellington Museum (Apsley House).

Fünf-Franc-Münze mit dem Porträt Napoleons. 1811. Privatsammlung.

I4 **Der „Empire-Stil"**

In der Regierungszeit Napoleons entwickelte sich ein eigener Kunststil, der als Epochenbegriff in der Bau-, Mode-, Kunst- und auch Literaturgeschichte als „Empire" bezeichnet wird. In diesem französischen Wort schwingt natürlich – und dies auch ganz bewusst – das lateinische Wort **imperium** mit. Dementsprechend bezeichnet dieser Begriff einen Stil, der in hohem Maße auf antike Vorbilder zurückgriff. Auf diese antiken Vorbilder griff auch Napoleon selbst zurück; er fand seine Vorbilder in den römischen Kaisern. Daher zeigt sich der „Empire-Stil" in besonderer Weise auch in der Selbstdarstellung Napoleons. Entsprechend den Zeitumständen wurden hierbei vor allem die militärischen Leistungen Napoleons inszeniert.

T4 Die Leistungen Napoleons

Im Jahre 1801, kurz nach einem Sieg Napoleons, erschien unter dem Pseudonym Stefano Laonice (= Nicola Corona) ein lateinisches ***carmen pastorale ad Bonapartem, principem rei publicae consulem, liberatorem Italiae, fundatorem pacis*** („Hirtengedicht an Bonaparte, den ersten Konsul der Republik, den Befreier Italiens, den Begründer des Friedens"), in dem der Autor antike Vorlagen, vor allem Vergils „Hirtengedichte", benutzt, um in 425 Hexametern die Leistungen Napoleons zu preisen. Die aus Vergil bekannten Hirten Thyrsis und Corydon treffen sich (vor den Toren von Paris); Thyrsis wundert sich über den Lärm, den er in der Ferne hört; Corydon erklärt ihm den Grund:

• Sachfeld Krieg und Frieden ⏭ bellum, hostis, laus, pāx, patria, pugna, vincere

1 **audī<v>eram** 2 **salvā<vi>sse | salvāre** retten **labāre** wanken 4 **decus, oris** *n* Zierde 5 **ēvehere** *(Perf.* **ēvexī***)* erheben **aether** *(Akk.* **aethera***)* Himmel 6 **pietas** Pflichtgefühl, Liebe **amoenus** angenehm, süß 8 **ēmicāre** *(Perf.* **ēmicuī***)* aufblitzen 9 **numerāre** (auf)zählen **queāmus = possumus** 10 **prius** *hier:* eher, leichter **flāvus** goldgelb **arista** Ähre 11 **volucris, is** Vogel
11–12 *aut prius disces, quot volucres in nostrō rūre vēre novō volitent*
12 **vēr, vēris** *n* Frühling **volitāre = volāre | gesta, ōrum** *n* Taten 13 **comprendere = comprehendere** 14 **ūnicus** einzig **habitus, ūs** *m* Zustand, Beschaffenheit, Lage
Unica spes habitus <est>
15 **dīrigere** *m. Dat.* (auf ein Ziel) hinlenken 16 **concors, cordis** einig, einstimmig **vocātus fuit = vocātus est** 17 **cūra** *m. Gen. hier:* derjenige, der Sorge trägt für etw.
qui cunctis cura salutis <erat>

(Thyrs.) Audieram magnum praeclaro nomine civem
et pace et bello patriam salvasse labantem. [...]
Omnes audivi illi magnas dicere laudes
atque illum et decus et patriae appellare parentem. [...]
(Coryd.) Plures, Thyrsi, viros evexit ad aethera virtus,
et plures patriae pietas et verus amoenae
libertatis amor movit. Sed maximus inter
omnes emicuit BONAPARS, qui proelia tanta
vicit, quae nos vix hodie numerare queamus.
Nam prius flavas campis numerabis aristas
aut prius in nostro disces, quot rure volucres
vere novo volitent, quam tot cognoscere gesta
illius et dictis poteris comprendere pugnas.
Unica spes habitus patriae, qui cuncta per orbem
dirigeret paci bellumve parabat in hostes.
Hic nuper Princeps concordi mente vocatus
Consul in urbe fuit, cunctis qui cura salutis
et communis amor patriae et decus omne futurus.

Stefano Laonice, *Carmen pastorale ad Bonapartem*, V. 33–38; 106–119

M5 Wer könnte all die Wunder nennen ...

Der französische Politiker François de Jaubert spricht sich am 2. Mai 1804 für die Übertragung der Kaiserwürde an Napoleon aus:

Napoleon Bonaparte hatte durch seine Heldentaten jenes Italien in Erstaunen versetzt, das seit Jahrhunderten gewohnt war, nur von römischen Heeren zu sprechen. Er gibt dem Kontinent den Frieden, Afrika ist Zeuge neuer Wundertaten, sein Ruhm durchstrahlt Asien, er erfüllt die Welt. [...] Ja, wer könnte all die Wunder nennen, die er seit seinem Aufstieg zum Konsulat vollbracht hat! Betrachten Sie, was vier Jahre hervorgebracht haben:

Die Grundlagen der Verwaltung sind festgelegt, in die Finanzen ist Ordnung gebracht, die Armee ist organisiert; die Schlacht von Marengo[1], die über das Schicksal des Kontinents entschied, wurde improvisiert; Europa ist befriedet, der Handel ist in Gang gebracht, die Industrie ermutigt, so auch die Künste und die Wissenschaften; die Altäre sind wieder aufgerichtet, Friede wird den Gewissen zuteil, die Zufluchtsstätten der leidenden Menschheit erhalten Zuwendungen, das staatliche Unterrichtswesen ist neu aufgebaut; gewaltige Arbeiten werden angeordnet und vollendet; Frankreich erhält ein einheitliches bürgerliches Gesetzbuch, dem er den Stempel seines Genies aufgedrückt hat; jeglicher Parteiengeist ist ausgelöscht, alle Verbitterung beruhigt; alle Interessen sind in Übereinstimmung miteinander gebracht, alle Opfer unglücklicher Zeiten zurückgerufen; eine meineidige Regierung muss erzittern angesichts von Vorbereitungen, die ihr die schreckliche Katastrophe ankündigen, falls sie sich nicht beeilt, zu Gedanken der Gerechtigkeit zurückzukehren.

All diese Leistungen werden den kommenden Jahrhunderten die tiefe Ergebenheit erklären, von der die Franzosen für Napoleon Bonaparte durchdrungen sind, so auch die Zeugnisse der Liebe, die ihm die Nation entgegenbringt, diesen so stark ausgesprochenen Wunsch: Dass jener, dem die Republik so großen Ruhm und so große Wohltaten verdankt, einwilligen möge, ihr Kaiser genannt zu werden und die ausführende Gewalt in seiner Familie festzulegen.

Le Moniteur universel, 3. Mai 1804, Nr. 223, S. 1011. Zit. aus: Irmgard und Paul Hartig: Die Französische Revolution, Stuttgart (Ernst Klett Verlag) 1985

[1] Bei Marengo in Oberitalien besiegte Napoleon am 14. Juni 1800 die Truppen der Österreicher.

❶ Arbeite heraus, welche Leistungen und Eigenschaften Napoleons Stefano Laoonice in **T4** betont. Achte besonders auf Schlüsselbegriffe und auf Wort- und Sachfelder.

❷ Vergleiche das Bild, das in **M5** und in **T4** von Napoleon gezeichnet wird, mit dem des Augustus aus **T1** und **T2**. Welche Gemeinsamkeiten und/oder Unterschiede kannst du erkennen?

Napoleon und seine Gattin fahren im Triumph in Paris ein.

M6 François Pascal-Simon Gerard: Kaiser Napoleon I. im Krönungsornat

Das Bild entstand kurz nach Napoleons Kaiserkrönung am 2. Dezember 1804 in Paris und zeigt ihn im vollen Krönungsornat. Napoleon war scheinbar von diesem Bild, das ihn in seiner kaiserlichen Majestät darstellt, so begeistert, dass er viele Repliken anfertigen und an befreundete Herrscher verschicken ließ. Heute existieren über 20 Exemplare dieses Bildes in verschiedenen Museen.

❶ Interpretiere das Gemälde von François Pascal-Simon Gerard (**M6**) nach den Schritten, die in **I3** beschrieben sind. Wie versucht sich Napoleon auf diesem Bild darzustellen? Welche Herrschaftsauffassung lässt sich erkennen?

Der Arc de Triomphe du Carrousel. 1806–1808 von Napoleon zur Erinnerung an die Schlacht von Marengo errichtet. Blick vom Louvre in Richtung Tuilerien.

❷ Napoleon griff entsprechend dem Geschmack seiner Zeit vielfach auf antike Vorbilder zurück (vgl. **I4**). Untersuche die verschiedenen Darstellungen Napoleons darauf, an welchen Elementen dieser Rückgriff auf antike Vorbilder deutlich wird. Beziehe hierbei auch die Darstellungen des Augustus mit ein.

❸ a) Benenne die Gründe, mit denen de Jaubert (**M5**) die Übertragung der Kaiserwürde an Napoleon rechtfertigt.

b) Vergleiche die Argumentation de Jauberts mit der Idee des **princeps** bei Augustus.

❹ Die Abbildung auf S. 160 zeigt einen Triumphzug Napoleons, den es in dieser Form selbstverständlich nicht gegeben hat.

a) Welche Bildelemente verweisen auf die Antike?

b) Betrachte die Kleidung der dargestellten Personen. Was fällt dir auf?

c) Worin könnte der Sinn einer solchen Darstellung liegen?

❺ Auf welche antiken Vorbilder greifen die Monumente Napoleons zurück?

Autoren

Augustus

Geboren im Jahr 63 v. Chr., erhielt C. Iulius Octavianus 27 v. Chr. den Ehrentitel Augustus und wurde zum ersten Kaiser Roms. Ihm war es mit seinem Sieg über Kleopatra und Antonius bei Actium (31 v. Chr.) gelungen, die alleinige Macht zu erringen, den Bürgerkrieg zu beenden und eine lange Friedenszeit zu begründen (pax Augusta). Mit Augustus begann eine neue Epoche der römischen Geschichte, die Kaiserzeit. Dabei ließ er die republikanische Verfassung mit der Volksversammlung und dem Senat fortbestehen, schränkte aber kraft seiner Machtfülle als Konsul und Volkstribun deren Befugnisse ein. Er war fortan der führende Mann im Staat, der princeps (daher die Bezeichnung Prinzipat). Seine Leistung war es, nach einem Jahrhundert der Bürgerkriegswirren Wohlstand und Rechtssicherheit zu schaffen. Zugleich bemühte er sich um eine Wiederherstellung der altrömischen Werte und der Religiosität – nicht zuletzt über die intensive Förderung von Kunst und Literatur, die seine Ideen sittlicher Erneuerung unterstützen sollten. In hohem Alter schrieb er seinen Tatenbericht, die sog. *Res gestae*.

Cäsar

C. Iulius Caesar (100 v. Chr. – 44 v. Chr.), Politiker, Feldherr, Schriftsteller. 60 v. Chr. schloss er mit Pompejus und Crassus einen Dreierbund (sog. 1. Triumvirat) zur Durchsetzung persönlicher Machtinteressen. Als er bereits ein Jahr später das höchste Staatsamt (Konsul) erreicht hatte, ließ er sich und seinen beiden Triumviratskollegen wohlhabende Provinzen und den militärischen Oberbefehl über Legionen übertragen. Als Prokonsul unterwarf Cäsar in den Jahren 58 – 52 v. Chr. Gallien, das zur römischen Provinz wurde. Infolge seiner gestiegenen Machtfülle kam es zum Zerwürfnis mit Pompejus. Mit dem Überschreiten des Flusses Rubikon (Alea iacta est) löste Cäsar einen Bürgerkrieg (49 – 46 v. Chr.) aus, den er für sich entschied. Als er sich zum Diktator auf Lebenszeit ernennen ließ, fürchtete man in Rom um den Fortbestand der res publica libera. So verschworen sich mehrere Senatoren um Brutus und Cassius gegen Cäsar und ermordeten ihn an den Iden des März 44 v. Chr. Über seinen gegen Gallien geführten Krieg verfasste Cäsar die *Commentarii de bello Gallico*, über den Bürgerkrieg gegen seine innenpolitischen Gegner die *Commentarii de bello civili*.

Catull

C. Valerius Catullus, Dichter in der späten Republik (1. Jh. v. Chr.). In einer Zeit innenpolitischer Machtkämpfe entwickelte Catull keinerlei Interesse an einer Karriere als Politiker, wie sie für einen vornehmen jungen Römer üblich war. Stattdessen wollte er ausschließlich für seine Dichtung leben. Zusammen mit seinen Dichterfreunden, den poetae novi bzw. Neoterikern (griech. „die Jüngeren/Neueren"), verwirklichte Catull literarische Ideen, die in starkem Kontrast zum Geschmack des konservativen römischen Publikums standen. Gegen die starren Formen und staatstragenden Themen der anerkannten literarischen Großgattungen wie Epos und Tragödie setzten die Neoteriker ihre meist kleinen, sprachlich ausgefeilten Gedichte, in denen persönliches Erleben und Empfinden im Mittelpunkt standen – nach dem Vorbild hellenistischer Dichter wie Kallimachos. Fast alle Liebesgedichte Catulls handeln von einer gewissen Lesbia; umstritten ist, ob hinter diesem Decknamen Clodia steht, eine verheiratete Frau aus der vornehmen Gesellschaft. Catulls Gedichtsammlung enthält neben den berühmten Liebesgedichten an Lesbia auch viele satirische Gedichte und Epigramme auf Zeitgenossen des politischen und literarischen Lebens.

Nepos

Cornelius Nepos, Schriftsteller der späten Republik (1. Jh. v. Chr.), gilt als Begründer der Gattung Biographie in Rom. Als Zeitgenosse Cäsars, Ciceros und Catulls verfasste Cornelius Nepos in seiner Sammlung von Lebensbeschreibungen (*De viris illustribus*) literarische Porträts nichtrömischer Feldherren, etwa des Atheners Themistokles oder des Karthagers Hannibal, beschrieb aber auch das Leben bekannter Römer wie Cato und Atticus. Seine Biographien erheben keinen historisch-wissenschaftlichen Anspruch, sondern wollen auf unterhaltsame und spannende Weise erzählen, wobei sie zahlreiche Anekdoten einbeziehen.

Erasmus von Rotterdam

Erasmus von Rotterdam (um 1466 – 1536), niederländischer Gelehrter, Schriftsteller und Theologe, war der berühmteste Vertreter des Humanismus. Als unabhängiger Denker kritisierte er weltliche und geistliche Mächte gleichermaßen. Da er sich weder von katholischer noch protestantischer Seite vereinnahmen ließ, kanzelte Martin Luther ihn als Skeptiker ab, während die Päpste seine Schriften verboten. In seinem Eintreten für den Frieden war Erasmus seiner Zeit weit voraus. Durch seine rege Reisetätigkeit und die Korrespondenz mit berühmten Persönlichkeiten seiner Zeit förderte er den Wissensaustausch unter den Universitäten.

Hieronymus und die Vulgata

Lange Zeit existierten verschiedene lateinische Übersetzungen der griechischen (*Neues Testament*) und hebräischen (*Altes Testament*) Bibeltexte nebeneinander, bis der Kirchenlehrer Hieronymus (um 342 – um 420 n. Chr.) im Auftrag des Papstes Damasus I. aus den vorhandenen Fassungen ein Gesamtwerk erstellte, die berühmte lateinische Bibelübersetzung der sog. *Vulgata* (lat. vulgatus allgemein verbreitet). Sie galt bis zu Luthers Bibelübersetzung als die einzig maßgebliche Bibelfassung.

Martial

M. Valerius Martialis, Dichter des 1. Jh.s n. Chr. Martial stammte ursprünglich aus Spanien, lebte aber die meiste Zeit seines Lebens in Rom. Dort verkehrte er als Klient in den Häusern bedeutender Römer, die sich für Poesie interessierten und ihn unterstützten. Seine Epigramme, die sich v. a. Catulls Gedichte zum Vorbild nahmen und Schwächen der Menschen seiner Zeit aufspießten, waren schon in der Antike berühmt für die Treffsicherheit ihres Spotts und die Wirksamkeit ihrer Pointe. Getreu seinem Motto des parcere personis, dicere de vitiis („die Personen schonen, über die Fehler sprechen") stellte Martial nie Personen mit Namensnennung bloß, sondern dachte sich Pseudonyme für sie aus. Auch wenn Kritiker bemängelten, dass Martial seine Karriere durch Gedichte mit Schmeicheleien gegenüber Kaiser Domitian befördert habe, tat das seinem Nachruhm keinen Abbruch: Der deutsche Dichter G. E. Lessing nannte Martial den größten Epigrammatiker der Antike.

Ovid

Publius Ovidius Naso, Dichter der augusteischen Zeit (43 v. Chr. – ca. 17 n. Chr.). Der junge Ovid absolvierte ein Rhetorikstudium in Rom und bekleidete einige Ämter, verzichtete aber auf eine politische Karriere und widmete sich ganz der Dichtung. Sein Verhältnis zu Kaiser Augustus war zwiespältig: Einerseits genoss Ovid den Frieden, die Pax Augusta, andererseits lehnte er es ab, als Dichter den Lobpreis auf die augusteische Zeit zu singen. Im Gegenteil finden sich in seinen Werken Stellen mit verdeckter Kritik an Augustus. Gerade seine *Ars amatoria*, ein heiteres Lehrgedicht über die Kunst des Liebens, widersprach dem Ernst der Ehegesetze des Prinzeps. So ist durchaus denkbar, dass dieses Werk neben einem von Ovid selbst eingestandenen Irrtum (möglicherweise Mitwisserschaft bei einem Ehebruchskandal um die Augustusenkelin Julia) Mitursache für seine lebenslängliche Verbannung nach Tomi war.

Sueton

C. Suetonius Tranquillus, Biograph der frühen Kaiserzeit (ca. 70 – nach 122 n. Chr.), bekleidete unter Kaiser Hadrian hohe Verwaltungsämter. Bedeutend sind v. a. seine Biographien über Cäsar und über die Kaiser von Augustus bis Domitian (*De vita Caesarum*). In ihnen berichtet Sueton nach einem festen Aufbauschema von der Geburt, der Familie, der Erziehung, den Ämtern, militärischen und zivilen Taten sowie dem Tod des jeweiligen Kaisers. Dabei reichert er die einzelnen Lebensbeschreibungen mit zahlreichen Anekdoten an.

Gattungen

Biographie

Eine Biographie (griech. „Lebensbeschreibung") stellt den Lebenslauf einer bedeutenden Persönlichkeit dar. Die bekanntesten römischen Biographen sind Cornelius Nepos (1. Jh. v. Chr.) und Sueton (1./2. Jh. n. Chr.). Der fränkische Gelehrte Einhart nimmt sich im 8. Jh. n. Chr. Suetons Kaiserbiographien zum Vorbild für seine *Vita Caroli Magni*, in der er das Leben, die Frömmigkeit und die Leistungen des karolingischen Kaisers Karls des Großen beschreibt.

Commentarius

Der *commentarius* war eine Berichtsform, in der Feldherren oder hohe Beamte tatsachenbezogen Rechenschaft über ihre Tätigkeit gegenüber dem Senat ablegten. Cäsar berichtet in dieser Gattung über seine als Feldherr getroffenen militärischen Aktionen und

Maßnahmen. Dabei sind seine *commentarii* durchsetzt von erzählerischen Elementen aus der Geschichtsschreibung – etwa Reden und einem dramatischen Spannungsaufbau. So handelt es sich letztlich nicht um sachliche Rechenschaftsberichte, sondern um Rechtfertigungsschriften in manipulativer Absicht: Der Leser soll dazu gebracht werden, Cäsars Vorgehen im Krieg als legitim und erfolgreich zu betrachten.

Epigramm
Epigramme (griech. „In- bzw. Aufschrift") sind ursprünglich kurze und prägnant formulierte Aufschriften auf Gräbern, Denkmälern oder Gebäuden und wurden erst in späterer Zeit zu einer literarischen Gattung, in der geistreiche Gedanken oft satirischen Inhalts formuliert wurden. Meist sind sie im elegischen Distichon verfasst, wobei im Hexameter die Erwartung aufgebaut wird, die dann im Pentameter mit einer überraschenden Schlusspointe aufgelöst wird (Lessing: „Erwartung und Aufschluss"). Bedeutende Vertreter der Gattung in der lateinischen Literatur sind Catull und vor allem Martial.

Geschichtsschreibung
Die Geschichtsschreibung (Historiographie) geht auf die Griechen zurück. Herodot gilt als „Vater der Geschichtsschreibung", Thukydides als erster Historiker mit wissenschaftlichem Anspruch, da er versucht, Zusammenhänge historischer Entwicklungen zu analysieren.
Die römische Geschichtsschreibung beginnt mit der Annalistik. Diese orientiert sich im Aufbau an der nach Jahren (annus) gegliederten Ereignisabfolge.
Der erste römische Historiker, von dem vollständige Werke erhalten sind, ist Sallust (1. Jh. v. Chr.). Sein zentrales Thema ist der Niedergang der res publica libera. Dabei erkennt er im individuellen Streben nach Macht und Reichtum die Ursachen für den moralischen, politischen und sozialen Verfall der römischen Gesellschaft.
Livius stellt in seinem nur teilweise erhaltenen Werk *Ab urbe condita* die Geschichte Roms von seiner Gründung bis in die augusteische Zeit (9 v. Chr.) dar. Seine Intention war es, aufzuzeigen, durch welche Werte (virtutes) die römische Republik groß geworden war. Die Darstellung der großen Vergangenheit Roms, der vielen Heldentaten der Frühzeit, der gelebten *mores maiorum*, der Eintracht der Bürger und Stände in Krisenzeiten und des unbedingten Siegeswillens in Kriegszeiten sollte der eigenen Zeit Vorbilder (exempla) liefern.
Tacitus (1./2. Jh. n.Chr.) stellt in seinen Werken *Annales* und *Historiae*, die nicht vollständig erhalten sind, die gesamte Geschichte des Prinzipats des ersten Jahrhunderts n. Chr. dar. Er verpflichtet sich explizit der Objektivität (sine ira et studio), auch wenn sein Werk eine eher kritische Einstellung zum Prinzipat erkennen lässt. Bekannt ist auch seine Schrift *Germania*, in der er Sitten und Bräuche der germanischen Stämme beschreibt.

Lyrik
Der Begriff „Lyrik" leitet sich vom Saiteninstrument der „Lyra" her und meint ursprünglich den metrisch gebundenen Vortrag mit Instrumentenbegleitung. Ursprünglich kultisch-rituellen Ursprungs, wurde die Lyrik zur literarischen Form, unter der man Gedichte mit bestimmten Versmaßen versteht. Die bekanntesten römischen Lyriker sind Catull und Horaz, aber auch die elegischen Dichter Ovid (*Amores*), Tibull und Properz können zur Lyrik gerechnet werden.

Römisches Recht

Zwölftafelgesetz
Im Verlauf der Ständekämpfe der frühen römischen Republik zwischen Plebejern und Patriziern entstand das sog. Zwölftafelgesetz, das auf Bronzetafeln geschrieben und auf dem Forum Romanum für jedermann sichtbar aufgestellt wurde. Verfasst wurde es von den Decemvirn, zehn ehemaligen Konsuln. Diese Gesetze legten die zivilrechtliche Gleichheit von Plebejern und Patriziern fest.

Codex Iustinianus
In der Spätantike drohte das hochentwickelte römische Rechtswesen in Vergessenheit zu geraten. Deshalb veranlasste der oströmische Kaiser Justinian im 6. Jh. n. Chr. eine Sammlung aller bekannten Gesetzestexte. Diese gewaltige Sammlung wurde unter der Bezeichnung *Corpus Iuris Civilis* bekannt. Bis ins 19. Jh. hinein wurde auf der Grundlage dieser Rechtssatzung in den meisten Staaten Europas Recht gesprochen.

Stilmittel

Die folgenden Stilmittel dienen häufig dazu, einen Begriff oder einen Sachverhalt zu veranschaulichen oder besonders hervorzuheben. Die konkrete Funktion eines Stilmittels muss freilich aus dem jeweiligen Kontext ermittelt werden.

Alliteration Der Anlaut aufeinanderfolgender Wörter ist gleich.
Frater fortis fuit.

Anapher Am Anfang aufeinanderfolgender Satzteile oder Sätze wird das gleiche Wort wiederholt.
Te appello, te oro, te rogo.

Antithese Gegensätzliche Begriffe oder Gedanken werden gegenübergestellt.
Non vitae, sed scholae discimus.

Asyndeton Wörter oder Satzteile werden unverbunden aneinandergereiht.
Veni, vidi, vici.

Chiasmus Einander entsprechende Wörter oder Wortgruppen werden in umgekehrter Abfolge („überkreuz") angeordnet.
Nihil timeo,
scio multa.

Ellipse Ein normalerweise notwendiger Satzteil, meist das Hilfsverb, wird weggelassen.
Quantus amor, tantus timor (est).

Hyperbaton Zusammengehörige (kongruente) Wörter werden durch einen Einschub bewusst getrennt.
Brevis a natura nobis vita data est.

Hyperbel Ein Sachverhalt wird durch Übertreibung ausgedrückt.
Maria montesque pollicetur.

Litotes Eine Aussage wird durch die Verneinung des Gegenteils verstärkt.
Non ignoro.

Metapher Ein bildhafter Ausdruck steht (in „übertragener" Bedeutung) für einen anderen, meist abstrakten Begriff.
Amore incensus est.

Parallelismus Aufeinanderfolgende Sätze oder Satzteile sind bei etwa gleicher Wortzahl gleich gebaut.
Nihil timeo,
multa scio.

Polysyndeton Wörter oder Wortgruppen einer mehrgliedrigen Aufzählung werden durch Konjunktionen verbunden.
Amo et cupio et spero.

Rhetorische Frage Eine Aussage ist als Scheinfrage formuliert.
Tecum Lesbia nostra comparatur?

Dichtersprache

Die folgenden sprachlichen Besonderheiten treten in der Dichtersprache häufig auf:

1. Poetischer Plural

Häufig steht Plural, wo Singular gemeint ist.
Übersetze mit Singular.
z. B.

ventos (~ ventum)	Wind
nobis (~ mihi)	mir
nobiscum (~ mecum)	mit mir

2. Relativsatz ohne Bezugswort

z. B.

(id,) quod	(das,) was
(is,) qui	derjenige, der; wer
Quod rogat illa, timet.	Was jene erbittet, fürchtet sie.
Qui te videt, dicere potest: „Amas."	Wer dich sieht, kann sagen: „Du liebst."

3. Kurzformen

	Beispiel:
-ēre (für -ērunt) (3. Pers. Pl. Ind. Perf. Akt.)	fuēre (~ fuērunt), novēre (~ novērunt)
-re (für -ris) (2. Pers. Sg. Passiv / Deponens)	videāre (~ videāris), conspiciēre (~ conspiciēris)
nī (für nisī)	
mī (für mihī)	

Metrik

Die römischen Dichter beachteten beim Bau ihrer Verse strenge Regeln. Es gibt verschiedene Versformen, die durch eine bestimmte Abfolge von langen (-) und kurzen (∪) Vokalen definiert sind; die beiden wichtigsten Versformen solltest du analysieren können:

– $\overline{\cup\cup}$ | – $\overline{\cup\cup}$ | – $\overline{\cup\cup}$ | – $\overline{\cup\cup}$ | – ∪∪ | – $\overline{\cup}$
1 2 3 4 5 6

Der **Hexameter** (griech. „Sechsmaß") besteht aus sechs Versfüßen: Bei Versfuß 1 – 4 hat der Dichter die Auswahl zwischen Daktylus (– ∪∪) und Spondeus (– –), Versfuß 5 ist fast immer ein Daktylus, Versfuß 6 hat zwei Silben (– ∪ oder – –).

– $\overline{\cup\cup}$ | – $\overline{\cup\cup}$ | – || – ∪∪ | – ∪∪ | $\overline{\cup}$
1 2 3 4

Der **Pentameter** (griech. „Fünfmaß") setzt sich zusammen aus vier vollständigen und zwei unvollständigen Versfüßen. Der Vers wird durch eine Zäsur (||) in zwei Hälften geteilt.

Zusammen kommen die beiden Versformen als **elegisches Distichon** (griech. „Zweizeiler") vor; dabei folgt auf einen Hexameter immer ein Pentameter.

Um die Verse zu analysieren, kannst du in folgenden Schritten vorgehen:

1. Schreibe diejenigen Längen und Kürzen über die Vokale, die feststehen. Für die letzte Silbe jedes Verses kannst du zur Erleichterung ein x verwenden. Grenze die bereits vollständigen Versfüße voneinander ab.

2. Bestimme die sog. Positionslängen, das sind Vokale, auf die zwei oder mehr Konsonanten folgen. Ausnahme: Ist der erste Konsonant ein b, d, g, p, t oder c und der zweite ein l, m, n oder r, kann die Silbe lang oder kurz sein.

3. Beachte die folgenden Zusatzregeln:
a) Diphthonge (griech. „Doppellaute", z. B. ae, oe, ai) sind immer lang.
b) Ein Vokal, der innerhalb eines Wortes unmittelbar vor einem Vokal steht, ist kurz.
c) Treffen Vokal (+ m) am Wortende und (h +) Vokal am Wortanfang aufeinander, werden die Silben zusammengezogen: z. B. flammaqu(e) in (Elision, lat. „Ausstoßung") oder ratio (e)st (Aphärese, griech. „Wegfall", nur bei Formen von esse).

4. Verteile schließlich die restlichen Längen und Kürzen, bis die Verse „aufgehen". Nutze ggf. dein Wissen über Naturlängen; diese sind auf allen Lernvokabeln angegeben (z. B. bāsium); bei Endungen hilft die Grammatik (z. B. -ā [Abl. Sg. a-Dekl.] oder -īs (Dat./Abl. Pl. a- und o-Dekl.]).

Das Ergebnis für zwei Ovidverse (**T15**, v. 1-2) sieht so aus:

– – | – ∪ ∪| – ∪ ∪| – –| – ∪ ∪| – x
Dicebam: „Medicare tuos desiste capillos!"

– ∪ ∪ | – – | – || – ∪∪ | – ∪ ∪ | – x
Tingere quam possis, iam tibi nulla coma (e)st

Nepos – Biograph eines Machtmenschen

Wörter

adversārius	Gegner, Feind
aeque ... atque (ac)	genauso ... wie, gleich ... wie
amīcus *m. Dat.*	befreundet mit
appārēre	erscheinen, sich zeigen
arbitrium	Urteil; Ermessen, Entscheidung; Willkür, Macht
ascendere, ascendō, ascendī, ascēnsum	besteigen
bīduō	in zwei Tagen
callidus	schlau, erfahren; berechnend
clam	heimlich
cōnflīgere, cōnflīgō, cōnflīxī, cōnflictum	zusammenstoßen, kämpfen
congredi, congredior, congressus sum	zusammenkommen, zusammentreffen, kämpfen
cornu, ūs *n*	Horn, Flügel (des Heeres)
creāre	(er)schaffen, wählen
dēbilitāre	schwächen
dēsistere, dēsistō, dēstitī	aufhören
dētrīmentum	Schaden, Verlust, Niederlage
dēvincere, dēvincō, dēvīcī, dēvictum	überwältigen, völlig besiegen
dīmittere, dīmittō, dīmīsī, dīmissum	aufgeben, entlassen; zurücklassen
eā ... quā	dort ... wo
ēnumerāre	aufzählen, ausrechnen
ergā Präp. *m. Akk.*	in Bezug auf, im Hinblick auf, gegen
expedīre	befreien
foris, is *f*	Tür(flügel); Eingang
fugāre	in die Flucht schlagen
fundāmentum	Grund(lage), Fundament
gratiā *m. Gen.*	wegen, um ... willen
hērēditās, ātis *f*	Erbschaft, Vermächtnis
hostia	(Schlacht-)Opfer
iānua	(Haus-)Türe, Eingang
immolāre	opfern
incola *m/f*	Einwohner, Bewohner
indigēre *m. Gen. oder Abl.*	bedürfen, brauchen, nötig haben
inermis, e	unbewaffnet
initiō	anfangs
iūs iūrandum, iūris iūrandī *n*	Eid, Schwur
libenter (libens)	gern
noctū	in der Nacht, nachts
obicere, obiciō, obiēcī, obiectum	darbieten, vorwerfen, entgegenstellen
obsidēre, obsideō, obsēdī, obsessum	belagern, besetzt halten
pendere, pendō, pépendī, pēnsum	abwägen, bezahlen
quā	wie, wo, wohin
quācumque	wo auch immer, überall wo
quamdiū	solange; wie lange
quotannīs	jährlich, alle Jahre
ratus *m. AcI*	in der Meinung, dass
recūsāre (, nē)	verweigern (, dass)
reliquō tempore *Abl. temp.*	in Zukunft
removēre, removeō, remōvī, remōtum	wegschaffen, entfernen, fernhalten
sacrificāre	opfern
serpēns, pentis *m/f*	Schlange
subigere, subigō, subēgī, subāctum	bezwingen, unterwerfen
valētūdō, dinis *f*	Gesundheitszustand; Gesundheit, Krankheit
vallum	Wall, Verschanzung

Namen

ager Falernus	Falernerland; Hügelland in Kampanien; in der Schlacht im Falernerland errang Hannibal 217 v. Chr. einen Sieg gegen den römischen General **Quīntus Fabius Maximus.**
Antiochus	Antiochus der Große; König des Seleukidenreiches (von 223–187 v. Chr.), betrieb seit 220 v. Chr. eine massive Expansionspolitik nach Europa und Kleinasien, 190 v. Chr. von den Römern bezwungen
Baal	höchster Gott der Karthager, von den Römern mit **Iuppiter Optimus Maximus** gleichgesetzt
C. Flāminius	römischer Konsul und General im Zweiten Punischen Krieg, fiel 217 v. Chr. in der Schlacht am Trasimenischen See
C. Terentius Varrō	römischer Konsul und General im Zweiten Punischen Krieg, wurde 216 v. Chr. in der Schlacht bei **Cannae** besiegt
Cannae, ārum *f*	Stadt in Apulien (Unteritalien), war im Zweiten Punischen Krieg eine der wichtigsten Versorgungsstädte der Römer, 216 v. Chr. Schlacht bei **Cannae**
Capua	in der Antike die zweitgrößte Stadt Italiens (Kampanien), ging nach der römischen Niederlage in der Schlacht bei **Cannae** (216 v. Chr.) zum siegreichen Hannibal über
Eumenēs, is	Eumenes II.; König von Pergamon (Kleinasien), mit Rom verbündet
Hadrūmētum	karthagische Küstenstadt (heute: Sousse)
Hamilcar, caris	Hamilkar Barkas; karthagischer Staatsmann und General im Ersten Punischen Krieg, Vater Hannibals
Hannibal, balis	247–183 v. Chr., Sohn des Hamilkar Barkas, seit 221 v. Chr. Oberbefehlshaber der karthagischen Truppen im Zweiten Punischen Krieg, gefährlichster Gegner Roms, konnte von den Römern auf italischem Boden nicht besiegt werden, unterlag 202 v. Chr. **P. Scīpiō** in der Schlacht bei Zama, starb in der Verbannung in Phrygien
Hasdrubal, balis	Bruder Hannibals, von Hannibal 218 v. Chr. als General in Spanien eingesetzt
Karthāgō, ginis *f*	Hauptstadt des karthagischen Reiches (heute: Tunis)

L. Aemilius Paulus	römischer Konsul und General im Zweiten Punischen Krieg, wurde 216 v. Chr. in der Schlacht bei **Cannae** besiegt
L. Fūrius Purpureō	römischer Konsul des Jahres 196 v. Chr.
lacus (, ūs *m*) Trasumēnus	Trasimenischer See; größter See der Apenninhalbinsel, 217 v. Chr. Schlacht am Trasimenischen See (heute: Lago Trasimeno)
M. Claudius Mārcellus	römischer Konsul des Jahres 196 v. Chr.
Pūblius Cornēlius Scīpiō (, ōnis)	einer der größten Feldherren Roms, erkannte als Erster Hannibals Taktik, besiegte im Zweiten Punischen Krieg Hannibal in der Schlacht von Zama (202 v. Chr.), Beiname: **Āfricānus**
Prūsiās, ae	Prusias I.; König von Bithynien (Kleinasien), führte seit 184 v. Chr. Krieg gegen Pergamon um einen Teil Phrygiens, gewährte Hannibal Asyl, lieferte ihn aber 183 v. Chr. aus
Quīntus Fabius Maximus	römischer General im Krieg gegen Hannibal, wurde nach der Niederlage am Trasimenischen See zum Diktator ernannt, scheiterte an Hannibals List im Gebiet des ager Falernus (217 v. Chr.), Beiname: **Cūnctātor** (der Zauderer)
Saguntum	Sagunt; in der Antike prosperierende Großstadt in Spanien, 219 v. Chr. von Hannibal erobert (heute: Sagunto)
T. Quīntius Flāminius	römischer Konsul des Jahres 192 v. Chr., empfing als Konsular (Ex-Konsul) die Gesandten des Königs **Prūsiās**

Cäsar – Machtpolitiker, Feldherr, Literat

Wörter

certiōrem facere	benachrichtigen, in Kenntnis setzen
domī	zu Hause, daheim, in der Heimat
domō	von zu Hause, von daheim, aus der Heimat
ēnūntiāre	ausplaudern, verraten
facile *Adv.*	leicht, mühelos
fīnitimus *Subst.*	Grenznachbar
incolere, incolō, incoluī, incultum	wohnen, bewohnen
longē	weit, bei weitem
maleficium	Übeltat, Verbrechen (Übergriff, Gewalttat)
pāgus	Gau, Bezirk, "Kanton"
proptereā	deswegen, deshalb
sēsē	= **sē**
trādūcere, trādūcō, trādūxī, trāductum	hinüberführen, übersetzen
trāns	über (hinüber), jenseits
utī	= ut

Namen

Allobrogēs, um *m*	die Allobroger; gall. Volksgruppe
Alpēs, ium *f*	die Alpen
Ambarrī, ōrum	die Ambarrer; kelt. Volksgruppe, lebt im Westen des Genfer Sees, beiderseits der Saône (→ **Arar**)
Aquilēia	Aquileia, röm. Kolonie an der Nordküste der Adria
Aquītānī, ōrum	die Aquitaner; nach Caesar eine der drei Bevölkerungsgruppen, die Gallien bewohnen; ihr Stammesgebiet liegt im Süden Galliens und wird von den Pyrenäen und der Garonne begrenzt
Arar, aris *m*	Fluss in Gallien, heute Saône
Belgae, ārum	die Belgier; germ.-kelt. Völker zwischen Marne, Seine und Rhein
Biturīges, um *m*	die Bituriger; große kelt. Volksgruppe in Aquitanien
Bō(i)ī, ōrum	die Boier; kelt. Volksgruppe in Gallien
Britannia	Britannien
(C. Iulius) Caesar, aris	100 – 44 v. Chr., Eroberer Galliens 58 – 51 v. Chr., siegte in dem von ihm ausgelösten Bürgerkrieg 45 v. Chr. gegen Pompeius und die Senatspartei und wurde am 15. Marz 44 v. Chr. von einer Gruppe Senatoren, die in ihm einen Tyrannen sahen, ermordet
Carnutēs, um	Karnuten (Volk in der Gegend des heutigen Orléans)
Cassiānus	cassianisch (→ **Cassius**)
(L.) Cassius (Longīnus)	Konsul des Jahres 107 v. Chr., der im Kampf gegen die Tiguriner (***bellum Cassiānum***) fiel
Casticus	Sequanerfürst, Sohn des Catamantaloedes
Catamantaloedes, is *m*	Sequanerfürst
Caturīgēs, um *m*	die Caturiger; kelt. Stamm, lebt zusammen mit den → Ceutronen und den → Graiocelern in den Westalpen
Celtae, ārum *m*	einheimischer Name aller kelt. Stämme
Ceutrones, um *m*	die Ceutronen; → **Caturīgēs**
Dīs, Dītis	Dis (röm. Gott des Totenreiches)
Dīviciācus	Fürst der gall. Volksgruppe der Häduer
Divico, ōnis *m*	Befehlshaber der Helvetier im bellum Cassiānum (→ **Cassius**)
Dumnorīx, īgis	Fürst der gall. Volksgruppe der Häduer
(A.) Gabīnius	Konsul des Jahres 58 v. Chr. (zusammen mit **L. Calpurnius Pīsō**)
Gallī, ōrum	die Gallier
Gallia	Gallien; Land der Gallier/Kelten, umfasste Oberitalien (**Gallia cisalpīna**), bis 191 v. Chr. von Rom unterworfen, und das heutige Frankreich und Belgien (**Gallia trānsalpīna**), 58–51 v. Chr. von Caesar unterworfen
Gárunna	Fluss in Gallien, heute Garonne
Genava	heute Genf
Germānī, ōrum	die Germanen
Graecī, ōrum	die Griechen
Grāiocelī, ōrum	die Graioceler; → **Caturīgēs**

Haeduī, ōrum	die Häduer; kelt. Volksgruppe in Gallien
Helvētius	helvetisch
Italia	vor Cäsar die Halbinsel von der Südspitze bis an den Apennin und den Rubico(n), den Grenzfluss zur **Gallia cisalpīna**
Iūra, ae *m.* (mons)	Jura(gebirge)
(T. Attius) Labiēnus	Legat Caesars in Gallien
Latobrigī, ôrum	die Latobriger; kleiner Nachbarstamm der Helvetier; sie nehmen zusammen mit den → Rauracern und → Tulingern am Auszug der Helvetier im Jahre 58 v. Chr. teil
Lemannus (lacus)	Genfer See
Liscus	Fürst der Häduer
Lūna	Mondgöttin
(M.) Messāla, ae *m.*	Konsul im Jahr 58 v. Chr.
Nammēius	vornehmer Helvetier; er führt zusammen mit → **Verucloetius** die Gesandtschaft der Helvetier zu Cäsar an
Nōrēia	Stadt in den Ostalpen im heutigen österr. Bundesland Steiermark
Nōricus	norisch (**Nōricum** wurde das Alpengebiet östl. des Inn genannt.)
Ocelum	Stadt der → **Graioceler** in den Westalpen, heute Oulx
Orgetorīx, īgis	einflussreicher Helvetier, der sein Volk zum Auswandern veranlasste
(L.) Pīsō, ōnis *m*	Konsul des Jahres 58 v. Chr.
(M.) Pūpius (Pīsō)	Konsul des Jahres 61 v. Chr.
Raurācī, ōrum	die Rauracer; nördl. Nachbarn der Helvetier; → **Latobrigī**
Rhēnus	Rhein
Rhodanus	Fluss in Gallien, heute Rhone
Santonēs, um *m* / Santonī, ōrum	die Santonen; kelt. Stamm im Westen Galliens nördlich der → **Garonne**
Segūsiāvī, ōrum	die Segusiaver; kelt. Stamm, südl. von Lugdunum (heute Lyon) rechts der Rhône wohnend
Sēquana, ae *m*	Fluss in Gallien, heute Seîne
Sequanī, ōrum	die Sequaner; kelt. Volksgruppe in Gallien
Sōl, Sōlis	Sonnengott
Tigurīnī, ōrum	die Tiguriner; Bevölkerung einer der vier Gaue der Helvetier
Tolōsātēs, ium *m*	die Tolosaten; Bewohner der Stadt Tolôsa (heute Toulouse an der Garonne)
(C.) Valerius (Troucillus)	angesehener Gallier, der für Caesar dolmetschte
Tulingī, ōrum	die Tulinger; germ. Stamm, Nachbarn der Helvetier; → **Latobrigī**
Verbigenus (pagus)	(der Gau) Verbigenus, einer der vier helvetischen Gaue
Verucloetius	vornehmer Helvetier; → **Nammēius**
Vocontiī	die Vocontier; kelt. Stamm am linken Ufer der Rhône, südl. von Grenoble wohnend
Vulcānus	Vulkan (Feuergott)

Liebe und Spott – Catull, Ovid, Martial

Wörter

aptus *m. Dat.*	passend zu, geeignet für
basium	Kuss
candidus	glänzend weiß, hell leuchtend, heiter
capillus	Haar
color, ōris *m*	Farbe
coma	Haar
convenīre, conveniō, convēnī *m. Dat.*	passen *zu*, geeignet sein *für*
crīnis, crīnis *m*	Haar
decet *m. Akk.*	es schickt sich, es steht gut, es gefällt
dein *Adv.*, (*Kurzform für* deinde)	dann, darauf
favēre *m. Dat.*	bevorzugen
fera	(wildes) Tier
formōsus	schön, wohlgestaltet
melior, melius	besser
mi (*Kurzform von* mihi)	mir
mīlitāre	Kriegsdienst leisten
mīlitia	Kriegsdienst
niger, gra, grum	schwarz, dunkel
obdūrāre	hart sein, aushalten
quot	wie viele?
ūrere, ūrō, ussī, ustum	ausdörren, verbrennen
venēnum	Gift
vōtum	Wunsch

Namen

Aelia	Weibliches Pseudonym bei Martial
Amor, ōris *m*	Liebesgott
Atticus	Freund Ovids
Boreās (*Abl.* Boreā)	Nordwind
Caesar	Gaius Julius Cäsar (100 – 44 v. Chr., röm. Politiker, Feldherr und Schriftsteller; Eroberer Galliens von 58 – 51 v. Chr. Als Politiker strebte er die Alleinherrschaft in Rom an. Am 15. März 44 v. Chr. wurde er von einer Gruppe röm. Senatoren ermordet, die in ihm einen Tyrannen sahen. Cäsar war auch als Schriftsteller tätig: „De bello Gallico", „De bello civili".)
Catullus	Catull (röm. Dichter, um 84 – 54 v. Chr.; Catull gehörte zum Dichterkreis der sog. Neoteriker, die sich bewusst gegen groß angelegte, „konservative" Dichtungsformen wandten und statt dessen kleine, „feine" Dichtungen griechischen Stils pflegten.)
Chloe	Weibliches Pseudonym bei Martial
Diāna	Göttin der Jagd
Germānia	Germanien
Germānus	germanisch

Jupiter	Jupiter (griech. Zeus; Göttervater und höchster Gott der Römer, griech. Name: Zeus)
Laecania	Weibliches Pseudonym bei Martial
Laetînus	Männliches Pseudonym bei Martial
Lātōna	Latona (griech. Leto; Göttin. War von Jupiter Mutter des Apollo und der Diana. Flieht als Schwangere vor der eifersüchtigen Juno, gebiert ihre Zwillinge schließlich auf der griech. Insel Delos)
Lesbia	In seinen Gedichten bezeichnet der röm. Liebesdichter Catull seine Geliebte mit dem Namen „Lesbia". Der Name spielt auf die von der griech. Insel Lesbos stammende Dichterin Sappho an, die zu Catulls dichterischen Vorbildern gehörte
Ligeia	Sirene mit glänzender Haarpracht
Mārcus Tullius (Cicerō)	Cicero (röm. Politiker, Redner, Philosoph und Schriftsteller, 106–43 v. Chr.; während seines Konsulats im Jahr 63 v. Chr. kam es zur Catilinarischen Verschwörung, die von Cicero aufgedeckt und vereitelt wurde. Als Anwalt und Politiker hielt er zahlreiche literarisch bedeutsame Reden, die erhalten sind. Er stellte durch mehrere Schriften zur Redekunst die röm. Beredsamkeit auf ein breites theoretisches Fundament. Er vermittelte den Römern durch seine philosophischen Schriften die griech. Philosophie.)
Mūsae	Musen (Göttinnen aller nicht handwerklichen Künste, etwa des Gesangs, der Dichtung und der Wissenschaften)
Olus	Männliches Pseudonym bei Martial
Phoebus	Beiname Apolls („der Strahlende")
Phoebe	Weibliches Pseudonym bei Martial
Prōserpina	Proserpina (griech. Persephone. Tochter des Jupiter und der Ceres. Wird von Pluto in die Unterwelt entführt und zu seiner Gemahlin und Königin der Unterwelt gemacht.)
Quīntia	Weibliches Pseudonym bei Catull
Scylla	Skylla (Ungeheuer, das zusammen mit dem gegenüberliegenden Strudel Charybdis die Meerenge zwischen Sizilien und dem ital. Festland gefährlich machte.)
Sextus	Männliches Pseudonym bei Martial
Thāis	Weibliches Pseudonym bei Martial
Theodōrus	Männliches Pseudonym bei Martial
Tongilianus	Männliches Pseudonym bei Martial
Vārus	Männliches Pseudonym bei Martial
Venus	Venus (griech. Aphrodite; Göttin der Liebe und der Schönheit. Mutter des Äneas)

Christliche Wurzeln Europas – die Vulgata

Wörter

adōrāre	verehren
angelus	Engel
ascendere, ascendō, ascendī	hinaufsteigen, hinaufgelangen
cīvitās, ātis *f*	Stadt
cōnservus	Mitsklave
crucīfigere, crucīfigō, crucīfixī, crucīfixum	kreuzigen
crux, crucis *f*	Kreuz
dēbitum	das Geschuldete, Schulden
Dominus	der Herr (gemeint: Gott)
induere, induō, induī, indūtum	bekleiden
induere *m. dopp. Akk.*	jdn. bekleiden mit
Iūdaeus	Jude
iuxtā *m. Akk.*	neben, gemäß
miserērī, misereor, miser(i)tus sum *m. Gen.*	sich erbarmen, Mitleid haben mit
pāstor, ōris *m*	Hirte
prōcidere, prōcidō, prōcidī	zu Boden fallen
quia *Subj.*	dass, weil
stēlla	Stern
ūsque (ad / in)	bis zu
vādere, vādō	gehen
valdē *Adv.*	sehr

Namen

Augustus	römischer Kaiser (27 v. Chr. – 14 n. Chr.)
Bartim(a)eus	ein beim Evangelisten (→) Markus genannter Blinder
Bethle(h)em	Stadt westlich des Jordans, Geburtsort (→) Davids; nach den Evangelien von (→) Matthäus und (→) Lukas auch der Geburtsort (→) Jesu; in Bethlehem hat (→) Hieronymus gelebt und Teile der Bibel übersetzt
Christus	griechische Übersetzung für das hebräische Wort ‚Messias', das „der Gesalbte" bedeutet und den königlichen Erlöser des Volkes Israel und der Menscheit bezeichnet; (→) Jesus trägt diesen Hoheitstitel
Cyrinus Quirinius	lebte von 45 v. Chr. bis 21 n. Chr.; römischer Statthalter in der Provinz Syrien, der auch (→) Judäa angegliedert war
David	zweiter und bedeutendster König (→) Israels; lebte um das Jahr 1000 v. Chr.
Elíja	alttestamentlicher Prophet, der in den Himmel aufgefahren ist; Nothelfer
Galiläa	Galiläa; Gebiet im Norden (→) Israels
Golgatha	Hügel in (→) Jesusalem, auf dem (→) Jesus gekreuzigt wurde; der hebräische Name bedeutet „Schädelstätte"

Herodes	auch Herodes der Große (73 – 4 v. Chr.); er war König über (→) Judäa, (→) Galiläa und weitere Teile (→) Israels, stand aber in Abhängigkeit von Rom; sein Sohn, Herodes Antipas, herrschte zur Zeit (→) Jesu über (→) Galiläa
Hieronymus	christlicher Gelehrter, der 347 n. Chr. in Stridon geboren wurde und 420 n. Chr. in (→) Bethlehem starb. Er wird oft in der Tracht eines Kardinals dargestellt und hat einen Löwen bei sich
Isra(h)el	antikes Reich und Volk im Nahen Osten; benannt nach dem Stammvater Jakob / Israel
Jericho	Stadt am Westufer des Jordans
Jerusalem	größte und bedeutendste Stadt im antiken (→) Israel; Sitz des römischen Statthalters zur Zeit (→) Jesu
Jesus	in (→) Nazareth geborener Begründer der christlichen Religion; lebte von der Zeitenwende bis ca. 30 n. Chr.; wurde von den Römern durch Kreuzigung hingerichtet; er trägt den Titel (→) Christus
Johannes	abgekürzt: Joh; einer der vier Evangelisten der Bibel; er hat sein Evangelium auf Griechisch wohl um 100 n. Chr. verfasst
Joseph	Ehemann (→) Marias und Vater (→) Jesu
Juda	antikes Königreich im Süden (→) Israels
Judäa	Region im Süden (→) Israels
Kyrene	Stadt in Nordafrika; aus ihr stammt (→) Simon
Lukas	abgekürzt: Lc; einer der vier Evangelisten der Bibel; er hat sein Evangelium auf Griechisch wohl zwischen 80 und 90 n. Chr. verfasst
Maria	Ehefrau (→) Josephs und Mutter (→) Jesu
Maria aus Magdala	Frau aus der Stadt Magdala, die am See Genezareth im Norden (→) Israels liegt; sie war eine Jüngerin (→) Jesu und wird in den Evangelien als Zeugin der Auferstehung genannt
Markus	abgekürzt: Mc; einer der vier Evangelisten der Bibel; er hat sein Evangelium auf Griechisch wohl nach 70 n. Chr. verfasst
Matthäus	abgekürzt: Mt; einer der vier Evanglisten der Bibel; er hat sein Evangelium auf Griechisch wohl um 80 n. Chr. verfasst
Nazareth	Stadt in (→) Galiläa; im Unterschied zu (→) Bethlehem historischer Geburtsort (→) Jesu
Simon	Mann aus der Stadt (→) Kyrene; er befand sich entweder als Pilger in (→) Jerusalem oder war dorthin verzogen; er trug das Kreuz des verurteilten (→) Jesus

Erbe für Europa – das römische Recht

Namen

(P. Iuventius) Celsus	Celsus (ca. 100 n. Chr.), berühmter Jurist, dessen Schriften nur aus der Überlieferung durch die Digesten bekannt sind
(Q. Antistius) Labeō, ōnis *m*	Labeo, berühmter Jurist in augusteischer Zeit
Minturnēnsēs, ium	Einwohner der Stadt Minturnae (heute Minturno), ca. 150 südöstl. von Rom an der Küste des Tyrrhenischen Meeres

Latein für Europa – Erasmus von Rotterdam

Wörter

decōrus *m. Dat.*	passend für jdn., anständig, angemessen
ērudītiō, ōnis *f*	Bildung
hērōīna	vornehme Dame
īnsānia	Wahnsinn
Latīnus	lateinisch
monachus	Mönch
nōnne	nicht?
probāre	billigen, gutheißen
sapere, sapiō, sapīvī (sapiī)	sich bilden, gebildet sein, verstehen, Verstand haben
sapientia	Verstand, Klugheit
suāvis, e *(Adv.* suaviter*)*	süß, angenehm

Namen

Erasmus von Rotterdam	ca. 1466 – 1536, niederländischer Theologe und Lehrer, der in seinen zahlreichen Schriften für Frieden in Europa, die Vermittlung der Antike und eine bessere Bildung insbesondere in der lateinischen und griechischen Sprache eintrat. Er gilt als einer der bedeutendsten Vertreter des Renaissance-Humanismus
Johannes Gutenberg	ca. 1400 – 1468, Erfinder des Buchdrucks mit beweglichen metallischen Lettern, der Veröffentlichungen in großer Auflage ermöglichte

Johann Amos Comenius	1592-1670, tschechischer Philosoph, Pädagoge, Theologe, der in seinen didaktischen Werken in lateinischer Sprache eine umfassende Reform des Schulwesens mit einer Schulpflicht für Mädchen und Jungen aller Stände bis zum Alter von zwölf Jahren und einer anschließenden Lehre oder weiteren Schulbildung an einer Lateinschule forderte. Er veröffentlichte die ***Jānua Linguārum Reserāta*** *(Die geöffnete Sprachenpforte)*, ein lateinisches Sprachlehrbuch, das Sprach- und Sachkunde miteinander verbindet. Der ***Orbis pictus sēnsuālium*** *(Die sichtbare Welt in Bildern)* ist ein bebildertes Kinderbuch zur Jānua

Eine prägende Persönlichkeit – Kaiser Augustus

Wörter

cīvīlis, e	bürgerlich
cōnsulātus, ūs *m*	Konsulat
externus	auswärtig, äußerlich
triumphus	Triumph, Triumphzug

Namen

dictātūra	Dikatur; in der Antike lediglich ein anderes Wort für „Alleinherrschaft"; in der Moderne die Bezeichnung für eine Staatsform, in der unter Ausschaltung rechtsstaatlicher Kontollmechanismen die Macht in der Hand eines Einzelnen oder einer Gruppe liegt
Marengo	Die Schlacht von Marengo (14. Juni 1806) war der erste große Sieg, den Napoleons Truppen errangen. Obwohl Napoleon selbst an der Schlacht nicht beteiligt war, begründete dieser Sieg den Mythos seiner militärischen Unbesiegbarkeit

Nepos – Biograph eines Machtmenschen

Jan Assmann: Das kulturelle Gedächtnis. Schrift, Erinnerung und politische Identität in frühen Hochkulturen, München 1992.
Nigel Bagnall: The Punic Wars, London 1990.
Pedro Barceló: Hannibal, München ^{2}2003.
Albrecht Dihle: Die Entstehung der historischen Biographie, Heidelberg 1987.
Niklas Holzberg: Literarische Tradition und politische Aussage in den Feldherrnviten des Cornelius Nepos, in: Würzburger Jahrbücher für die Altertumswissenschaft 15 (1989), S. 159–173.
Werner Huss: Geschichte der Karthager, München 1985.
Herta-Elisabeth Renk (Hrsg.): Wider die falschen Eindeutigkeiten und den Verlust des Lesens. Wie subjektiv darf man, wie objektiv muss man lesen?, Würzburg 2010.

Cäsar – Machtpolitiker, Feldherr, Literat

Karl Christ: Krise und Untergang der römischen Republik, Darmstadt ^{4}2000
Karl Christ: Caesar, in: Manfred Clauss (Hrsg.): Die Römischen Kaiser. 55 historische Portaits von Caesar bis Iustinian, München 1997, S. 14–25.
Werner Dahlheim: Julius Caesar. Die Ehre des Kriegers und die Not des Staates. Paderborn – München – Wien – Zürich 2005.
Martin Kuckenburg: Die Kelten in Mitteleuropa, Stuttgart 2004.
Ernst Künzl: Die Germanen. Geheimnisvolle Völker aus dem Norden, Stuttgart 2008.
Christian Meier: Caesar, Berlin 1982.
Peter S. Wells: Die Barbaren sprechen. Kelten, Germanen und das römische Europa, Darmstadt 2007.
Wolfgang Will: Veni, vidi, vici. Caesar und die Kunst der Selbstdarstellung, Darmstadt 2008.

Liebe und Spott – Catull, Ovid, Martial

Niklas Holzberg: Catull. Der Dichter und sein erotisches Werk, München 2002.
Niklas Holzberg: Dichterlektüre in Jahrgangsstufe 9. In: Lateinische Lektüre in der Mittelstufe, hrsg. von Rolf Kussl, Speyer 2008.
Markus Janka u.a.: Ovid. Werk, Kultur, Wirkung, Darmstadt 2007.
Wilhelm Kroll: C. Valerius Catullus, Stuttgart ^{7}1989.
Kenneth Quinn: The Catullan Revolution, London ^{2}1999.
Hans Peter Syndikus: Catull. Eine Interpretation. 3 Bände, Darmstadt 1984–1990.

Christliche Wurzeln Europas – die Vulgata

Lukas Bormann: Neues Testament, Stuttgart 2003.
Gerd Theißen: Der Schatten des Galiläers. Historische Jesusforschung in erzählender Form, Gütersloh ^{2}12008.
Gerd Theißen: Das Neue Testament, München 2002.
Jürgen Roloff: Jesus, München 2000.

Erbe für Europa – das römische Recht

Max Kaser / Rolf Knütel: Römisches Privatrecht. Ein Studienbuch, München ^{18}2005.
Jens-Uwe Krause: Kriminalgeschichte der Antike, München 2004.
Wolfgang Kunkel / Martin Schermaier: Römische Rechtsgeschichte, Köln – Weimar – Wien ^{14}2005.
Detlef Liebs: Lateinische Rechtsregeln und Rechtssprichwörter. Zusammengestellt, übersetzt und erläutert von D. Liebs, München ^{7}2007.
Markus Reuter / Romina Schiavone (Hrsgg.): Gefährliches Pflaster. Kriminalität im Römischen Reich. Katalog der Ausstellung des LVR-Römer Museums Xanten, Mainz 2011.

Latein für Europa – Erasmus von Rotterdam

Manfred Fuhrmann: Cäsar oder Erasmus? Überlegungen zur lateinischen Lektüre am Gymnasium, in: Manfred Fuhrmann: Cäsar oder Erasmus? Die alten Sprachen jetzt und morgen, Tübingen 1995, 53–77.
Anton J. Gail: Erasmus von Rotterdam. Mit Selbstzeugnissen und Bilddokumenten, Reinbek bei Hamburg 2004 (= ^{9}1974).
Herfried Münkler / Marina Münkler: Lexikon der Renaissance, München 2005.
Uwe Schultz: Erasmus von Rotterdam. Der Fürst der Humanisten. Ein biographisches Lesebuch, München 1998.
Stefan Zweig: Triumph und Tragik des Erasmus von Rotterdam, Frankfurt a. Main 2003.

Eine prägende Persönlichkeit – Kaiser Augustus

Jochen Bleicken: Augustus. Eine Biographie, Berlin 2000.
Werner Dahlheim: Augustus. Aufrührer – Herrscher – Heiland: Eine Biographie, München 2010.
Dietmar Kienast: Augustus. Prinzeps und Monarch, Darmstadt ^{4}2008.
Ronald Syme: Die römische Revolution. Machtkämpfe im antiken Rom, Stuttgart 2003 (1. Auflage: London 1939).
Johannes Wilms: Napoleon. Eine Biographie, München 2005.
Volker Ullrich: Napoleon, Reinbek bei Hamburg 2006.
Paul Zanker: Augustus und die Macht der Bilder, München ^{4}2003.

Archäologische Staatssammlung, München – S. 150; Archiv für Kunst und Geschichte, Berlin – S. 7, 14, 26, 30, 57, 62, 68, 101, 106, 129, 160; Archiv für Kunst und Geschichte/Pietro Baguzzi, Berlin – S. 32, 46; Archiv für Kunst und Geschichte/Cameraphoto, Berlin – S. 110; Archiv für Kunst und Geschichte/Peter Connolly, Berlin – S. 39, 42, 49, 93; Archiv für Kunst und Geschichte/De Agostini Pic. Lib., Berlin – S. 154; Archiv für Kunst und Geschichte/Electa, Berlin – S. 37, 126; Archiv für Kunst und Geschichte/Werner Forman, Berlin – Einband; Archiv für Kunst und Geschichte/André Held, Berlin – S. 131; Archiv für Kunst und Geschichte/Erich Lessing, Berlin – S. 58, 60, 84, 91, 100, 147, 157; Archiv für Kunst und Geschichte/Nimatallah, Berlin – S. 120, 156; Archiv für Kunst und Geschichte/Pirozzi, Berlin – S. 153; Archiv für Kunst und Geschichte/VISIOARS, Berlin –S. 161; Archiv i.motion GmbH, Bamberg – S. 67

Bridgeman Art Library, Berlin – S. 72, 78; Bridgeman Art/© 2011 Her Majesty Queen Elizabeth II., Berlin – S. 119; Bridgeman Art/Look and Learn, Berlin – S. 19; Bridgeman Art/Museum voor Schone Kunsten, Ghent – S. 117; Bridgeman Art/National Gallery London, Berlin – S. 82; Bridgeman Art / Private Collection, London – S. 158

Cinetext, Frankfurt – S. 107

dpa Picture-Alliance/akg-images-Erich Lessing, Frankfurt – S. 95; dpa Picture-Alliance/Museum Münster/Rapho, Frankfurt – S. 71

Fotolia/Sven Kerp – S. 36

Robert Gernhardt, Maskenmenschen. Aus: ders., Über alles. © Robert Gernhardt 1994. Alle Rechte vorbehalten S. Fischer Verlag GmbH, Frankfurt/Main – S. 104

Harper & Brother Publisher, 1948, New York – S. 34

Kees de Kort, Bergen/NL – S. 112; Kloster der Dominikanerinnen, Kammeltal, OT Wettenhausen – S. 8

John Leech, The Comic History of Rome, by Gilbert Abbott A. Beckett, Bradburg, Evans & Co., London, 1850 – S. 9; LWL-Denkmalpflege, Landschafts- und Baukultur in Westfalen/Martin Köcher, Münster – S. 111

Museo della Civiltà Romana, Rom – S. 79 (2), 121; Museum Burg Bederkesa/Archäologische Denkmalpflege, Bad Bederkesa – S. 64

Preußischer Kulturbesitz/Jochen Remmer, Berlin – S. 141; Preußischer Kulturbesitz/RMN/Gérard Blot, Christian Jean, Berlin – S. 12

Scala Group, Florenz – S. 21; Scala Group/Museo Nazionale Romano, Florenz – S. 88; Scala Group/White Images, Florenz – S. 88; Simone Schulz, Untermarchtal – S. 138

Konrad Theiss Verlag, Stuttgart – S. 55

Universitätsbibliothek, Amsterdam – S. 20

Wellington Museum/Apsley House, London – S. 158